따귀 맞은
영혼

따귀 맞은 영혼

마음의 상처에서 벗어나는 방법

배르벨 바르데츠키 지음 | 장현숙 옮김

궁리
KungRee

들어가는 말

．

    만일 지금 당신이 이 책을 전혀 읽지도 않은 채 옆으로 치워놓았는데 마침 내가 곁에 서 있다가 그걸 보았다면 나는 마음이 상할 수도 있습니다. 내 책이 당신에게는 오래 붙잡고 있을 만한 가치가 없어 보이는 까닭에 상심한 것이겠지요. 어쩌면 곰곰이 생각에 잠길지도 모릅니다. 도대체 이유가 뭘까 하고요.

    이 책이 당신에게는 별 재미가 없었을 수도 있고, 심지어 당신은 이 책을 아주 싫어할지도 모릅니다. 내가 쉽게 상심하는 사람이라면, 당신의 이런 거부감을 나에 대한 거부감으로까지 연결시킬 위험도 있습니다. 엉터리 책을 썼다는 자책까지 하겠지요. 나는 자존감에 상처를 입고서 수치심에 싸여 어디론가 숨어버릴 것입니다. 당신 앞에는 나타나지도 않겠지요. 너무나 마음이 상한 나머지, 그 책을 밀어놓은 이유를 당신에게서 찾아보려는 생각은 털끝만치도 하지 못합니다. 사실은 그런 경우도 많은데 말입니다. 당신이 심리학에 관한 책이라면 전혀 보지 않는 사람일 수도 있고, 제목이 당신 맘에 들지 않았을지도 모르며, 주제 자체가 당신을 너무도 괴롭히는 것이어서 그것에 대해 뭔가를 읽어볼 엄두조차 나지 않았을 수도 있습니다.

그러나 마음이 상한 나는 그런 생각은 전혀 못하고 자신만을 의문시하기 시작합니다. 마음을 다친 분노 때문에 어쩌면 당신을 마구 깎아내릴지도 모르지요. 이런 방면엔 도무지 아는 게 없는 사람이라고, 이런 책을 읽지 않고 한켠으로 그냥 치워버릴 때 얼마나 많은 것을 놓치게 되는지 알기나 하느냐고 투덜대면서 말입니다. 내 책을 읽지 않고 거부한 대가로, 나는 당신을 무능한 사람으로 단정해버립니다. 또 혹시 압니까? 복수심에서 내가 당신에게, 집에 가는 길에 지하철을 코앞에서 놓쳐버리라고 악담이라도 할지. 아무튼지 간에 내 기분은 무척 잡쳐버렸고 내 마음은 상처를 받았을 겁니다.

물론 이 모든 일은 실제로는 일어나지 않았습니다. 지금 당신은 내 책을 읽고 있고, 나는 당신과 나 모두에 대해 만족하고 있으니까요. 그러나 어쨌든 지금까지의 얘기를 통해, 내가 사용하는 '마음상함'이라는 개념이 당신에게 잘 전해졌기를 바랍니다. 마음상함이란 심리적으로 상처를 입는 것을 가리키는데, 이러한 경험은 열등감이나 열패감, 또는 개인적인 모욕감을 불러일으킵니다.

이런 상처는 우리의 자존감을 직접 건드리기 때문에, 우리는 존중받지 못하고, 가치를 인정받지 못하며, 받아들여지지도 이해받지도 못한다고 느끼게 됩니다. 그리하여 우리의 내면이 심하게 불안정해지면서, 의식적으로든 무의식적으로든 복수를 꿈꾸게 되는 것입니다. 마음을 다친다는 것은 마음에 따귀를 맞는 것과 같습니다. 이는 우리 얼굴 위로 떨어지는 주먹질, 그래서 우리의 마음에 깊은 아픔을 주는 일격이나 다름없습니다.

지금 바로 급히 물건을 사야 하는데 가게 문이 닫혀 있는 것 같은 사소한 일에서부터 다른 사람의 불친절한 태도 그리고 상대방이 뚜렷이 거부 의사를 밝힘으로써 자신의 사랑이 응답받지 못하는 것에 이르기까지, 마음상함을 일으키는 원인은 다양합니다. 우리를 향해 일어난다고 느껴지는 이런 일들은 일상 생활에서 수도 없이 생겨납니다. 물론 거기에는 의도적인 것도 분명히 있습니다. 누군가가 우리 마음을 상하게 하려고 계획적으로 일을 꾸미는 경우지요. 그러나 그런 경우에조차도 우리에게 선택의 여지는 있습니다. 상대방이 우리를 깎아내리고 마음을 다치게 하도록 가만히 있을 것인가, 아니면 자신을 지켜낼 것인가 하는 것은 우리가 결정할 일입니다. 우리는 그런 모욕 앞에 속수무책으로 내팽개쳐져 있는 것이 아니라 능동적으로 그 일을 함께 만들어 나갈 수 있기 때문입니다.

당신이 내 책을 옆으로 밀어놓았다고 해서 내가 당신에게 업신여김을 받은 것이라고 느끼려면, 그 전에 우선 내 능력과 인격을 의심해보아야 합니다. 물론 필요하다고 생각되면 자진해서 그렇게 하겠지요. 하지만 그 밖의 경우엔 당신 쪽에 책임이 있다고 보기 때문에, 나는 당신이 내 책을 거부한 이유를 나 자신에게서 찾지 않습니다. 내가 내 책을 읽도록 모든 사람을 설득할 수 없다는 건 자명한 사실입니다. 하지만 지금까지 내 책을 읽어온 독자들을 생각하며 기뻐하고, 그것이 바로 사람들이 나를 인정하는 증거라고 받아들인다면, 그로 인해 나의 시각은 바뀔 것입니다. 시각을 바꾸면, 똑같은 사건이 지금까지와는 달리 나에게 만족을 주는 새로운 의미를 띠게 됩니다.

마음상함과 그 배경, 극복 방법을 설명하면서 나는 내 상담소와 일상 생활에서 빌려온 예들을 많이 이용하였습니다. 하지만 구체적인 사례나 이름 들을 조금씩 바꾸어, 실명을 되짚어내지 못하게 했습니다. 그리고 특별히 자세하게 묘사해야 할 경우에는 관련자들에게 일일이 출판 동의를 구했습니다.

나는 이 자리를 빌려 남녀 내담자들 모두에게 감사를 표하고 싶습니다. 그들이 없었더라면 이 책은 생겨나지 못했을 것입니다. 한편으로 나는 그들과 그들의 체험을 통해 마음을 다친다는 게 어떤 것이며 어떻게 하면 거기에 슬기롭게 대처할 수 있는지를 배웠습니다. 다른 한편으로 여기서 소개되는 풍부한 사례들은 이런 종류의 책이 반드시 지녀야 할 자료들을 제공해줍니다. 이 책을 통해, 상담을 하기 위해 나를 찾아온 모든 이들에게 조금이나마 보답할 수 있기를 바랍니다.

나의 이론적인 설명과 상담 사례 들은 게슈탈트 심리 치료(또는 형태 심리 치료)와 이론에 관한 것입니다. 게슈탈트 심리 치료란 사실 비전공자들에게는 거의 소개되지 않은 치료 방법인데, 여기서는 간단히—물론 만족스럽지는 않지만—설명할 지면밖에 없습니다. 따라서 몇 가지 근본적인 내용만을 제시해보겠습니다. 게슈탈트 심리 치료가 목표로 삼는 것은 내담자로 하여금 '잃어버린' 자신의 부분들을 만날 수 있도록 해주는 것입니다. 이 잃어버린 부분들이란 지금까지 본인에게 전혀 의식되지 않은 채, 오로지 그늘 속에 숨어서 존재하던 감정이나 욕구, 그리고 능력 같은 것들을 말합니다.

게슈탈트 심리 치료는 상담자와 내담자 사이의 인간적인 접촉을 중시하므로, 상처입은 마음을 치료하는 데에 특히 적합합니다. 이러한 상처야말로 항상 접촉과 떼려야 뗄 수 없는 관계에 있고, 근본적으로 사람들 사이의 관계에서 발생하기 때문입니다. 마음을 상한 사람들은 대부분, 일을 당하고 나면 상대방에게 그 일에 대해 따지는 대신 모욕감을 느끼면서 지레 물러나버립니다. 현실과 마주하여 실패를 인정하고 어떻게든 이 사태를 건설적으로 이끌어 가려고 하기보다는 차라리 혼자 괴로워하는 쪽을 택하는 겁니다. 건설적으로 사태를 분석해보는 이 일을 바로 상담 과정에서 시도해볼 수 있습니다.

게슈탈트 심리 치료의 목표는 스스로 책임을 떠맡도록 돕는 것입니다. 그래야 내담자는 남에게 도움을 기대하는 대신 자신의 삶을 직접 자기 손 안에 쥘 수 있습니다. 사람에게 기쁨과 만족감, 힘과 신뢰감을 주는 영역이 치료 과정에서 새롭게 발견됩니다. 정신 못 차리게 뒤흔들려 쏟아져버렸던 능력들을 다시 추스려, 잘 쓸 수 있게 하는 것이지요. 물론 내담자가 지금까지 살아온 내력도 중요합니다. 지금 체험하고 행동하고 있는 것은 지난 일들의 배경 위에서 비로소 독자적인 의미를 얻게 되기 때문입니다. 자신의 배경이 되는 과거의 의미를 아는 것은 현재를 더 잘 이해하게 할 뿐만 아니라, 앞으로의 변화를 위한 밑바탕이 됩니다.

마음상함이란 삶의 일부이기 때문에 게슈탈트 심리 치료의 목표가 마음상함을 완벽하게 극복하는 것일 수는 없습니다. 똑같이 마음을 다치더라도 지금까지와는 다르게 대처하는 것, 덜 파괴적인 방법으로 대응해 나갈 수 있도록 하는 것이 목표이지요.

끝으로, 이 책을 쓰는 동안 많은 도움과 힘을 주었던 모두에게 다시 한 번 크나큰 감사를 표하고 싶습니다. 쾨젤 출판사의 편집자인 다그마 올초크Dagmar Olzog는 항상 느긋하고 참을성 있게 이 책을 검토해주었습니다. 또한 나의 어머니는 원고를 읽고 바로잡아주시면서 애정 어린 비판을 아끼지 않았습니다. 그동안 이 주제로 함께 토론하고 여러 가지 좋은 착상을 하게 도와준 풀스니츠 슈베덴슈타인 병원의 베른트 슈프렝거Bernd Sprenger 박사에게도 감사를 드립니다. '게슈탈트 심리 치료를 비판적으로 검토하는 뮌헨 지역 모임'의 잉가 슈만 조르게Inga Schumann Sorge의 전문적이고 우정 어린 도움에도 감사드립니다. 집필 과정에서 원고를 읽어준 이들 모두에게도 감사드립니다. 그들은 항상 의견을 말해줌으로써 내게 용기를 주었고 개선 방안을 알려주었습니다. 나를 믿고 지지해준 이들에게도 감사드립니다. 1998년 독일게슈탈트치료연합(Deutschen Vereingung für Gestalttherapie), DVG 연례 모임에서 개최한 세미나에 참석했던 이들에게도 감사드립니다. 그들의 생기발랄함과 호기심, 그리고 치료 경험에서 나온 지식들은 '마음상함과 그 극복'이라는 주제에 대해 귀한 생각 거리를 많이 제공해주었습니다.

한 조사 결과에 따르면,[1] 마음에 상처를 입는 데에는 남녀의 차이가 없다고 합니다. 우리 모두가 모두 똑같은 일로 마음을 다치고, 비슷하게 타격을 받는다는 것입니다. 이것은 나의 상담 치료 작업에서도 입증된 사실이며, 이 책은 바로 그러한 토대 위에서 씌어졌습니다.

차례

·

제1부

◉

일상 현상으로서의 마음상함

살아 있음은 언제나 희망

- 모리츠 폰 우슬라(Moritz von Uslar)

· 마음상함—상처받은 감정들 ·

이런 일을 경험해보지 않은 사람이 있을까요? 잔뜩 기대에 부풀어 극장의 매표소로 갑니다. 한데 바로 내 앞 사람에게 오늘의 마지막 표가 주어집니다. 사무실에서는 동료 여직원이 어쩌다 그런 실수를 했느냐면서 사뭇 훈계조입니다. 애인은 다른 여자 친구를 사귀게 되었으니 이제부터는 서로간에 거리를 좀 두잡니다. 우체통에서 우편물을 꺼내 보니, 내가 지원했던 자리에 유감스럽지만 딴 사람이 채용되었다는 내용입니다. 잘 아는 사람이 파티를 준비하고 있다는 소리가 들립니다. 한데 나는 초대받은 적이 없습니다. 친구에게 멋진 선물을 보내놓고서 소포 잘 받았다는 연락이 오기를 목이 빠지게 기다리지만 아무 소식도 없습니다. 친하게 지내던 사람과 멀어진 후, 지금까지 받았던 호의와 관심을 아쉬워합니다. 나에게 무척 소중한 관계였는데, 하면서 말입니다.

이런 일들이나 이와 비슷한 많은 일들이 우리의 마음을 상하게 합니다. 마음상함이란, 어떤 사건으로 인해 마음을 다쳤다고 느낄 때 일어날 수 있는 반응 전반을 가리키는 말입니다.

스스로의 가치가 깎인 듯한 느낌을 갖게 하는 이런 사건은 대개 비난·배척·거절·따돌림, 또는 무시 같은 것들입니다. 가치 폄하는 우리의 인격과 행위 또는 다른 사람에게 우리 자신이 갖는 중요성과 관계가 있습니다. 다시 말해 자신이 존중되거나 존경받지 못하고, 받아들여지지도 이해받지도 못한다고 느끼게 하므로, 무시당했다는 가치 폄하의 경험은 우리의 자존감을 직접적으로 건드립니다. 마음상함은 자기 자신을 온전하고 한결같은 존재로 경험하지 못하도록 우리의 감정에 상처를 입힙니다. 그리하여 우리는 깊은 불안에 빠지게 되고, 무력감과 실망·고통·분노·경멸감에 휩싸이게 됩니다. 상처받은 마음은 상대로부터 완강히 돌아서서, 복수와 응보應報를 끊임없이 궁리합니다. 마음을 다친 우리는 이렇게 말하고 있는 겁니다. "절대로 그렇게는 안 돼. 그런 식이라면 나는 손떼겠어"라고 말입니다.

마음상함이라는 반응과 자존감, 이 둘은 서로 긴밀하게 얽혀 있으며, 부분적으로는 서로를 조건지우기조차 합니다. 마음상함은 자존감이 약화되는 결과를 낳으며, 그 결과 자기 회의에 빠지고 정체감이 흔들리게 됩니다. 다른 측면에서 보면, 평소에 '예민한' 편으로 분류될 수 있는, 상처를 잘 받는 사람들은 일반적으로 자존감이 매우 쉽게 흔들립니다. 모욕감을 잘 느끼고 아주 작은 꼬투리만 있어도 금세 자기 속으로 들어가버려, 한동안 말도 걸 수 없게 합니다. 이런 사람들은 심리적으로 병이 들었다고까지는 할 수 없지만, 아무튼 자신이 무가치하다는 느낌이 너무나도 커서 몹시 괴로움을 당하는 편에 속합니다. 뿐만 아니라 그중에는 실제로 만성적으로 마음상한 상태에 빠져 있는 사람도 있습니다. 한데 이들이 이렇게 자주 마음을 다치는 데에는 어느 정도 자업자득인 면도 없지 않습니다. 즉, 평소 이들의 태도가 하도 어정쩡하다 보니 그것을 갑갑하게 느낀 상대방이 어느 순간 그만 더 이상 참지 못하고 불쑥 한마디하게 되는 것이지요.[1] 좀 신경질적인 어조라든가 거친 단어, 또는 치켜 올라간 눈썹 등으로 나타나는 상대방의 이 퉁명스러움이야말로 이들에게는 자존감에 상처를 주는 아주 확실한 충분조건으로 작용합니다. 일이 이쯤 되면 어리둥절한 것은 오히려 상대편입니다. 왜 저 사람이 저렇게 화를 내는지 도무지 영문을 알 수 없기 때문입니다. 다만 그 반응으로 보건대 아마도 내가 뭔가 자극을 한 모양이다, 하고 짐작하는 게 고작이지요.

나와 상담 중이던 엘케 만은 어느 날 갑자기 발길을 뚝 끊었습니다. 무슨 일이 있었는지 한마디 설명도 없이 말입니다. 한참 후에 전화를 건 그녀는 상담 치료를 그만두겠다고 하더군요. 우리는 만나서 모든 일을 함께 이야기해보기로 했습니다. 그렇게 해서 밝혀진 사실은, 그녀가 마음이 상했다는 겁니다. 지난번 상담을 끝내고 나가면서 다른 내담자와 마주쳤는데, 엘케가 생각하기에 그가 자신보다 날씬하고 훨씬 예뻤습니다. 이 사실이 엘케의 자존감을 몹시 건드려서, 내가 그 내담자를 자기보다 더 좋아할 게 뻔하다, 그러면 자기는 당장에 찬밥 신세가 될 것이다 하고 생각했다고 합니다. 그렇지 않다고 그녀에게 설명하고 나서야 우리는 상담을 계속할 수 있었고, 결과는 아주 좋았습니다.

하지만 이것은 어디까지나 내담자 편에서 자신이 마음이 상했다는 것을 분명히 의식하고 있었고, 또 그 사실을 나에게 이야기한 덕분에 가능했습니다. 그렇지 않았다면 엘케는 내게 연락 한번 하지 않은 채로 치료를 중단하고 말았을 겁니다. 나와 그 문제를 놓고 옥신각신하려고 했고, 또 실제로 그럴 만큼 그녀는 내면이 강화되어 있었습니다. 그러나 그럼에도 불구하고, 멋지게 생긴 다른 여자가 나타나기만 해도 나와 자신의 관계를 못 미더워할 정도로 아직 불안정한 상태이기도 했지요.

자존감이 안정된 사람을 보통 자의식이 있는 사람이라고도 하는데, 이들은 쉽게 마음을 다치지 않습니다. 상대가 부정적으로 하는 얘기를 그리 예민하게 받아들이지도 않지만, 그것을 바로 자기와 연관시켜서 불안을 느끼지도 않기 때문이지요. 두말할 것도 없이 이런 사람들은 대하기가 편합니다. 혹시 무슨 말실수를 했을까, 행동을 잘못했을까 하고 조심할 필요가 전혀 없으니까요. 그럼에도 불구하고 마음상할 가능성은 누구에게나 있습니다. 다만 정도의 차이가 있을 뿐이지요.

마음이 상하는 건 삶의 한부분입니다. 마치 우리가 매일매일의 생활에서 자신의 자존감에 공격을 받듯이 말입니다. 우리는 비판받고 거절당하고 따돌림당하는가 하면, 버림받기도 하고 배척당하기도 합니다. 또한 우리는 남들에게 사랑받고 받아들여지고 칭찬받고 선망받기도 합니다. 물론 늘 그런 것은 아니지만 말입니다. 우리가 아

· 마음이 상하는 계기 ·

남이 나를 받아들이지 않아서 마음을 다침

↓

마음을 다친 상처가 고통 · 수치심 · 절망 · 불안을 낳음

↓

상처 · 고통 · 수치심 · 절망 · 불안을 거부함

↓

분노 · 경멸 · 무력감 · 실망 · 오기를 경험함

↓

복수 · 폭력 · 관계의 단절 · 자살 등의 반응이 나타남

| 그림 1 | 마음상함의 주기

무리 진심으로 바란다 해도, 남들의 거부를 겪지 않고 살 수는 없습니다.

우리는 마음이 상했음을 주관적으로는 무력감 · 분노 · 경멸 · 실망, 그리고 고집 같은 반응을 통해 알 수 있습니다. 이런 반응들 뒤에는 고통과 불안 · 수치심 같은 감정이 숨겨져 있는데, 많은 경우 당사자 자신은 이것을 알아채지도 못하고 표현하지도 못합니다. 그 대신, 이렇게 마음이 상하면 대개는 폭력적인 형태로 '가해자'를 공격합니다. 동시에, 분노와 경멸 같은 감정은 마음을 다친 아픔에서 자신을 보호하려는 반응이기도 합니다. 마음상한 고통을 종식시키고 중화하려는 게 그 목적이지요.

다른 사람 때문에 마음이 상하는 경우말고도, 스스로 자기 마음을

다치게 하는 경우도 있습니다. 이것은 자신의 가치를 깎아내린다는 특징이 있습니다. 이런 경우, 당사자는 자기를 아주 낮게 평가하고는 자신의 중요성을 자신과 다른 사람 앞에서 끌어내려버립니다. 예를 들어 이런 유형의 사람들이 있습니다. 달성할 수 없을 만큼 높은 목표를 세워놓고, 스스로 부족하다는 느낌에 끊임없이 괴로워하며 사는 사람들 말입니다. 이들은 또한 세상과 다른 사람들에 대해서도 너무 높은 기대치를 설정해놓고 삽니다. 그러고는 같은 방식으로 끊임없이 실망해 다시 한 번 자신을 괴롭히는 것이지요. 이런 경우, 스스로 마음상하게 하는 데서 오는 공격성은 자기 자신을 욕하는 형태로 나타나며, 자신과의 관계가 나빠지다가 급기야는 자신을 다치게 하는 데에까지 이릅니다. 외부 세계를 대하는 이들의 태도는 반항적이고 폄하적입니다.

· 무엇이 마음상하게 하는가? ·

심리 상담을 해오는 동안 내가 분명히 알게 된 사실은, 사람 사이의 문제 대부분이 바로 이 '마음상함'이란 문제로 귀착된다는 것입니다. 오해나 견해차, 다툼, 관계 단절 등은 흔히 어떤 사람이 다른 사람 때문에 마음이 상했으나 이 사실을 의식적으로 인정하지 않든가, 아니면 강력히 억제하는 데 원인이 있습니다. 그리하여 남는 것은 결국 '그 인간', 즉 '그런 일을 남에게' 저지를 수 있는 그 사람에 대한 분노와 경멸, 그리고 원한입니다. 다음으로 우리는 '그 인간'과 더 이상 알고 지내지 않으려 합니다. "나한테는 이미 죽은 사람이야"라고 하면서요. 다른 사람 앞에서 그에 대해 험담하고 욕하면서, 어쩌면 복수를 계획해볼지도 모릅니다. 우리가 마음을 다쳐 아파하듯, 그도 똑같이 고통을 당해보아야 하니까요. 나를 마음상하게 한 사람과 모든 관계가 끝난 뒤에도 우리는 여전히 그 가해자 일로 속상해합니다. 그뿐인가요. 정말 우리가 원하는 것보다 더 심하게, 오랫동안 그러는 경우도 허다합니다. 마무리되지 않은 마음의 상처가 우리를 그에게 묶어놓고 있는 것이지요. 불쾌하고 부담스런 방식으로 말입니다.

마음상함이 구타나 살인, 전쟁 같은 폭력적인 갈등으로까지 발전하면 그 사실은 공공연하게 알려집니다. 신문을 보면 수많은 살인이 질투나 복수, 또는 버림받은 데서 비롯됨을 알 수 있습니다.

어느 날 신문[2]에 배우자 살인 사건 두 건이 동시에 보도되었습니다. 남편이 아내를 죽인 사건이었는데, 두 건 다 아내가 자신을 두고 떠나버리는 걸 견딜 수 없어서 저지른 일이었습니다. 크리스티안 파이퍼Christian Pfeiffer[3]는 부인이 남편 손에 살해당하게 된 주된 원인을 남편의 '버림받음'이라 명명합니다. "기혼 여성에게 가장 위험한 남성은 남편입니다." 그리고 이 남편이 가장 위험해질 때는 바로 아내가 그에게서 등을 돌릴 때라는 겁니다. 버림받을 때 겪는 마음상함은 아주 깊은 상처를 남겨, 급기야는 살인에까지 이르는 경우도 있습니다. 어쨌든 부부 사이의 살인은 매년 200~250건으로, 즉 주당 너댓 건에 이르고 있습니다.

미국의 한 학교에서는 학생들이 피로 얼룩진 사건을 저질렀습니다. 집단 내에서 이방인으로 여겨진 그 학생들은, 거부되고 이해받지 못하며 인정받지 못한다고 느끼고 있었습니다. 사회적 귀속감을 얻고 싶은 그들의 욕구가 상처받았던 것입니다.

미국의 한 살인광은 자기가 전에 일했던 직장에서 아홉 명을 쏘아 죽이고 열두 명을 다치게 했습니다. 주식 거래에서 손해를 본 앙갚음을 했던 것으로 짐작됩니다. 그전에도 아내와 두 아이를 구타한 적이 있는 그는 이 사건으로 경찰에 체포되자 자살해버렸습니다. 그에게는 이 '확대된 자살'[4]이 견딜 수 없는 마음상함에서 빠져 나갈 마지막 탈출구였던 셈입니다.

폭력성을 밖으로 발산하는 대신 마음을 상한 이가 자기 자신의 달팽이집 속으로 후퇴해 들어가는 경우도 적지 않습니다. 이때 그의 공격적인 에너지는 자기 자신을 겨냥합니다. 이런 공격성의 최악의 형태가 자살입니다. 고뇌나 허무, 절망이 참을 수 없을 정도로 커질 때 자살만이 도저히 어찌할 수 없는 마음상함을 피할 수 있는 유일한 가능성으로 보이는 것입니다.

코소보 전쟁 중에 베오그라드에 있는 중국 대사관을 폭격한 일에 대해 중국 대학생들이 격렬하게 항의한 적이 있었습니다. 자기 민족의 명예를 훼손한 데 대한 반응이었습니다. 시위 중이던 한 여학생은 이렇게 말했습니다. "우리 중국인 개개인이 공격을 받은 느낌입니다. 도저히 용납할 수 없습니다." 그 극적인 사건의 배경으로 생각할 수 있는 몇 가지 상황을 별도로 하면, 폭격은 그들에게는 개인적인 공격이나 마찬가지기 때문에 자신들의 어떠한 난폭한 행동도 정당화된다는 논리입니다.

마음상함에서 비롯되는 전쟁 또한 드물지 않습니다. 한 신문에 실렸던 알제리 내전에 관한 기사 제목에서도 이것은 잘 드러납니다. 그 제목은 "복수로 일으킨 전쟁"이었습니다.

성서에서도 마음상함에 관한 이야기를 여럿 찾아낼 수 있습니다. 가장 유명한 이야기는 아마도 카인과 아벨의 형제 살인에 관한 것이 아닐까 합니다. 카인은 하느님이 자신의 제물을 거절하신 일을 참을 수가 없었습니다. 시기심과 살의에 가득 찬 카인의 분노와 복수심은 자기보다 더 하느님의 사랑을 받는 바로 그에게로 향합니다.

고대 그리스의 연극들 역시 마음상함의 이야기로 구성되어 있습니다. 마음상함이라는 사건이 일어나고, 그 일에 상처받은 이의 복수가 꼬리에 꼬리를 물고 이어지는 것이지요. 한 예로, 오레스트Orest는 소년일 때 자기 목숨을 빼앗으려는 공격을 아슬아슬하게 피해갑니다. 어머니와 어머니의 정부가 짜고서, 아버지를 죽인 음모를 파헤치지 못하도록 그를 죽이려 했던 것이었습니다. 그러나 계략과 음모를 써서 간통자 아이기스토스Aigisthos를 죽이고, 아버지를 살해한 어머니를 교수형시킴으로써 오레스트는 아버지의 복수를 합니다.

물론 마음상함이 폭력의 유일한 원인은 아닙니다. 그러나 많은 경우에 폭력의 도화선 노릇을 하는 건 분명합니다. 루우드 불렌스Ruud Bullens[5]는 성 범죄의 경우 여자 친구와의 다툼이나 사장의 공격성 비난이 범행의 직접적인 원인이 되기 쉽다고 설명합니다. 그런 일들과 결부된 분노와 실망 등의 감정을 이런 행동을 통해 보상받으려는 심리지요. 한데 이러한 행동의 배경에는 여러 요소가 다양하게 뒤섞여 있습니다. 열등감이나 아직 마음 정리가 덜 된 사건들, 강간(전체 사건의 10% 내지 30%), 성격 장애(전체 사건의 20%) 등이 그런 예가 될 수 있겠지요. 그러나 살인이라는 범죄를 저지른 직접적인 계기는 바로 자존감을 상실하게 한 깊은 마음상함이라고 할 수 있습니다.

형법뿐만 아니라 민법의 판결문에서도 이러한 마음상함의 정황을 발견할 수 있습니다.[6] 범행 동기로 무시나 멸시 형태의 모욕이 자리하고 있음을 짐작하게 하는 경우들입니다. 민법에서 마음상함에 관한 사항은 일반 인격권에 속합니다. 따라서 어떤 사람이 자신의 인격이 비하되었다고 느끼거나 굴욕스럽고 남의 웃음거리가 되는 처지에 놓이게 될 경우에는, 이 권리가 침해된 것으로 간주됩니다. "인간의 존엄성은 훼손될 수 없는 것"이므로, 마음을 상하게 하거나 굴욕감을 느끼게 하는 행동을 참을 필요는 없습니다.

'이웃집 정원의 환멸스런 난쟁이'[7] 건에서, 이웃집의 정원용 난쟁이 이상의 난잡한 형상 때문에 모욕감을 느낀 남자에게 승소 판결을 내린 것도 바로 이런 이유에서입니다. 무엇보다도 이 난쟁이는 맨엉덩이를 다 보이면서 혀를 쑥 내민 모습으로, 목을 매고 죽은 사람처럼 나무에 붙어 있었는데,―원고의 말에 따르면―지나가면서 볼 수밖에 없는 곳에 걸려 있었다고 합니다. '그건 예술 작품이다'라는 피고의 이의는 기각되었습니다. 아무리 예술 작품이라 해도 표현할 수 있는 한계가 있고 다른 사람의 품위를 손상시켜서는 안 되기 때문입니다.

옛날이야기에서도 마음상함이라는 주제를 찾아볼 수 있습니다. 「백설공주」, 「재투성이 아가씨」, 「손 없는 소녀Das Nädchen ohne Hände」, 「하얀 신부와 검은 신부Die weiß und die schwarze Braut」 같은 이야기들이 그런 예이지요. 이 이야기들은 마음상함의 아주 다양한 면모를 다루고 있습니다. 「백설공주」에서는 자기보다 더 아름다운 사람에 대한 질투와 시기 그리고 경쟁심이 이야기됩니다. 그 복수로 상대를 없애버리려는 소원까지 품게 되지요.

「재투성이 아가씨」에서는 굴욕과 배척, 멸시의 측면이 상징적으로 표현되어 있습니다. 주인공인 그녀에게 합당한 신분은 허락되지 않습니다. 오히려 정반대로, 소유욕에 사로잡힌 거만한 계모에게 굴욕을 당합니다. 그러나 마침내는, 자기를 괴롭히는 이 계모보다 높은 사람이 됩니다. 「손 없는 소녀」 이야기는 아버지에게 착취당하고 희생당하는 과정, 온갖 음모에 시달리는 모습을 주로 다룹니다. 「하얀 신부와 검은 신부」에서는 재투성이 아가씨와 비슷한 주제가 주요하게 등장합니다. 하얀 신부는 자기가 마땅히 누려야 할 신분을 빼앗기고 맙니다. 다른 사람을 믿었으나 이 믿음은 오히려 나쁜 사람한테 이용당하고, 목숨만 간신히 건져 달아나기에 급급하지요. 그러나 최후의 승자로 남는 건 바로 이 하얀 신부입니다.

이 마음상함이라는 주제를 잘 드러내주는 문학 작품으로는 『그리고 니체는 울었다Und Nietzsche weinte』라는 소설을 가장 먼저 들 수 있습니다. 이 책에서 저자 얄롬은 브로이어라는 의사와 철학자 니체가 심리 치료를 중심으로 펼치는 가상 논쟁을 그려냅니다. 브로이어는 프로이트와 동시대 사람으로, 최면과 심리 치료 같은 방법에 개방적인 입장을 갖고 있습니다. 니체는 심인성 질환을 앓고 있으면서도(고약한 두통과 심한 외로움에 시달립니다), 자신의 상태가 치료를 받을 정도로 심각하지는 않다고 의사에게 말합니다. 그를 설득해 치료를 받게하기 위해 브로이어는 니체와 역할바꾸기를 합니다. 즉, 의사인 니체의 도움을 받는 환자역을 자진하여 떠맡습니다. 스스로 상담 과정을 밟는 것이지요. 두 사람 다 자기애성 성격 장애를 보일 만큼 마음을 잘 다치고 오만한 성격이어서, 자신의 불완전함을 고백하기가 무척 어렵습니다. 결과적으로, 남의 도움을 받아들일 수도 없지요. 오로지 도와주는 이의 역할을 통해서만 이 두 사람은 자신의 행동을 반성하고 문제점을 발견해낼 수 있습니다. 상대의 병을 낫게 함으로써 자기 치유의 길을 찾겠다는 희망을 품은 채 두 사람은 살아갑니다. 자기가 병들어 있음을 인정하는 데서 받을 마음의 상처를 피해 가기 위해서지요.

오페라에서도 마음상함의 예를 볼 수 있는데, 모차르트의 〈마술피리Zauberflöte〉가 그렇습니다.[8] 이 오페라에는 서로 반대되는 두 힘의 대결이 묘사되어 있습니다. 빛의 아들이자 태양과 생명의 아들인 파파게노Papageno가 한편에 있고, 다른 한편에는 지하 세계의 형상, 곧 죽음의 형상이 있습니다. 그것은 선과 악, 생명과 사랑을 향한 동경과 마음상함에서 나온 죽음에 대한 갈망 사이의 대결입니다. 삶의 기쁨, 사랑, 우정의 힘에 의해 저울은 생명 쪽으로 기울지요.

뵈닝은 학문으로 인해 인류가 겪은 네 가지 굵직한 마음상함의 경험을 이렇게 그려냅니다.[9] 첫째, 지구가 태양 주위를 돈다는 코페르니쿠스의 생각(태양 중심의 세계상)은 지구가 우주의 중심이며 '인간이 만물의 중심이자 척도'[10]라는 인간의 허상을 여지없이 깨뜨려버렸습니다. 또한 자연 과학자 다윈은 진화론을 통해, 인류를 창조의 맨 윗자리에서 끌어내려 원숭이 옆자리에 갖다 앉혔습니다. 그리고 심리 분석의 창시자인 프로이트는 모든 행동을 이성으로 제어할 수 있다는 망상을 인간에게서 떼어내버렸습니다. 인간에게는 느낌과 행동에 막대한 영향을 끼치는 무의식과 충동이 있다고 단정한 결과지요. 인류의 네 번째 마음상함은 스스로를 아주 고유한 존재라고 믿었던 인류가 점점 더 발전해가는 '인공 지능'과 마주친 데서 비롯됩니다. 아마도 이 인공 지능은 인간의 능력을 뛰어넘을 것이니, 어쩌면 정신이라는 것이 아직도 인간만의 독점물인가 하는 질문까지 던지게 될지도 모를 일입니다.

물론 이러한 학문적인 인식들이 그때나 지금이나 인류의 마음을 상하게만 했던 것은 아닙니다. 무엇보다도 지식인들이 이를 매우 반겼고, 일정한 가치를 부여하면서 받아들였습니다.[11] 그럼에도 이러한 새로운 인식들이 인류의 의식 속에 남겨놓은 심리적 영향은 지워지지 않고 있습니다. 말하자면 이 세상에서 유일한 존재, 다른 어떤 생명보다 가치 있는, 이성에 의해 움직이는 존재인 인간의 위치가 의문시되기 시작한 것입니다.

자신이 받아들이고 싶지 않은 한계 상황이 외부로부터 주어질 때 사람들은 마음상함을 경험합니다. 마찬가지 논리에서 노화도 마음상함의 체험이 될 수 있습니다. 늙었다는 것이 인생의 여러 영역에서 제한받는다는 것을 뜻하고, 우리가 소중하게 여겼던 여러 가지 생각들로부터 떠나게끔 하는 까닭입니다. 육체적·정신적인 젊음이나 건강, 삶을 꾸며 갈 수 있는 실로 무한한 가능성 같은 생각들이 여기에 속합니다. 죽음이라는 실존을 통해 우리는 인간으로서 결코 피할 수 없는 마음상함과 맞닥뜨리게 됩니다.[12] 죽음으로 인해, 인간은 자기 생명에 대해 무력해집니다. 우리가 할 수 있는 것이라고는 기껏해야 생명을 좀더 연장시키는 것뿐, 영생에 도달할 수는 없습니다. 다음에 인용하는 오이겐 로트Eugen Roth의 시 한 편은 마음상함의 몇 가지 단면을 잘 표현하고 있습니다.

행실이 아주 나쁜 사람도

마음속 깊은 데서야 물론 부끄러움을 느끼지.

그렇지만 정의로운 사람이 아닌 한,

그때부터 그는 더욱더 나쁘게 구는 거야.

왜냐면 넌 그의 거짓스런 계교를

비난하니까, 비록 말은 안 해도.

그가 섬기는 원칙은 이거야.

"사과하는 자, 자기를 고발하는 셈!"

이런 표어도 그는 좋아해.

"제일 좋은 방어는 한 방 먹이는 것!"

그리고 모욕을 당하게 되면

그가 할 수 있는 건 자기 방어뿐이지.

네 안의 자기를 관찰하면서,

네 속에 비친 자기 모습을 멸시하면서,

바로 그걸 집요하게 험담하고

마지막엔 산산조각내버리려고 하는 거야.

　지금까지 살펴본 다양한 예들은 크고 작은 마음상함이 우리의 삶을 관통하고 있음을 보여줍니다. 배척이나 한계를 이 세상에서 사라지게 할 수는 없습니다. 하지만 그런 일들에 다르게 대처하는 방법을 배울 수는 있겠지요. 노화나 죽음 같은 실존적인 마음상함조차, 하기에 따라서는 극복되고 의미 있는 일로 변화될 수 있습니다. 왜냐하면 우리가 마음상했다고 느끼는 사실이, 실은 마음을 상하게 하는 그 행위 자체보다는 우리 자신과 더 관계가 있기 때문입니다. "늙어가는 것은 겁쟁이들의 몫이 아니다"고 베테 다비스Bette Davis는 말한 적이 있습니다.

　현실을 마주하고 능동적으로 현실에 대처해갈 용기를 일궈낼 때에만 우리는 우리가 당한 일, 우리에게 충격을 준 일을 변화시킬 수 있습니다. 또 그래야만 마음상함이 우리의 삶에 독을 퍼뜨리지 못하도록 막을 수 있습니다.

· 모든 것을 무조건 자기와 관련된 일로 받아들이다 ·

"항상 모든 일을 바로 나와 관련지어 생각하게 돼요. 사장의 기분이 언짢거나 나를 불친절한 눈빛으로 쳐다보면, 당장 내가 뭔가 잘못했구나 하고 생각하게 된답니다. 일이 잘못되면 내 탓으로 느껴져서, 모든 걸 다시 회복시켜야 한다는 책임감을 느끼게 되지요. 남들이 내가 기대하는 대로 반응하지 않으면 쉽게 마음이 상해요. 그러면 '잘못은 나에게 있다, 내가 잘못했기 때문이다' 하고 생각하곤 하지요."

마음이 상한 사람은 상대방의 말이나 행동을 모두 자신을 깎아 내리는 쪽으로 관련지어 생각합니다. 이럴 경우, 그는 사장의 기분이 언짢은 것을 사장의 문제—잠을 잘 못 잤다거나 아내와 다투었다거나, 뭐 그런 일이 있었을 수 있겠지요—가 아닌, 자신의 인격을 거부하는 표현으로 받아들입니다. 그래서 사장의 기분이 언짢은 것이 비서의 마음을 상하게 하는 것이지요. 비서의 처지에서는 사장이 자기를 외면하거나 소홀히 대하면 비서인 자기를 배척하거나 폄하하는 것으로 느껴지는 겁니다.

남들의 행동이 십중팔구 우리와는 아무 관계가 없는 경우인데도 사람으로서 평가절하되고 멸시당하고 박대당한다고 느낄 때가 있습니다. 어느 연설가가 청중 가운데 한 사람이 하품하는 것을 알아챘을 경우를 예를 들어봅시다. 연사는 이것을 자신의 연설이 지루하다는 표시로도, 그 청중이 피곤하다는 표시로도 해석할 수 있습니다. 첫번째 경우는 이 일을 자기와 관련시키는 예이지요. 그 청중의 표면상의 무관심으로 인해 자신의 가치가 깎였다고 느끼면서 마음에 상처를 받습니다. '내가 얘기하는 내용이나 방식이 정말 그렇게도 사람을 피곤하게 만드나? 뭔가를 바꿔야 하는 걸까? 좀 천천히 말을 한다든가 해서 말야. 혹시 연설의 전체적인 내용이 재미없는 건가? 도대체 앞으로 어떻게 해야 하나?' 이 연설가는 이제 자기 자신이나 자기가 쓴 글의 내용에는 더 이상 관심이 없습니다. 그 대신 다른 사람의 생각 속으로 파고들어가 그에 따라 행동하려 합니다. 그러한 생각은 사람을 부자유스럽게 만듭니다. 최악의 경우, 이 연사는 너무나 불안해진 나머지 마비 상태에 빠져 연설의 흐름을 놓쳐버릴 수도 있습니다. 자신에게 그런 일이 일어난 것을 수치스럽게 생각한다면 당혹감은 더욱 커집니다. 자신감이나 재미 같은 건 사라지고, 자신을 실패자로 느끼게 되는 것이지요.

청중 한 사람의 몸짓을 부정적으로 자기와 관계된 것으로 해석함으로써 자신이 무언가 잘못했다는 확신을 갖게 되고, 그로 인해 이 강연자는 자신감에 상처를 입게 된 겁니다. 단 한 사람이 하품을 했을 뿐인데, 청중 모두가 자기를 지루해한다는 전제에서 생각하게 된 것이지요. 그는 앞으로 이 실수를 고치려고 노력할 것입니다. 청중에게 자기를 맞추고, 사물을 보는 그들의 시각을 받아들여 가능한 한 그에 따라 행동하면서 말입니다. 이 교정 작업이 끝나면 그때는 아무도 하품하지 않을 테고 나를 깎아내리지 않을 것이다, 라고 믿는 것입니다.

한데 그 대가로 그가 치러야 할 것은 무엇인가요? 자신의 소망이나 관심, 강연이 어떠해야 한다는 자기 나름의 잣대를, 그는 자신이 잘못 짐작하고 있는 청중의 기대 뒤로 치워놓습니다. 다시 말해, 자기 자신을 배제해버린 채 자기 아닌 어떤 것에 주의를 집중하고 있는 것이지요. 설사 선의로 그랬다 해도, 그렇게 해서는 본래 원하던 성공을 거둘 수가 없습니다. 왜냐하면 멋진 강연으로 남들을 설득하는 것은 오직 연설자가 자기 자신을 느끼면서 얘기할 때, 스스로 재미있어하고 흥미로워하면서 연설을 할 때에만 가능하기 때문입니다. 말하자면 모두의 마음에 다 들지는 않아도 좋다는 위험을 무릅쓰고 순응 대신 자주성을 택할 때, 그것이 가능하다는 말입니다.

이 문제를 그렇게 이해할 수만 있다면, 아마 이 일에 대처하는 방법 역시 터득할 수 있을 겁니다. 예를 들면 하품을 하지 않는 사람, 또는 정신을 바짝 차리고 듣는 사람들의 숫자를 적어보든가 하는 식으로 말입니다. 사태를 인식하는 방법을 바꾸어보면 꽤 도움이 됩니다. 청중 한 사람이 하품을 하는 것은 그가 피곤해서이지, 강연 때문은 아니라고 해석하기가 훨씬 쉬워진다는 것이지요. 경우에 따라서는 그 청중이 강연을 지루해한다는 사실을 인정할 수도 있습니다. 하지만 그 현상을 청중 전체로 일반화할 필요는 없습니다. 설사 한 사람이 그 강연을 도무지 재미없게 여긴다 하더라도, 다른 사람들도 모두 그와 같이 느끼리라는 법은 전혀 없으니까요. 만약 그렇다면, 이 강연자는 전혀 동요하는 일 없이 계획대로 강연을 끌고 나갈 수 있을 것입니다. 강연이 청중들 마음에 들었는지는 강연이 끝나면 알 수 있겠지요. 그러므로 그때까지 그는 자신에게 도움이 되지 않는 그 어떤 생각도 할 필요가 없습니다.

우리가 어떤 일을 자기와 관련된 것으로 받아들일 때, 대체로 그것은 좋지 않은 일들입니다. 우리는 좋은 일, 긍정적인 일은 모두 무시하거나, 아니면 다른 것, 즉 행운이나 우연 덕분으로 돌리곤 합니다. 그러다 보면 부정적인 자기상만 굳어져서, 남이 우리에게 미소를 지어도 기뻐할 줄 모르고, 칭찬해주어도 인정받았다고 느낄 줄 모르게 됩니다.[13]

칭찬을 물리친다는 것은 바로 자기 자신을 물리치는 것입니다. 이런 맥락에서 볼 때, 마음상함을 극복한다는 것은 어떤 일을 자신과 관련지어보되, 주변 세계의 긍정적인 기호, 즉 우리의 자존감을 강화시켜주는 기호와 연결시키는 능력을 얻는 것을 가리킨다고 할 수 있습니다.

· 투사 : 누군가 나에게 해를 입히려고 한다? ·

어떤 일을 나와 관련된 것으로 받아들이려면 우리는 주변을 아주 자세히 관찰하고 모든 움직임을 기록해보아야 합니다. 우리의 감각기관은 바깥 세상에 맞춰져 있습니다. 그런데 밖에서 들어올 만한 온갖 공격에만 온통 신경을 쓰고 있다면, 이런 사람은 마음을 다칠 가능성이 높습니다. 앞에서 예로 든 청중의 하품이나 조는 모습, 이리저리 둘러보거나 연설 장소를 떠나는 행위 등이 이 외부 공격에 속할 수 있습니다. 결국 그런 태도로 살기 때문에 이 사람에게 삶은 부담이 되고, 다른 사람들은 자기에게 나쁜 일이 일어나기만을 바라는 잠재적인 적이 되고 맙니다. 이러한 인식 방법이 극에 달하면 편집증, 그중에서도 추적 망상에 빠져, 외부 세계로부터 끊임없이 위협을 받는다는 느낌 속에서 살게 됩니다.

여기서 사용되고 있는 심리적 기제는 투사Projektion입니다. 게슈탈트 심리 치료에서는 이 말을 자신에게 용납할 수 없는 면모를 상대방에게 전가해버린다는 뜻으로 사용합니다. 자기의 특성이나 감정, 행동, 자기 불신, 이루어지지 않은 소망 등이 여기에 해당될 수 있습니다. 이런 요소들을 남에게 전가함으로써 자신을 그것들에서 해방시키고, 다른 사람에게로 장소를 옮겨 이 요소들과 싸우게 하는 것이지요. 투사 과정을 거치면 부정적인 면이나 죄는 바로 상대에게 존재하는 것이 됩니다. 상대는 '나쁜 사람'이므로, 당연히 그가 맞서 싸우고 죄인으로 판결할 대상이 되는 것입니다. 아니면 그는 인정사정없는 재판관이 되어, 남들이 자신에게 적응하거나 굴복하지 않을 수 없게끔 만듭니다.

앞에서 언급한 강연자의 경우, 자신에 대한 비판적이고 비난적인 태도가 투사되고 있습니다. 자신의 태도를 청중에게 덮어씌우는 것이지요. 이 강연자는 결코 도달할 수 없는 기준을 세워놓고 사는 사람입니다. 실수를 할까 봐 몹시 불안해하고, 결코 자신에게 만족하지 못합니다. 다만 무의식적으로 자신에게 가하면서 또 괴로워하는 원인이 다른 사람에게 있다고 믿고 있을 뿐입니다. 그것은 바로 뛰어난 능력을 발휘해야 한다는 압력, 절대 실수해서는 안 된다는 부담입니다. 스스로 부과한 기준을 채우지 못할까 봐 전전긍긍하는 상황에서, 자기 비판과 자기 비하를 거꾸로 청중에게 투사시켜버리는 것이지요. 그러면 비판하는 사람들은 청중이고, 자신은 오로지 그들의 비판을 두려워하는 사람이 돼버립니다.

그러나 그 스스로 사태를 변화시킬 수도 있습니다. 이 모든 것이 자기 비판적인 태도의 투사라는 것을 깨닫고 그것을 그만두어버린다면 말입니다. 자기야말로 자신을 가장 심하게 비난하는 사람이라는 것, 자신에게 높은 목표를 설정해놓고 어떤 실수도 용납하지 않는 장본인이 다른 누구도 아닌 바로 자신이라는 사실을 깨닫는다면 말이지요. 다시 말해, 자기를 깎아내린다고 오해하고 있는 남들의 비판이 실은 자기 생각의 일부임을 이해한다면, 그 비판자는 사실 바로 자기라는 것을 알게 될 겁니다. 투사는 본래, 투사 대상보다는 투사하는 당사자에 대해 더 많은 정보를 제공합니다. 투사를 철회하는 일은 간단히 문장의 주어를 반대로 바꿔보는 것만으로도 가능합니다. "너는 특히 우수해야 하고 절대로 실수해선 안 된다", 우리의 억측에 의한 청중들의 비판을 "나는 특히 우수해야 하고 절대로 실수해선 안 돼"라고 통찰해보는 겁니다. 그렇게 말하고 나면 이런 깎아내리는 비판을 다른 사람에게 덮어씌울 수가 없게 됩니다. 그 책임이 자기에게로 넘어오니까요. 지금까지 외부 세계의 탓으로 밀어놓았던 부분, 이 경우엔 비판적인 태도가 되겠습니다만, 그 부분을 결국 자신의 일부로 받아들이게 되는 것이지요.

물론 지금껏 거부해왔던 이른바 '남의' 비판적 시선을 이제 자신의 것으로 받아들인다는 것은 상당히 무안하고 불편한 일일 수도 있습니다. 하지만 그런 부정적인 태도가 자신의 일부임을 인정할 수 있어야만, 우리는 지금까지처럼 그 원인을 바깥으로 돌리는 것을 멈출 수 있습니다. 이러한 경험을 통해서 우리는 비로소 자신과 남에 대한 우리의 자세를 다시 한 번 생각해보게 됩니다. 그 결과, 우리가 주변에서 경험한다고 믿는 대부분의 거부와 가치 평가 행위가 사실은 우리 자신을 평가 절하하는 태도에 뿌리를 두고 있음을 느낄 수 있습니다. 그리하여 자신을 너그러운 눈으로 관찰하게 되고, 그 결과 다른 사람도 그렇게 대하게 됩니다. 우리가 지금까지 품고 있던 비판과 거부에 대한 공포는 이런 과정을 통해 확실히 줄어들며, 마음상할 수 있는 가능성도 동시에 적어집니다.

투사는 우리의 주변 환경을 쉽게 이해하는 데에 도움을 준다고 합니다. 낯선 것을 소개할 때 처음에는 모두 기존의 범주에 맞추어 설명함으로써 쉽게 방향을 잡도록 하는 것이 그런 예라 할 수 있습니다. 그러나 이 과정에서 우리가 우리 나름의 해석을 이 새로운 사물에 억지로 들이밀다 보면, 이 새로운 것을 무언가 다른 것, 지금까지 몰랐던 것으로 경험하는 데에 방해를 받습니다. 이러한 기제는 외국인에 대한 적대감과 관련해서도 작용합니다. 즉 우리는 폭행과 폭력, 태만, 기생적 태도, 관대하지 못함 등 우리가 좋아하지 않고 보고 싶지 않은 것은 모두 외국인의 특징일 거라고 짐작해버립니다. 그렇게 밀어붙임으로써 우리는 이런 기질을 우리와 관계 없는 것이라고 떨어내버립니다. 남들이 어떤 사람인지 다 안다고 생각하면서 말입니다. 그러다가 낯선 사람들끼리 서로 알게 되고 개인적인 접촉이 생겨서 서로 자기 얘기를 하게 되면 그제서야 자신의 잘못을 깨닫습니다. 다시 말해, 자기가 두려워했던 것이 완전히 틀렸다는 사실, 상대는 자기가 상상했던 것과 달리 오히려 친절할 수도 있다는 사실을 느끼게 되는 것이지요. 다만 유감스러운 것은, 이러한 서로간의 접촉이 평화적인 접근을 위해 요구되는 것에 비해 아직 너무나 드물게 일어나고 있다는 점입니다.

· 마음상함과 나르시시즘(자기애) ·

요즘과 같은 나르시시즘의 시대에 우리가 마음상함에 대해 이렇게 아는 것이 적고 얘기도 하지 않는다는 사실이 그저 놀랍기만 합니다. 마음상함이란 자기애적인 인성 구조의 본질적인 특징이기 때문입니다.

자기애는 보통 자기 자신의 마음에 듦, 자기 자신에게 반해 있는 상태, 거울에 나타난 자기 모습과 사랑에 빠짐 등의 의미로 쓰입니다. 자기애성 성격 장애와는 일단 관계가 없는 개념입니다. 왜냐하면 인간의 몇몇 기본 욕구 중 하나가 바로 자기 가치의 고양이니까요. 그것을 위해 남의 확인과 인정, 사랑을 받으려고 노력하는 것이지요. 이른바 건강한 자기애는 안정된 자존감과 맞물려 있습니다. 사람들은 보통 자신의 감정을 알고 있고 또한 자신의 단점도 인정하고 받아들입니다. 자기가 무얼 원하고 필요로 하는지 분명하게 의식하고 있으며, 원하는 것을 실현할 능력도 있습니다. 어떻게 하면 필요한 인정을 받을 수 있는가, 자신의 가치를 똑바로 유지할 수 있는가 하는 법도 알고 있습니다.

이에 비해 자기애성 성격 장애는 자존감이 손상되어 있다는 특징이 있습니다. 그래서 자기 자신과 멀어지는 현상이 생겨납니다. 다시 말하면, 이 증상을 가진 사람은 자신감이나 업적, 완벽주의, 그리고 그럴듯한 독립성 같은 것으로 꾸며진 외양을 유지하기 위해 자신의 진짜 감정이나 소망, 욕구 같은 것을 모두 포기했다는 뜻입니다. 그는 자신의 이상적인 모습을 실현하려고 애쓰는데, 이 이상은 그가 어떠해야 하는지를 세세히 규정해놓았습니다. 즉, 역동적이고 생기발랄하면서 실수란 없고, 슬퍼하지 않아야 하며, 일을 능수능란하게 처리할 수 있고, 날씬하고, 항상 '기분이 좋은 상태'에다, 약한 모습을 보여서는 안 되며, 휴식이라곤 몰라야 합니다. 그렇습니다, 그는 다른 사람들보다 훨씬 능력 있고 외모가 멋져야 합니다. 그야말로 유일무이한 존재이어야 하지요.

이러한 이상에 도달하기 위해 애쓰게끔 하는 원동력은 심한 자기불신이나 열등감입니다. 완벽한 외모로 이런 감정들을 상쇄하려는 것이지요. 만족할 만큼 잘 하지 못하고 있다는 느낌은 사람을 지칠 줄 모르고 노력하게 하고, 절대로 실수하면 안 된다는 압박을 가합니다. 보기 싫게 보일까 봐 겁나서 쫓기듯이 살을 빼다가 마침내는 거

'가짜 나'(겉모습)

| 열등함, 자기 불신 | 찬란한 모습, 이상, 완벽주의 |

욕구, 감정, 정체성
'생명 공급처'

'진짜 나'

| 그림 2 | 자기애적 인성 모형

식증이나 폭식증 같은, 육체를 파괴하는 상태에까지 이르게 됩니다. 자기가 지금 기대에 부응하지 못하고 있다는 두려움은, 다른 사람들의 기대에 자신을 뜯어 맞추게 합니다. 결국 언제나 목적은 단 하나, 어떤 경우라도 열등감을 숨긴 채로 자신의 찬란한 면, 그 완벽한 겉모습을 유지하고자 하는 겁니다. 네빌 사이밍턴Neville Symington은 이런 현상을 이렇게 요약합니다. "자기애는 효과 빠른 마약이다. 자기애에 빠진 상태에서는 내 모습 중에서 마음에 들지 않는 것을 모두 감출 수 있기 때문이다."[14] 미화된 다른 현실로 대체하려는 시도와 마찬가지로, 자기애적인 겉모습 역시 인기 없고 결함투성이인 자신의 면모를 숨기고 다른 모습으로 행세할 가능성을 줍니다. 중독성 질환들이 보통 자기애성 성격 장애를 갖고 있다는 것은 결코 우연이 아닙니다.

한편 이 과정에서 감추어지는 것은 열등감만이 아닙니다. 그와 함께 자신의 생기발랄한 어떤 부분, 이른바 '생명 공급처Lebens-spender'[15]가 완전히 가려져버립니다. 그렇게 실제와 다른 자신을 만들어내 보임으로써, 자신의 감정이나 소망, 욕구 들을 더 이상 직접 만날 수 없게 됩니다. '이게 바로 나다'는 의미의 자아 정체성은 물론, 이 세상에서 나도 내 자리를 갖고 있으며 세상 역시 나를 환영하고 있다는 기본 감정조차 체험할 수 없는 상태가 되는 것이지요. 나는 자기애적('자기애적 장애가 있는' 뜻으로) 인성 구조를 다른 곳에서 이렇게 도식화해본 적이 있습니다.[16]

우월함은 자신을 열등감으로부터 보호하기 위한 것입니다. '진짜 나'로 살아갈 수 없게 되면 이 두 가지가 '진짜 나'의 자리를 차지하게 됩니다. 자기애적인 인성 구조를 가진 사람은 시간이 가면서 자신을 점점 더 '가짜 나'와 동일시하고, 그것을 자기 자신이라고 여깁니다. 자기가 무엇을 원하고 느끼는지('진짜 나')가 중요한 것이 아니라, 자기가 그려내 보여야 하는 것(으리으리한 이상)과 어떤 경우에도 숨겨야 하는 것(열등함)이 중요해지는 것입니다.

따라서 자기애적인 인성 구조를 가진 사람들(간단하게 하기 위하여 앞으로는 이들을 '자기애적인 사람들'이라고 부르겠습니다)에게는, 늘 나쁘다거나 늘 기막히게 멋지다는 식의 평가를 떠나 있는 그대로의 자신을 바라보는 것이 무척 어렵습니다. 이러한 그들이 마음상함에 시달리기 쉽다는 것은 충분히 이해가 되는 일입니다.

왜냐하면 그들은 탄탄한 뿌리 부분이 없는 나무나 마찬가지기 때문입니다. 뿌리 쪽 그루터기가 있어야 나무가 거기 의지할 수도 있고, 살아가는 동안 거기서 힘과 안정감을 얻어올 수 있을 텐데 말입니다. 그러나 높다랗게 자라나 가지와 잎을 찬란하게 뻗고 있는 나무이긴 하지만, 그들의 뿌리는 다 말라 죽어가고, 둥치는 빈약합니다. 그들은 가지들을 크게 뻗어가는 데에만 온 힘을 기울입니다. 가지가 무성해지면 질수록 그만큼 안전하게 살 수 있다고 오해하고 있기 때문입니다. 그러나 사실은 그럴수록 불안만 더 커집니다. 가지와 둥치를 떠받친 토대가 결여되어 있는 까닭입니다. 한 줄기 바람, 단 한 번의 폭풍에도 이 불안감은 현실로 드러나, 나무는 금방이라도 뽑혀 넘어질 지경이 됩니다.

거부나 거절은 그것이 아무리 사소한 것이더라도 마음속에 불안감과 마음상함의 감정을 불러일으킵니다. 사람에게 나무의 뿌리 부분에 해당하는 것은 자기애적 기본 욕구, 즉 안정감과 가치 인정, 존경, 받아줌과 의미 부여 등에 대한 욕구들을 만족시켜주는 일입니다. 이런 욕구들이 어린 시절에 적절히 고려되고 채워지지 못하면, 아이에게는 전 인격이 형성·발전될 토대가 결핍되는 겁니다. 그러면 아이는 세상과 사람들 속에서 보살핌받고 있다는 느낌 대신 두려움을 느낍니다. 자존감이 자라기는커녕 오히려 자신에 대한 불신만이 커지면서 자신을 경멸하게 되는 경우조차 생깁니다. 사람들에게 받아들여질 것을 기대하지 못하고 거부될 것부터 생각하며, 서로를 풍요롭게 하는 대인 관계가 아닌 다른 대체 행위를 통해 만족감을 얻으려고 애를 쓰는 것이지요. 그렇다면 방법은 단 하나, 외부의 기대에 자기를 맞추는 수밖에 없습니다. 다른 사람들이 원하는 대로 나를 만들어가는 것입니다.

어떤 일을 잘했을 때, 예를 들어 말을 빨리 배운다거나 다른 아이들보다 그림을 잘 그렸을 때, 또는 학교에서 일등을 했을 때에만 아이를 칭찬하고 관심을 보인다면, 그 아이는 일을 뛰어나게 잘해서 부모를 기쁘게 해주려고 애쓸 것입니다. 그래야 부모의 관심을 끌 수 있으니까요. 사실 이러한 관심은 별 특별한 성과가 없더라도 받을 수 있는 건데 말입니다. 어쨌든 이 경우에 아이가 자기 자신에 관해 체험하는 것이라고는, 나는 아무 가치도 없고, 오로지 내가 이루어내는 일만이 중요하다는 것일 겁니다. 자기가 어떤 사람이며 인간으로서 자기를 특징짓는 건 무엇인지, 자기에게 어떤 개인적 가치가 있는지에 관한 생각들이 이 아이에게는 없습니다. 이런 경우 단 한 번의 실패로도 이 아이의 자기상은 완전히 부서져버립니다. 자신의 가치를 쌓을 토대가 그 밖에는 전혀 없는 까닭이지요. 볼프는 이렇게 말한 적이 있습니다.

"찬란한 겉모습 뒤에는 아무런 감정의 방어책도 없는, 절망한 아이가 있다. 남들의 인정을 갈망하고 자기의 참모습을 거울에 비춰 보기를 갈망하는 한 아이가."[17]

마음상함을 경험하면 충족되지 않은 욕구가 되살아납니다. 그러므로 자기애적인 사람들이 특히 마음상함에 약합니다. 정체성의 뿌리가 건드려지기 때문이지요. 따라서 그들은 정신적으로 상처를 받을 경우, 상대를 외면하거나 아니면 스스로 세상에서 도피하여 문을 잠

그는 것말고는 다른 방법을 모릅니다. 그것만이 그들이 내적 고통과 공포를 피할 수 있는 유일한 방법입니다. 하지만 그럼으로써 그들은 외로워지고, 욕구는 여전히 채워지지 않은 채로 남아 있게 됩니다.

이것이 바로 자기애의 드라마입니다. 자기가 만족을 얻는 데 필요한 자발적이고 창조적인 행동을 할 수 없다는 바로 거기에, 극적인 요소가 자리하고 있습니다.

자기애적인 사람들은 항상 자기가 원하는 일이 현실에서 일어나도록 하는 데 꼭 필요한 일, 자기가 어렵지 않게 할 수 있는 일도 하지 않는 쪽으로 경솔하게 판단을 내리는 경향이 있습니다.[18] "아무도 나를 사랑해주지 않아"라는 원망에 사로잡힌 채, 독창적으로 일을 해결하기 위해 스스로 움직일 생각은 않고 말입니다.

베르너 슈미트도 이 능력이 부족했습니다. 그는 일에서는 물론 개인 생활에서도 자기 위치를 확고히 하려고 무척 노력했던 사람입니다. 그러나 항상 자신을 방해하는 느낌이 있었으니, 자기는 아무런 권리도 없고, 사랑이나 성공을 누릴 자격도 없다는 느낌이 바로 그것이었습니다. 남들은 모두 행복하게 살면서 경력을 쌓아가는데, 자신만은 그 모든 것에 어울리지 않는다고 여겼습니다. 사실 그는 매우 정상적인 생활을 하고 있었음에도 언제나 불만족했습니다. 자신이 여기 이 세계에 실제로는 속하지 않는다는 느낌, 다만 이 '게임'에서 역할을 하나 부여받아서 수행하고 있을 뿐이라는 느낌을 갖고 살았습니다. 그는 모든 것이 가능한 세계, 꿈속으로 자신을 구출해냈습니다. 자신을 일에서 성공한 사람, 돈을 잘 벌고 행복한 가정을 가진 사람으로 그려보았습니다. 상상 속에서 그는 영웅이었고, 모든 것은 그가 바라던 대로 되었습니다.

그러나 꿈이 아름다우면 아름다울수록 실제 생활에서는 더욱더 불만에 찼습니다. 꿈속의 세계와 실제는 너무나 차이가 많았으니까요. 그것이 이번에는 또, 그가 현실의 상황을 개선하기 위해 행동하는 것을 방해하는 쪽으로 작용하여 그의 용기를 꺾었습니다. 그의 꿈에 의거해볼 때 현실은 좌절되어야 마땅한 것이었으니까요. 이렇게 해서 그는 체념에 묻혀 살면서 자기 삶이 처한 모순의 책임을 전부 삶으로 돌렸습니다. 현실의 새로운 체험을 향해 자신을 열 생각은 전혀 하지 않고 말입니다. 만약 그랬더라면 그는 현실의 삶도 꿈 같은 면이 있음을, 다시 말해 사람을 충만하게 하고 행복을 가져다 줄 수 있다는 것을 알게 되었을 텐데요.

· 거부와 비판 ·

때로는 거부도 마음상함을 일으키는 원인이 됩니다. 이 거부가 우리의 인격과 행위, 그리고 남들에 대한 우리의 중요성을 깎아내리는 것으로 느껴진다면 말입니다. 꼭 직접적으로, 또는 완전히 의도적으로 한 일이 아니라고 해도 마찬가지입니다. 누군가가 남의 마음을 일부러 상하게 하려고 한 일이 아니어도 상관 없습니다. 다른 사람을 전혀 염두에 두지 않고 그저 무심히 던진 말이나 몸짓이 이에 해당될 수도 있습니다. 강연 도중에 한 하품은 이처럼 전혀 의도하지 않은 행동일 수 있습니다. 내 상담소에서 한 내담자가 우연히 마주친 매력적인 여성 또한 마찬가지지요. 그러나 마음상한 사람이 그 일을 모욕적으로 해석하면서 그것으로 인해 인간으로서의 자신의 가치가 떨어졌다고 느꼈다면, 그러한 우연한 일도 거부가 될 수 있습니다. 어떤 세미나에 참석했던 사람이 이렇게 말하더군요. "참 놀라운 일이에요. 어른인 우리가 아직도 사소한 일들 때문에, 하긴 그런 일들이 우리의 마음에는 매우 중요한 것이지만요, 어쨌든 그런 일들 때문에 충격을 받는다는 게 말이에요."

이렇게 보면, 우리 주변에서 다가오는 일 하나하나가 다 마음상함을 느끼게 할 수 있는 요인입니다. 물론 그렇다고 해서 상황이 더 단순해지는 것은 아니지만요. 어쨌든 이 사실은 마음을 다치는 사람 편에도 책임이 적지 않음을 보여줍니다. 많은 경우, 이러한 비하감을 받아들이느냐 아니면 물리치느냐 하는 선택권은 그 자신에게 있습니다. 상처받은 사람이 신호를 잘못 이해했거나, 그것이 자기를 두고 한 것인 줄로 착각한 경우처럼, 상대가 전혀 의도하지 않은 모욕일 때에는 본인 잘못이라고 얘기하기가 쉬워지지요. 그러나 명백한 공격이나 멸시·욕설과 비난일 때에는 이렇게 말하기가 상당히 곤란해집니다. 알면서도 일부러 남에게 상처를 주는 그 가해자에게 잘못이 있는 것처럼 보이니까요. 한데 좀더 자세히 들여다보면, 이런 경우에도 앞에서 말한 것과 똑같은 장치가 작용하고 있다는 걸 알 수 있습니다. 즉, 당사자가 얼마나 상처를 받는가는 그가 이 사건을 어느 정도로 중시하느냐에 달려 있다는 말입니다.

물론 피해자가 혼자의 힘으로는 저항할 수 없는 상처, 예를 들어 정서적·육체적 혹은 성적 착취나 고문 같은 것이 있을 수 있습니다. 이런 경우에는 그 일을 당한 사람의 자존감이 너무나 심하게 충격을 받아서, 심리 치료를 받지 않고는 안정을 되찾기 힘들 때가 종종 있습니다. 이들의 마음에 새겨진 상처는 실존에 관계된 것입니다. 인간으로서의 가치가 완전히 제로가 되어버렸기 때문이지요. 착취는 그것이 어떤 형태이든 간에, 인간을 심하게 멸시하고 인간의 존엄성을 훼손합니다.

무시라는 것은 사람으로 하여금 자신의 가치가 충분히 존중되고 있지 않다고 느끼게 하는 태도를 총칭하는 개념입니다. 긍정하지 않고, 받아들이지 않고, 가치 평가를 제대로 해주지 않고, 아껴주지 않는 것 등이 모두 여기에 속합니다. 그리고 이 요건 중 몇 가지를 겸비한 것이 비난, 또는 비판입니다.

이제 이런 문제를 제기해볼 수 있습니다. 에벨린 크로셸Evelyn Kroschel[19]의 주장처럼, 비판이 원래 마음을 다치게 하는 것인가, 아니면 비판이 마음상함으로 작용하려면 몇 가지 조건이 들어맞아야 하는가 하는 것입니다. 비판이 우리의 자기 평가를 항상 건드리기는 하지만, 그렇다고 해서 비판받은 사람이 모두 마음에 상처를 입는 건 아닙니다. 비판을 받은 사람의 첫번째 반응은 경악입니다. 우리가 무언가를 잘못했다는 사실, 그리고 우리의 어떤 점인가가 남의 마음에 들지 않는다는 사실에 놀라는 것이지요. 그러나 그것으로 마음이 상하지는 않습니다. 비판을 받은 사람이 그로 인해 멸시당하고 거부당했다고 느끼든가, 아니면 자기 자신과 비판한 사람을 다 멸시하게 될 때에야 비로소 마음상함이 시작되는 것이지요. 여기서 중요한 기준이 되는 것은, 비판받은 사람이 자기 자신과 비판의 대상이 된 자신의 행동에 대해 어느 정도로 확신을 갖고 있느냐 하는 점입니다. 그의 자기 평가가 불확실하면 할수록, 그래서 자기 자신과 자신의 행동을 의문시하면 할수록 그가 비판으로 인해 상처를 받을 위험은 그만큼 커집니다. 그렇게 되면 그는 자신은 물론, 자기를 비판하는 사람조차도 경멸하게 될지 모릅니다.

물론 그가 자기를 비판하는 사람과 어떤 관계에 있는가 하는 점이 가장 중요한 역할을 합니다. 그 비판에 진실이 담겨 있다고 믿을 만한가, 아니면 상대가 고의로 자기 마음을 다치게 한다고 생각하는가는 그 관계의 성격에 달려 있습니다. 상처를 받는 것은 대개 잘 아는 사람을 통해서입니다. 이것은 우리가 이들의 말을 다른 낯선 사람의 말보다 더 사적으로 받아들이기도 하지만, 이들에게 더 잘 대접받고 싶다는 기대가 크기 때문이기도 합니다.[20] 그래서 친구의 비판은 우리의 마음을 몹시 상하게 하고 굉장히 아프게 합니다. 그에게만큼은 절대로 예상하지 못했던 것이 바로 비판이기 때문이지요. 한데 다른 각도에서 보면, 친구의 비판이야말로 이들에게는 더 중요할 수 있습니다. 솔직한 얘기라고 믿을 수 있는 데다가, 비판해준다는 것 자체가 그가 우리를 소중히 여기고 있다는 증거이기 때문이지요. 가까운 사람을 비판한다는 것이 얼마나 어렵고 또 용기가 필요한 일인지를,

당신 역시 체험으로 잘 알고 있지 않은가요. 그래도 당신이 그 어려운 일을 해낸다고 했을 때, 상대방이 당신에게 얼마나 소중한 존재인가는 자명합니다.

그 밖에 비판에 대한 우리의 반응에 영향을 주는 것으로는 그 비판이 제기될 당시의 상황이 있습니다. 아무 예고 없이 불쑥 비판을 받을 때보다는, 우리가 남들에게 비판적인 답변을 해달라고 분명하게 요구했을 때 아마 우리는 상처를 덜 받을 겁니다. 또 비판하는 사람의 억양이나 어법, 의도에 따라서도 마음이 상하게 됩니다. 받아들이기에 따라 마음이 상할 수도 있는 비판의 요건들을 종합적으로 소개해보겠습니다.

- 듣는 사람이 비판을 통해 직접적이거나 암시적인 경멸을 느낄 때
- 제삼자가 비판할 때
- "넌 이해 못해"라든가, "네가 전적으로 잘못한 거야" 하는 식으로 싸잡아서 악평을 받고 있다고 느껴질 때
- 듣는 사람의 인격 전체에 해당하는 비판이어서, 그로 하여금 자신이 바보라는 생각을 더욱 굳게 할 때
- 듣는 사람이 인간으로서의 자존감을 더 이상 세울 수 없는 아픈 데를 건드릴 때
- 비판자가 듣는 사람에게 해결책을 제시함으로써, 자기가 훨씬 더 잘 안다는 걸 뽐내려 할 때[21]
- 상대방이 잘되기를 바라서라기보다는 비판자 자신이 참지 못

해서 하는 비판이라고 느껴질 때

- 특별히 잘 보이고 싶은 사람 앞에서, 또는 잘 보이고 싶은 장소에서 비판받을 때
- 비판의 목적이 자기를 폄하하고 나쁜 사람으로 모는 데 있다고 여겨질 때

여기에 해당하는 비판이라면 아무리 아름답게 포장되어 있어도 십중팔구 상대방을 다치게 하기 마련입니다. 우리의 자존감이 적으면 적을수록 우리는 비판에 의해 더 큰 상처를 입습니다. 자신의 긍정적인 면을 인식하기가 그만큼 힘들게 되는 것이지요. 자기애성 성격 장애가 매우 심각할 경우, 비판을 받으면 철저한 자기 멸시로 귀착되어 자신의 나쁜 점만 보게 되기도 합니다. 자신의 능력이나, 지금까지 성공적으로 이루어온 일은 기억에서 완전히 사라져 더 이상 존재하지 않게 됩니다. 의식적 체험으로 연결되지가 않는 것이지요. 자신의 위용이 비판을 받아 산산조각이 나고, 그 결과 열등감의 나락으로 굴러떨어지면서 실존적 무가치 상태로까지 추락하는 경우도 가끔 있습니다. '여성의 자기애'라는 맥락에서 나는 이 기제를 상세하게 제시한 바 있습니다.[22]

우리가 설사 상대를 존중하는 태도로 비판하더라도, 그리하여 상대가 '비록 내가 실수는 했을망정 지금 내 인격은 존중받고 있다'는 느낌을 가지는 경우라 해도, 우리가 항상 명심해야 할 점이 있습니다. 그것은 비판을 받는다는 것은 불편한 일이며, 비판은 상대방의

자존감을 다치게 할 수 있기 때문에 항상 마음상함과 맞물려 있다는 사실입니다. 이 사실을 알고 나면 우리는 비판을 한 후에도 상대를 충분히 도와주면서 계속 접촉하는 일에 비중을 두게 됩니다. 그렇게 계속 접촉을 해야, 상대가 우리의 비판을 받아들이면서 좋은 방향으로 그것을 이용할 수 있기 때문입니다.

따라서 우리는 비판을 할 경우, 서로 좋은 관계로 접촉을 하면서 아주 신중하게 해야 합니다. 상대의 긍정적인 사후 보고도 여기에 더해져야 하겠지요. 그렇지 않다면 소득도 없이 공연히 사람의 마음만 다치게 하는 것이 될 수 있으니까요.

다음에 드는 예는 경솔하고 지도자적 자질이 부족한 사람의 비판이, 특히 상대가 비판에 아주 예민한 사람일 경우, 얼마나 쓸데없이 남에게 상처를 줄 수 있는지를 보여줍니다.

소피 엥겔은 자기가 사무실에서 '무지무지하게' 불쾌하게 지내고 있다고 이야기합니다. 사장이 언제 문을 박차고 뛰어들어와 "당신 잘못이오" 하고 면박을 줄지 몰라, 항상 겁에 질린 채 스트레스를 받는 상태라는 겁니다. 해고될까 봐 두렵다는 것이지요. 하지만 이것은 사실 근거 없는 두려움입니다. 소피가 이 사무실에서 일한 지는 오래되었는데, 사장은 지금까지 한 번도 해고하겠다는 말을 비친 적이 없었으니까요. 사장이 다혈질이라는 건 누구나 알고 있는 사실입니다. 불같이 화를 내기 때문에 누구나 그 앞에서는 모욕감을 느낍니다. 그런데도 소피는 자기만 개인적으로 공격을 받는 것으로 느낀 나머지, 내적으로 파괴된 겁니다. 인격 모독을 느낄 만큼 사람을 함부로 대하는 사장의 험한 질책 방법은 소피의 자존감을 위협하는 데까지 이르렀습니다. 하지만 그녀는 지금 당장 직장을 옮길 수는 없습니다. 아직 다른 자리가 구해지지 않았으니까요. 그러니 사장과 어느 정도 타협을 하면서 자기 주장을 하는 것말고는 다른 방법이 없지요. 한데 그렇게 못하게 가로막는 요인이 뭔가 있었는데, 그것이 무엇인지가 치료 과정에서 밝혀졌습니다.

말하자면 소피는, 자기가 아무 능력도 없으며 실패자일 뿐이라는 확신에 꽉 차 있었던 겁니다. 그리고 이 자리가 자신에게 조금도 손해나지 않는 자리라는 것을 믿어 의심치 않았습니다. 그러니까 바깥 사람들이 보기에 나는 완벽해야 한다, 절대 실수해서는 안 된다고 여기게 된 것이지요. 실수를 하면 자기가 어울리지 않는 자리에 있다는 것을 증명하는 셈이 되니까요. 사장의 비판을 받으면 소피는 당장에, 평소 생각하던 부정적인 자기 모습과 대면하게 되어 괴로워했던 겁니다. 정작 자기가 해내고 있는 일의 성과에는 아랑곳없이, 자기를 별로 대단하지 않은 존재로 깎아내리고만 있었던 것이지요.

비판을 받는다는 생각만 해도 소피는 정신을 차리지 못할 만큼 겁에 질렸습니다. 그런가 하면 어떤 사람들은 열등감과 무력감에 젖기도 하고, 멸시받았다고 굴욕감을 느끼는 식으로 반응하기도 합니다. 그리고 절대로 남들을 자기에게 가까이 오지 못하게 하여 자신을 보호하고, 비판하는 사람을 자기 쪽에서 경멸함으로써 자존감을 유지하려는 이들도 있습니다.

비판이라는 것은 무시(또는 거부)라는 큰 스펙트럼의 한 형태일 뿐입니다. 이 스펙트럼은 상당히 넓어서, 이미 언급한 '바깥으로 나타난 신호의 오해'에서부터 모르는 척하기, 깎아내리기 등을 거쳐 공개적인 욕설, 비하, 불공정, 차별 그리고 상흔(트라우마)까지가 다 여기에 해당됩니다. 크로셸은 트라우마Trauma를 '커다란 상처'라고 부르는데, 사랑을 주려다가 거절당하는 경험도 물론 여기에 속합니다.

상처가 되는 것 가운데 작은 것으로는 불친절함, 불손함, 비꼼, 실짝 빈정대는 말(이것도 특수한 조건 아래서는 커다란 상처가 될 수 있습니다), 충고랍시고 하는 말, 눈치 없이 하는 발언 등이 있습니다. 우리는 자그마한 상처에는 일반적으로 격렬한 반응을 보이지 않는데, 그런 것에는 쉽게 손을 쓸 수 있기 때문입니다. 반면에 커다란 상처는 우리에게 매우 심한 충격을 주어서, 심각한 위기에 빠뜨립니다.

남이 자기 생각을 우리에게 덮어씌우곤 하는 투사, 즉 비방이 모멸감을 줄 때가 있습니다. 바로 부정적인 성격을 나에게 덮어씌우려 할 때가 그러하지요. 특히 우리 내부에 있는 우리가 듣고 싶지 않은 내용, 되도록 덮어두고 싶었던 점을 직접 언급할 때, 우리는 공격을 받았다고 느낍니다.

우리가 신봉하는 가치를 다른 사람이 인정하거나 존중해주지 않을 때, 심지어 그 가치를 훼손하기조차 할 때 우리는 상처를 받습니다.[23] 이 가치가 우리에게 중요한 것일수록 상처도 그만큼 커집니다. 여기서 반드시 알아두어야 할 점은, 가치란 정체된 것, 부동의 것이 아니라 변화하는 것이라는 사실입니다. 이 변화는 어느 정도 사회적으로 조건지워집니다. 20세기 초만 해도 공공 장소에서 다른 남자와 환담하는 일은 여성의 명예를 손상시키는 것으로 여겨졌습니다. 그러나 지금은 그런 것이 더 이상 소문 거리가 되지 않습니다. 가치란 것은 또한 각 개인의 변화 과정이나 발전 단계에 따라서도 달라집니다. 우리가 젊었을 때 중요하고 가치 있게 여겼던 것, 예컨대 근대적이고 관습에 얽매이지 않는 사람으로 인정받는 것이 나이 들어서는 대단치 않은 것으로 생각되는 경우도 많습니다. 그러면 온건하다거나 심지어 보수적이라고 평을 들어도 훨씬 상처를 덜 받거나, 전혀 상처를 받지 않을 수도 있는 것이지요.

뭔가를 물어보았다가 "아니오"라는 대답을 듣고서 그것을 자신이 무시받은 것으로 해석하여 마음을 다치는 경우도 있습니다. 이런 경우 우리는 "시간이 없는데"라는 말을 "널 위한 시간은 없어"라는 의미로 해석하는 것입니다.[24]

이레네 마이어는 이 문제를 체험으로 알고 있습니다. 어린 시절 그녀는 세 여동생과 함께 조부모 집에서 자랐습니다. 부모가 일 때문에 며칠씩 또는 몇 주일씩 집을 비우는 일이 잦았으므로, 얼굴을 본 적이 몇 번 없었습니다. 부모는 아이들이 조부모 집에서 잘 지낸다고 믿고 있었지만, 사실은 그렇지 못했습니다. 아이들은 말하자면 단지 밥만 굶지 않았을 뿐, 그들을 진심으로 아껴주는 사람이 아무도 없었습니다. 이유가 무엇이었든 간에 말입니다. 아이들은 몇 시간이고 저희끼리 놀았고, 제일 맏이인 이레네가 동생들을 돌보는 책임을 떠맡았습니다. 그 모든 것이 아무도 돌봐줄 사람이 없는 상황에 떠밀린 강요된 행동 양식이었다는 것을, 조부모도 부모도 미처 생각하지 못했던 것입니다.

"나에게 어린 시절 이야기를 할 때 무얼 느끼죠?"라는 질문으로 나는 이레네 마이어가 자기 감정에 다가갈 수 있도록 길을 터주려고 해봅니다. 과거의 이야기 자체보다는 그녀 자신의 체험에 관심을 집중하도록 유도하면서 말이지요. 단순히 어떤 일에 관해서 이야기하는 것과 그 일에 관한 자기 감성을 느끼는 것은 별개입니다. 그 일을 직접 느낌으로 경험하는 과정에서, 앞으로 더욱 깊이 변화할 수 있는 토대가 만들어지는 것입니다.

"여기가 꽉 죄는 느낌이에요!" 하면서 이레네는 가슴을 가리킵니다. "숨을 쉴 수가 없어요."

나는 그녀가 느낌을 계속 경험하도록 도와줍니다. 몇 번 숨을 몰아쉰 후 눈에 눈물이 글썽이기에 그 사실도 말해줍니다. 이레네는 고개를 끄덕이더니 울기 시작합니다.

"계속 그렇게 숨을 쉬면서 눈물이 흐르도록 그냥 놔두세요."

그러고는 훌쩍거리기 시작하더니 조금 진정합니다. 나는 느낌을 표현하는 소리를 좀 내보는 게 어떻겠냐고 그녀에게 제안해봅니다. 그랬더니 무척 겁먹은 듯 조그맣게 소리를 내기 시작합니다. 우리 둘은 모두 웃지 않을 수가 없었습니다.

"내가 들을 수 있을 만큼 큰 소리를 내기가 어려운가요?"

진지하게 내가 묻습니다. 이레네는 고개를 끄덕이더니 또 울기 시작하는데, 이번에는 이따금씩 몸을 떨기도 하면서 아주 큰소리로 엉엉 웁니다. 계속 그렇게 하라고 그녀를 격려합니다. 그렇게 몇 분이

지나자 울먹이는 목소리로 그녀가 이야기를 시작합니다.

"나는 한 번도 내 맘대로 해볼 수가 없었어요."

이레네가 투덜댑니다.

"항상 난 착한 아이여야 했고 뭐든지 다 잘해야 했어요. 하나도 빠짐없이 잘하려고 무척 애를 썼지요. 하지만 아무도 그걸 알아주지 않았어요."

"누구 얘길 하고 있는 거죠?"

"부모님 얘기예요."

"그렇게 안간힘을 쓰며 노력할 때가 몇 살 때였죠?"라는 질문으로 나는 그녀가 이야기를 계속하게끔 힘을 실어줍니다.

"아직 무척 어렸죠. 두 살이나 세 살 때쯤이었던 것 같아요."

그러면서 이레네는 바닥을 뚫어져라 쏘아봅니다.

"눈 앞에 뭔가가 보이나요?"

그녀는 고개를 끄덕이더니 눈물이 그렁그렁해서 이야기합니다.

"내가 창가에 서 있는 모습이 보여요. 어린 여동생이 내 곁에 있고요. 아마 6개월쯤 된 것 같아요. 나는 창 밖으로 엄마와 아빠가 멀어져가는 것을 보고 있어요. 우리에게 작별 인사도 않고 그냥 가버리는 것이지요. '다시는 안 돌아올 거야' 하고 나는 생각하죠. 완전히 절망한 채로, 철저히 혼자서, 그렇게 버려져 있는 거예요. 날 돌봐줄 사람은 아무도 없어요. 한데 다음 순간, 내 곁에 있는 아기를 봐요. 그 아기는 아직도 너무나 어려요. 나를 필요로 하는 거예요. 그러자 나는 어린 여동생을 돌보겠다고 결심하죠."

이 말을 하는 순간, 오랫동안 참아왔던 감정이 처음으로 길을 트고 터져 나옵니다. 엉엉 울고 소리치면서 이레네는 두려움과 절망감을 세상에 쏟아놓습니다. 어린 동생을 돌봐야 한다는 의무감에서 지금까지 눌러 참아왔던 감정들을 말입니다.

한참 후에 이레네는 무력한 자신의 분노가 부모와 조부모를 향한 것임을 깨닫고서 큰소리로 그들을 비난하기 시작합니다. 그러고는 "하하" 웃으며 말을 맺습니다. 그것은 가슴에 맺혀 있던 이 감정의 골짜기를 그녀가 모두 통과했음을 보여주는 웃음입니다. 무거운 짐에서 벗어나기라도 한 듯 그녀의 눈이 반짝입니다. 이제 다시 깊이 숨을 쉴 수 있게 되었습니다. 남들과의 관계에서 그녀를 항상 시달리게 했던, 버림받는다는 두려움은 바로 이 어린 시절의 체험에 뿌리를 두고 있었던 겁니다. 그것을 이레네는 지금까지 고이 싸서 영혼 속에 넣어두고 있었던 것이지요. 누가 자기한테 조금만 거리를 취해도, "아니"라고 한마디만 해도 바로 상처를 받았던 것은, 그로 인해 그녀가 과거의 어린 소녀의 기억, 자기만 홀로 남겨지고 버림받았다는 느낌으로 돌아가기 때문이었습니다. 이 상담을 계기로 이레네는 이 오랜 두려움과 과거의 아픈 기억에서 한 걸음 걸어 나오게 되었습니다.

· 면박—창피—무안 ·

마음에 상처를 받는다는 것은 고통 · 절망 · 분노와 연결되어 있기도 하지만, 경우에 따라서는 수치심을 불러일으키기도 합니다. 마음을 다치게 한 일들이 마음상한 사람에게 창피함을 느끼게 하고, 면박당했다는 느낌을 주는 것이지요. 무엇보다도 공공연하게, 즉 제삼자 앞에서 그런 일이 일어났을 때 창피함은 더욱 커집니다. 다른 사람이 이 광경을 곁에서 다 지켜보았기 때문이지요.[25]

"수치심은 사람을 무척 고통스럽게 합니다. 수치심을 갖는 순간 우리는 남들이 나를 우습게 본다는 둥, 자신이 부족하다는 둥 생각하면서 굴욕스러워지고, 인간으로서의 존엄성을 박탈당했다고 느끼게 됩니다."[26]

내게 상담을 받은 어떤 사람은 비판과 그로 인한 상처가 수치심과 긴밀히 얽혀 있음을 이렇게 인상적으로 그려냈습니다.

"누가 나를 비판하는 것을 들을 때면, 처음에는 뭔가 뜨겁고 날카로운 것이 위장을 찌르는 것 같아요. 그러면 난 정신을 잃지 않으려고 안간힘을 쓰지요. 너무나 아프고, 무엇보다도 말할 수 없이 창피하거든요. 얼굴이 빨갛게 달아오를 때도 가끔 있어요. 그러면 더욱더 어쩔 줄 모르게 되지요. 사람들이 다 보고 있으니 말이에요. 그럴 땐 이런 생각이 들어요. '이런, 도대체 내가 무슨 일을 저지른 거야, 어떻게 그럴 수가 있었지? 좀더 주의를 했으면 좋았을걸. 이런 일은 나한테 절대 일어나지 말았어야 하는 건데.' 한마디로, 나한테는 무척 끔찍한 일이지요. 더구나 내가 특히 멋지게 보이고 싶은 상황에서라면 더 말할 나위도 없지요. 상상 속에서는 남들이 다 나를 거부하는 장면이 그려져요. 내가 너무 서툴러서요. 남들에게 완전히 따돌림받았다는 느낌이 들고, 남의 눈을 똑바로 쳐다보기가 두려워져요. 체면을 잃었다고나 할까요."

이런 식으로 내면이 흔들려버리면, 당사자는 비판의 내용을 제대로 검토하지 못하는 것은 물론, 비판 자체가 올바른지의 여부도 전혀 판단할 수 없게 됩니다. 그저 자신이 철저하게 비난을 받았고 매도되었다는 느낌뿐이어서, 오로지 자신의 인격을 전체적으로 다시 세우는 데에만 골몰할 따름입니다. 체면을 잃었다는 것은 결국 자기 자신을 잃어버린 셈이니까요.

이 상황에서 수치심을 느끼는 이유는 두 가지입니다. 남에게 나쁜 평가나 멸시를 받는 데 대한 두려움, 그리고 자기가 세워놓은 척도에 미달했다는 느낌 때문입니다. 가능한 모든 노력을 다하지 않았다는 생각과, 자기 일에 대한 책임은 자신에게 있다는 생각도 역시 이에 해당합니다.[27]

열패감, 거부감, 취약한 자존감은 항상 수치심과 연결되어 있습니다. 말하자면 사람으로서의 우리의 가치가 상처를 받는 것이지요. 그렇기 때문에 우리는 자신의 실수를 덮어버리려고 온 힘을 다합니다. 그런 일로 창피당하고 싶지 않다는 얘기지요. 그런데 마음상함의 경우와 마찬가지로, 이 수치심의 강도도 자존감의 안정성과 개별적인 학습 과정에 따라 다릅니다. 어릴 때 이른바 수치심이 지배하는 가정에서 면박을 많이 받으며 자라난 아이의 경우, 수치심을 느껴 마음을 다치는 속도가 남보다 빠릅니다.[28]

가정뿐만 아니라 사회에서도 수치심을 강요할 수 있습니다. 다시 말하면 상대방에 대한 존경보다는 비판적 평가와 간섭이 대화의 주된 내용이 되는 구조가 있다는 것이지요. 여기서 간섭이란 무엇이 옳고 그른지를 시시콜콜 충고해주는 식으로 표현됩니다. 수치심을 강요하는 체제는 사람의 태도와 행동을 심하게 규제한다는 특징이 있습니다. 뿐만 아니라 "항상 옳아야 한다. 또는 올바르게 행동해야 한다"는 의미에서 완벽주의를 내세우는 한편, 일이 계획대로 되지 않을 경우엔 (자기 자신이나 남에게) 반드시 책임을 묻고, 감정을 부정하는 동시에 마음에 받은 상처나 수치심은 깊숙이 숨기도록 하는 것도 이 체제의 특징입니다.[29]

지금까지 열거한 이 규준들은 주로 서구 사회에 고유한 것으로, 우리가 서구 사회를 수치심이 지배하는 사회라거나 수치심에 의해 조종되는 사회라고 부르는 것은 바로 이런 이유에서입니다. 라인하르트 푸어Reinhard Fuhr는 이렇게 쓰고 있습니다. "일상에서 의사 소통을 할 때, 자기가 옳다거나 자기의 시각만이 유일하게 가능한 시각이라고 주장하는 것은 흔히 있는 일이다. 그러다 보면 자연히 직접적이든 간접적이든 간에 남에게 책임을 묻고 남을 창피하게 만드는 결과를 초래할 수밖에 없다. 꼭 그런 단어를 사용하거나 그런 식으로 문장 구성을 해야만 그런 것은 아니다. 말하는 억양이 말의 내용에 대한 책임을 묻거나 창피를 주게끔 만드는 경우도 종종 있다."[30]

이런 배경을 고려할 때, 우리 모두에게 영향을 미치고 있는, 이 수치심으로 조종되는 체제에 근본적인 사고의 전환이 필요하다는 생각이 듭니다. 수치에서 존중으로 방향이 바뀌어야 하는 것이지요. 우리 모두가 자신의 수치심을 극복해가면서, 동시에 남에게 창피를 주는 역할에서도 벗어나고 싶다면 말입니다. "이와 반대로 존중으로 가득 찬 체제는 삶의 체험을 해석할 수 있는 다양하고 탄력 있는 가능성을 제공합니다. 갖가지 사건들은 그 자체로서만 관찰될 뿐, 다른 사람을 비난하는 수단으로 이용되지 않지요."[31]

수치심에는 항상 죄가 포함되게 마련입니다. 수치심과 죄는 동전의 양면과 같아서, 언제나 서로 분리되지도 않을 뿐만 아니라 부분적으로 서로 겹치는 면도 있습니다. 일반적으로 수치심이 죄보다도 견디기가 어렵습니다. 죄는 종종 고백이나 후회, 속죄나 보상 등의 행위를 통해 해소될 수 있지만, 수치심은 인간의 가장 내밀한 곳, 즉 정체감을 건드리므로 어떤 방법으로도 완전히 없앨 수는 없는, 소멸 불가능한 체험이기 때문입니다.[32] 우리가 행한 어떤 일이나 중단한 일에 대해서, 우리는 죄책감을 느낍니다. 반면에 수치심의 대상은 바로 우리 자신, 나아가서는 남에게 보여진 우리 자신입니다.[33] 개리 욘테프Gary Yontef는 수치심과 죄를, 그것이 야기하는 결과의 관점에서 이렇게 구별합니다. "죄를 지었을 경우 그 보복은 벌이다. 한편, 수치심에 대한 보복은 버림받는 것이다. 자기에게 소중한 사람이 자기를 외면하는 것에서부터 물리적으로 떠나는 것, 그리고 추방에 이르기까지 이 버림받음은 광범위하다."[34]

수치심이 남에 대한 단죄로 변할 때도 종종 있습니다. 수치심에 사로잡혀 있으면 전혀 행동할 수 없으므로 그 행동 가능성을 얻기 위해서지요. 수치심은 내면의 마비 상태와도 같은 것으로, 깊은 무력감과 막막함을 자아냅니다. 행동은커녕 손가락 하나 움직일 힘조차 내지 못하는 상태가 되고, 자기가 처한 환경과 다른 사람들, 심지어 자신의 태도까지도 어찌할 수 없는 것으로 여겨지면서, 무기력하게 그저 그 앞에 던져진 존재라고 느끼게 되는 겁니다. 반면에 수치심의 방향을 바꾸어 남에게 죄를 묻다 보면 분노와 복수심에 젖게 되고 남에게 창피를 주게 됩니다. 분노와 복수는 외부를 향한 움직임이고, 수치심은 내부를 향한 움직임입니다. 수치를 느낄 때 그렇게 뼛속까지 아픈 것은 그 때문입니다. 따라서 수치심을 분노와 복수로 바꾸는 것은 마비 상태에서 벗어나는 첫걸음이긴 하지만 해결책은 아닙니다. 왜냐하면 분노 때문에 상대방에게 가한 일로 해서 아마도 스스로 부끄러워하게 될 테니까요. 분노에서 문제의 해결책을 찾을 수 없다는 것도 또 하나의 이유입니다. 분노함으로써 우리는 여전히 상처받음과 복수라는 낡은 체제 속에 사로잡혀 있는 셈이니까요.

물론 수치심과 죄의식에는 긍정적으로 작용하는 온건한 형태도 있다는 것을 덧붙여야겠습니다.[35] 대개의 사람들은 말 그대로 창피한 줄 모르고(뻔뻔스럽게) 남의 경계선을 마구 넘어가지는 않습니다. 또 자기가 남에게 피해를 입혔다고 깨달으면 어느 정도 죄책감을 갖게 됩니다.

수치심 외에도 우리는 당황스러움이나 무안함 같은 감정을 알고 있습니다. 이들은 수치심의 다른 표현일 수도 있지만 수치심과 관계없이 생겨나기도 합니다. 당황감이 모두 수치심은 아니라는 얘깁니다. 자신의 본모습에 어울리지 않는 일을 하거나 그렇다고 느낄 때,

사람들은 당황할 수 있습니다.[36] 그러나 어마어마한 선물을 받거나 굉장한 칭찬을 들을 때, 혹은 '정상'이 아니거나 보통은 허용되지 않는 느낌이나 욕구가 자기 안에 있음을 문득 깨달을 때 느끼는 당황감을 우리는 압니다. 이때 당신은 당황감과 함께, 우리 안에서 둥둥 떠도는 에너지와 즐거움을 아마 맛볼 수 있을 겁니다. 그래서 어빙 폴스터Erving Polster는 당황을 "조금씩 새어 나오는 기쁨"이라고 부릅니다.[37] 이런 형태의 당황감은 우리 자신의 발전에 긍정적으로 사용될 수 있습니다. 우리가 성장 단계의 한 경계선에 이르렀으며, 여기서 새로운 경험을 해 우리 것으로 만들 수 있음을 예고하는 것이 바로 이 느낌이기 때문입니다. 자신에 관해 긍정적인 말을 들었을 때 그것을 부정하면 당황스러움은 피할 수 있습니다. 그러나 칭찬에 저항하지 말고 그 흥분 상태를 견뎌냄으로써, 이 당혹감을 한번 체험해보기 바랍니다. 그럴 때 우리는 칭찬이 가진 긍정적인 힘을 우리 안에 받아들여서 자기상에 통합시킬 기회를 갖게 됩니다. 누가 압니까. 그러다가 우리 자신마저도 아주 긍정적인 눈으로 보는 날이 올지!

· 상처받은 분노와 복수, 그리고 위엄의 손상 ·

마음에 상처를 받으면 아프고 창피할 뿐만 아니라 분노, 복수심, 반항심이 솟구칩니다. 이때 분노가 적당하게 일어나는 경우는 거의 없습니다. 마음을 다칠 때 느끼는 분노는 걷잡을 수 없이 격렬하기 때문이지요. 따라서 사건 자체보다 분노가 터무니없이 클 때가 종종 있습니다. 너무나 분노한 나머지 자기에게 상처준 사람을 전적으로 거부하고 맙니다. 마치 그가 철두철미하게 '악한' 인간이기라도 하듯이 말입니다. 설사 사건이 있기 전에 둘 사이에 우정의 끈이 존재했다 하더라도, 이러한 분노 속에서는 여지없이 끊어지고 맙니다.

상처받은 분노를 있는 그대로 다 표현해버린다고 해서 일이 풀리는 것은 아닙니다. 기껏해야 내면에 자리한 커다란 압력을 좀 덜어낼 수 있을 뿐이지요. 이런 형태의 분노는 경멸과 짝을 짓고 있으면서, 상대를 자기 마음대로 할 수 있는 영향력이 자기에게 있다고 믿는 데 그 목적이 있기 때문입니다. 극도의 파괴적 성향, 냉혹함과 무자비함이 이러한 분노의 성격에 속합니다. 자신을 얼음처럼 차고 비인간적이라고 묘사한 내담자가 있었습니다. 이 말에서는 어떤 저항까지도 엿보입니다. 이 저항은 상처를 준 사람과 세상에 대해, 때로는 삶 자체에 대해서까지 총체적으로 '아니'라는 태도를 취하는 것으로 나타납니다. 모욕당한 사람은 등을 돌려버린 채 더 이상 함께 '놀지' 않습니다. 그 '모든 것'에 대해 전혀 알려고 하지 않고 철저히 거부합니다.

마음을 다친 데서 오는 분노는 당면한 문제를 해결하지 못한 채 상대와 나의 관계를 망가뜨리기만 합니다. 상처받은 사람은 실망한 나머지 상대를 아프게 하고 괴롭히려고 합니다. 자기가 괴로웠던 만큼 상대에게 고통을 주려고 합니다. 그리고 그런 생각이 그를 흡족하게 합니다. "복수는 달콤하다"는 속담이 괜히 생긴 것이 아닙니다. 복수를 한다는 생각은, 마음을 다친 사람에게 자기의 상황뿐만 아니라 상대까지도 장악할 수 있는 힘을 되찾았다는 느낌을 줍니다. 복수는 사람을 행동할 수 있게 해주고 마비 상태에서 해방시켜줍니다. 이것은 죄에 관해서 설명했던 것과 마찬가지의 현상입니다. 외부를 향해 몸을 돌림으로써 자신이 더 강해지고 자의식과 영향력이 더 커졌다고 느끼면서, 그는 자신이 체험했던 공격성을 되돌려주기 시작합니다. 자기 어머니에 대해 굉장한 복수심을 갖고 있던 어느 내담자는 어머니의 좋은 점을 단 하나도 인정하지 못했습니다. 그 이유는 다름 아니라, 자신이 어머니 손에 완전히 떨어져버릴지도 모른다는 두려움 때문이었습니다. "복수를 생각하는 한 나도 힘이 있지요" 하고 그녀가 말했습니다. "하지만 엄마와 화해해버리고 나면, 다시 엄마 손아귀에 붙잡혀 꼼짝못할 것 같아 두려워요. 내가 어린아이였을 때처럼 말이에요. 더 이상 그러고 싶지 않아요."

헤어진 연인이나 그 밖에 별로 달갑지 않은 사람에게 복수하는 18가지 도움말을 어느 여성지에서 본 적이 있습니다. 제목은 이러했습니다. "애개개, 무기력하게 느낀다고? 그럴 필요 없어. 복수는 달콤하긴 해도 살은 안 찌거든."[38] 여기 일부를 발췌해봅니다.

1 · CD 플레이어 속에 모래 넣기. 간단해도 효과는 엄청남.
2 · 당신의 마음을 몹시 아프게 한 사람의 자동차 열쇠를 갖고 있다고 가정해보자. 전 남편? 아니면 지금 함께 살고 있는 배우자? 그가 다른 여자 친구를 만나러 가기 위해 급히 그 열쇠를 써야 한다고? 그렇다면 그 자동차를 공항까지 몰고 가서 거

기 주차시켜놓아야지. 차한 그이에게 이런 문구가 쓰인 쪽지 하나쯤은 남겨놓고 말이야. "자동차는 공항에 주차되어 있음. 쉽게 찾을 수 있을 것임. 단, 공항 주차장은 무지무지하게 넓을 수도 있음."

3 · 화장실 휴지로 팩스를 보내면 몇 통이고 끝없이 보낼 수 있지. 상대의 팩스를 사용 못하게 하는 효과도 있고, 보기에도 재미있고.

같은 투로 이야기는 계속됩니다. 이 충고들은 아무래도 농담은 아닌 것 같은데 그렇다면 이런 말들은 엄밀한 의미에서 폭력을 사주하는 것이 됩니다. 절대로 말투에서 풍기는 것처럼 결과도 그렇게 무해無害할 것 같지는 않으니까요. 이 충고를 그대로 따르는 사람이 있다면 그는 상당히 귀찮은 일을 겪게 될 겁니다. 고의적인 기물 손상에 관계되는 부분이 꽤 있으니까요.

우리는 여기서 복수와 폭력의 거리가 참으로 가깝다는 것을 알 수 있습니다. 사람들은 말로 안 되면 누군가를 붙잡고 싸우게 됩니다. 전체적으로 볼 때, 서독 사람들의 폭력은 증가했습니다. "경찰은 매우 우려되는 현상으로, 폭력 관련 범죄가 급증했다고 발표했다. 기물 손상건은 29퍼센트나 증가했고, 신체 상해건은 지난해보다 14퍼센트나 증가했다"[39]고 합니다.

극우파를 사회심리학적으로 분석한 연구 결과[40]에 따르면, 극우파 청년들의 잠재적 폭력성이 높은 이유는 무엇보다도 인성이 안정되어 있지 않기 때문이라고 합니다. 자신이 불안을 느끼지 않기 위해 남에게 불안을 야기하는 과정에서 폭력배가 된다는 것이지요. 적이 바닥에 때려눕혀진 채 낑낑대고 있는 걸 보면 자신이 무척 힘세고 우월하게 느껴진다고 합니다. 극우파 청년들의 내적 불확실성은 몸에 관한 그들의 심한 열등감과 결부되어 있습니다. 그들이 몸을 그토록 숭배하는 것이나 몸이 약한 사람에게 신체적인 폭력을 가하는 것 모두가 이것으로 설명이 됩니다. 그들 자신의 열등한 신체가 "적의 몸에서 박해받"[41]는 동시에 무기로 사용되는 겁니다. 이들에게 자기 존중과 자기 억제가 결여되어 있다는 것이 권위적인 공격성 덕택에 얼핏 가려질 수는 있지만, 치료되지는 않습니다. 결국 폭력은 남자로서의 자존감을 잠시 일으켜 세우는 마약에 불과합니다. 자존감을 건드려 아프게 하는 대상에게는 오직 폭력으로 보답할 뿐이지요. 내면의 균형을 유지하기 위해서 말입니다. 분노와 폭력의 힘을 빌려 어떻게든 피하고자 하는 것은 자신 없음, 그리고 이 자신 없음으로 인한 내면의 고통입니다.

바로 이 시점에서 책임 전가가 함께 일어나기도 합니다. 자기에게 상처를 주는 사람 모두를 죄인으로 단정해버림으로써 모든 책임을 벗어버리고, 자기의 분노나 자기가 남에게 저지르는 행위 전체를 정당화합니다. 자기를 괴롭힌 상대는 '악인'이며 자기에게 고통을 야기한 장본인이므로, 마땅히 벌을 받고 제거되어야 한다는 것이지요. 한데 이때 이 상처입은 사람이 깨닫지 못하는 점이 하나 있는데, 그것은 바로 그래봤자 변할 것은 하나도 없다는 사실입니다. 자기의 고통이 남의 탓이라고 아무리 주장해보아도, 괴롭다는 사실 자체에는 아무런 변화도 없다는 것입니다.[42] 복수를 해서 자기의 상황을 개선하기는커녕, 상대와 마찬가지로 자신도 피해를 입는 수가 있습니다.

엘비라 클루크라는 내담자가 생각납니다. 얼마나 마음이 상하고 분노했는지, 오로지 헤어진 애인을 욕하고 저주하며 인정사정없이 깎아내리는 것말고는 아무것도 할 수 없는 상태였습니다. 그녀의 목소리며 표현 방법, 시선은 모두 말할 수 없이 악의에 차고 얼음장같이 차가웠습니다. 상대를 망쳐놓겠다는 생각과 감정에 너무나도 집착한 나머지, 그 밖의 어떤 것에도 마음을 열 수 없었습니다. 소리내어 울 수도 없었고, 도와주겠다는 내 제안도 받아들일 수 없었지요.

나는 엘비라에게, 남자 친구를 눈앞에 그려보면서 분노를 그에게 직접 퍼부어보라고 제안했습니다. 상대가 실제로 거기 있는 게 아니라 단지 상상으로만 건너편 의자에 앉아 있더라도, 그 상상 속의 인물에게 감정을 표현하는 것과 상담자인 나에게 표현하는 것 사이에는 내담자의 체험상 커다란 차이가 있습니다. 상대를 상상 속에서나마 앞에 놓고 보면 상황이 훨씬 사실적이고 절실하게 다가옵니다. 그래서 거의 실제로 상대를 만난 듯이 행동하고 느낄 수 있지요. 한데 엘비라는 그 남자로 인해 너무나도 기분이 상해 있어서, 상상 속에서조차 그를 자기 앞에 있도록 허락할 수가 없었습니다. 분노 때문에 완전히 눈이 먼 상태였던 것이지요.

그런 상태에 놓인 사람에게는 아무도 말을 걸 수가 없습니다. 그에게는 다른 사람의 의견을 받아들일 여유가 없습니다. 그렇다고 해서

이 감정에 그를 그냥 내맡겨놓는다면, 그에게 득이 되기보다는 오히려 해가 될 겁니다. 그런 감정들은 영혼을 다치게 하면서, 실망이라는 올가미를 점점 더 꽉 조여올 것이기 때문입니다.

엘비라 클루크가 이 눈먼 상태에서 빠져 나오려면 무슨 일이 일어나야 할까요? 우선 본인이 여기서 빠져 나오겠다고 결심해야 합니다. 이것은 그녀가 내면의 자부심을 이겨내야 한다는 것을 뜻합니다. 분노를 포기하면 결국 그녀는 불리한 입장이 되고 패배를 자인하는 꼴이 되어 비참한 기분이 들 것이 뻔합니다. 상대에게 복수를 하지 않는다는 것은, 그가 처벌받지 않고 빠져 나갈 수 있게 해주거나 용서해주는 것, 경우에 따라서는 이해해주는 것까지를 의미하니까요. 그건 생각조차 할 수 없는 일입니다. 그것은 그녀의 이상적 자아에 또 한 번 상처를 주는 것이지요. 그렇게 굴욕적으로 버림받은 그녀에게 말입니다!

엘비라 클루크가 이렇게 분통을 터뜨리게 되는 원인을 우리는 '위엄의 손상'이라고 부릅니다.[43] 이 개념은 자기애적인 마음상함을 한마디로 압축해 표현하고 있습니다. 다름아니라 그녀가 갖고 있는 이상적이고 위엄 있는 자기상이 손상된 것이지요. 온 나라를 통틀어 가장 아름답다고 믿고 있는 여왕, 자기 안의 여왕이 그 자리를 잃어버린다는 말입니다.[44] "거룩한 자아가 모욕을 당하자"[45] 맹목적인 증오로 반응하는 것입니다.

위엄이 손상된다는 것(그림 2 참조, 43쪽)은 심리적 차원에서는 특별함이라는 낙원에서 추방됨을 의미합니다. 지금까지 자기가 아주 비범한 존재라고 느끼던 사람에게 자존감을 위협하고, 경우에 따라서는 완전히 굴욕감을 갖게도 할 수 있는 제동이 걸리는 셈이니까요. 이것을 계기로 그의 인성은 열등감, 즉 자기가 다른 사람들보다 가치가 덜하거나, 아예 무가치한 존재일지도 모른다는 두려움과 접촉하게 됩니다. 이 열등감은 심지어 자신의 존재 자체를 미심쩍어하는 것으로 귀착되는 수도 있습니다. 이렇게 과격한 반응을 일으키는 원인은, 마음을 다친 사람이 품었던, 말로 표현되지 않은 기대가 실망을 경험하는 데 있습니다. 위엄의 손상은 항상 사람이 상상하고 있는 자기의 가장 멋진 모습이 망가지는 것, 다시 말해 바깥 세상이 이 모습을 인정해주지 않는 것과 뗄 수 없는 관계에 있습니다. 즉, 일이 계획대로 진행되지 않을 때 그런 것이지요. 실망하지 않기를 기대하는 데에 실망이 존재하는 겁니다.

기대는 항상, 채워져야 한다는 요구와 결부되어 있습니다. 그렇지 않다면 그것은 기대가 아니라 소망이겠지요.[46] 따라서 소망이 이루어지지 않으면 사람들은 대개 좌절은 할지언정 복수나 분노의 감정에 사로잡히는 일은 드뭅니다. 복수와 분노는 우리의 상상대로 그렇게 되어야 한다고 믿어 의심치 않았던 그런 경우에만 생기는 감정입니다. 우리는 그것을 확신하고 있을 뿐만 아니라 당당히 요구합니다. 이 요구가 받아들여지지 않을 때 우리는 실망합니다.

'엔트토이슝Ent-Täuschung(탈-미망, 미망에서 벗어남, 실망) 속에는 실패의 고통도 있지만 충족되지 않은 기대를 극복할 수 있는 첫번째의 발판 역시 있습니다. 왜냐하면 이 단어의 첫음절 Ent(탈)는 '제거'

를 뜻하므로, '탈-미망迷妄'이란 '미망을 제거한다'는 의미가 되기 때문입니다. 우리는 미망에서 현실로 돌아와 있는 그대로 현실을 봅니다. 하지만 이것은 우리가 충족되지 않은 기대와 작별할 준비가 되어 있을 때에만, 즉 우리 역시(!) 눈앞에 그리는 것을 전부 얻을 수는 없다는 걸 시인할 때에만, 그리고 세상의 제약에서 겪게 되는 괴로움을 우리 스스로 시인할 때에만 가능합니다. 우리가 보통 생각하는 것보다 이 한 발을 내딛기는 훨씬 어렵습니다. 엘비라 클루크가 자신의 미망을 지금까지 밝혀낼 수 없었던 것처럼 말입니다.

· 마음을 다친 데서 오는 고통 ·

수치와 분노 외에 고통도 상처받은 마음의 또 다른 정서적 반응입니다.[47] 마음상함은 살아 움직이는 감정이 아니라 오히려 일정한 상태로 이해될 수 있습니다. 마음상함과 연결된 감정에는 고통과 분노 그리고 수치심이 있습니다. 상태와 감정의 차이를 예를 들어 설명하면 이렇습니다. 감정이 단지 짧은 기간만 지속되는 반면, 상태는 훨씬 오래갑니다. 살아 움직이는 정서, 예를 들어 고통은 일단 형성되면 눈물이나 한탄의 형태로 표현되고, 그러고 나면 다시 누그러집니다. 이른바 '진짜' 감정은 몇 분 이상 가는 경우가 없는 대신에 언제라도 다시 나타날 수 있습니다. 파도가 그렇듯이 말입니다. 그러나 마음상함이나 우울증 같은 상태는 며칠, 몇 주, 몇 달 동안 지속되는 경우가 잦은데, 강도에 변화는 있지만 완전히 사라지는 법은 결코 없습니다. 그러므로 마음상함 같은 정서적 상태를 이해하고 변화시키기 위해서는 반드시 그와 결부된 감정들을 찾아내어 본인이 그것을 확실하게 체험하고 표현하도록 도와주어야 합니다.

이미 이야기한 대로, 마음상함은 영혼을 다친 데서 오는 반응으로, 아픔을 줍니다. 흔히들 이 아픔을 분노로 덮어버리곤 하지요. 아니면 고통스러운 감정을 억누른 채 아무렇지도 않은 듯이 행동하는 사례도 있습니다. 너무 심하게 충격을 받은 결과 전혀 아무것도 느낄 수 없는 정서적 마비 상태에 이르렀거나, 본인이 자기 감정을 아예 부정하고 있을 때, 바로 이 '아무렇지도 않은' 반응을 보이게 됩니다. 이 경우, 정서적 반응은 대부분 시간이 좀 지나 그 사람이 혼자 있을 때 나타납니다. 그 결과는 정신 착란이 될 수도, 분노와 고통이 될 수도 있습니다.

마음상함의 현장에서 일어난 반응 중 우리가 인지할 수 있는 것은 외부로 향한 분노뿐입니다. 그와는 달리 고통은 보통 감춰져 있는데, 이 고통은 분노를 내면에서부터 키워갑니다. 자기애적인 사람이 마음을 다칠 때 느끼는 분노에서는 다음과 같은 두 가지 안간힘을 엿볼 수 있습니다.

· 분노는 거부나 따돌림 또는 공격의 형태를 띤 외부로부터의 위험에서 자기를 방어하는 방법입니다. 분노는 자기 쪽에서 먼저 선을 그음으로써 더 상처받는 사태를 방지하고, 그를 무

기력에서 밖으로 끌어냅니다. 분노는 고통을 숨길 수 있게 해주고 다른 사람과의 접촉도 막아주어 그로 인해 생길 수 있는 새로운 상처까지 예방해주는 것이지요. 분노는 "나에게 너무 가까이 오지 마, 난 너를 증오한다구"[48] 하는 메시지를 담고 있습니다.

· 분노는 또한 자존감의 손상이라는 맥락에서 볼 때 "가까워지고 싶다는 외침, 버림받은 상태임을 알리는 몸짓"[49]이기도 합니다. 자신이 받아들여지지 못한 데서 오는 고통과 상처를 표현하는 것이지요. 이런 의미에서 분노는 다른 사람에게 가까이 와달라고 외치고 있는 것이라고도 할 수 있습니다. "가까이 와줘, 네가 필요해"[50]라고 말입니다. 절절한 욕구의 표현이자, 남에게 받아들여지고 사랑받고 싶은 욕구가 충족되지 않고 있다는 신호가 바로 분노인 것이지요. "실망과 분노가 굉장히 크다는 바로 그 사실이야말로 그 사람의 동경이 얼마나 깊은지를 보여준다고나 할까요."[51]

마음에 상처가 생기는 것은 일차적으로 바로 이 깊은 갈망과 결핍의 고통 때문입니다. 받아들여지고 이해받고 존중받기를 정도 이상으로 열망하는 사람들은 대부분, 어렸을 때 이런 경험을 충분히 하지 못한 기억을 갖고 있습니다. 인생의 초기 단계에서 이런 쪽으로 긍정적인 체험을 할 수 있었던 사람은, 어른이 되어서도 외부의 관심을 통해 이 욕구를 충족시키려고 매달리는 경향이 적습니다. 이런 사람들은 '징시적으로 구멍 난' 데가 없으므로 자신에 대한 신뢰와 자신 감을 갖고 있고, 거기서 힘을 얻습니다. 그렇지 않은 사람들은 이 힘을 외부에서 얻어야 하고 또 얻기를 기대합니다. 왜 어떤 사람들은 다른 사람들보다 외부의 관심에 더 많이 의지하는가 하는 점은 다음 장에서 자세히 설명하겠습니다.

하지만 상처에서 오는 아픔이 밖으로 내뿜는 분노라는 가면만 쓰고 있는 것은 아닙니다. 그 분노의 일부는 내면으로 방향을 돌리기도 합니다. 상처받았다고 해서 모두가 분노를 내보이지는 않으니까요. 상처를 받고 남들과 관계를 끊고 살면서 자기 자신에게 분노를 쏟아붓는 사람도 있습니다. 그럴 경우 자기 몸을 칼로 벤다거나 때리고 분신 자살하는 일이 일어날 수 있지요. 이것은 자기를 괴롭힌 사람에게 가하고 싶은 것을 자신에게 가하는 것으로, 자기에게 화살을 돌린 일종의 복수라고 할 수 있습니다. 남을 때리는 대신 자기 자신을 때린다는, 이른바 반전反轉된 태도를 보이는 것입니다.

자해는 자기 처벌의 의미도 갖고 있습니다. 이 경우 마음에 상처를 입은 사람은 자기가 나쁜 사람이기 때문에 마땅히 벌을 받아야 한다고 믿는 것이지요. 다른 사람이 자기를 거부했다는 사실이야말로, 그에게는 자기가 나쁜 사람이라는 증거가 됩니다. 만약 자신이 좋은 사람이었다면 퇴짜를 맞지는 않았겠지요. 그들은 자기 자신을 고발하고, 남들의 비판이나 공격을 전부 자신의 탓으로 해석해버립니다. 자존감과 정체성에 크게 손상을 입은 사람들에게서 이런 형태의 자기를 향한 공격성이 자주 발견됩니다. 때로는 이러한 자기 처벌이 자살이 되기도 합니다. 자살은 더 이상 살 가치가 없는 인간이라고 스스로 느껴져 더 이상 참지 못할 정도로 절망하게 될 때 일어나는 현상입니다. 예를 들어 오직 능력으로만 자신의 가치를 정의하는 사람들은 일에 실패했을 때 자살을 생각하든가 실행합니다.

이 분야의 책들을 살펴보면 우울증과 상처받은 마음의 유사성이 여러 가지 묘사됩니다.[52] 두 경우 모두 진행 과정이 비슷합니다. 예를 들어 무엇이든 자기와 관련된 일로 받아들인다거나 자신을 깎아내리는 성향, 항상 기대대로 되지 않을 거라고 생각하거나 자기 쪽에서 지레 물러나버리는 태도, 그리고 자살하려는 생각 등이 그렇습니다. 우울증은 일정한 간격을 두고 계속 반복되는 병인데, 이것을 완전히 극복할 방법은 없습니다. 그러나 모욕감의 경우에는 그런 방법이 존재합니다. 쉽게 말해, 모욕감을 느끼는 사람은 상대방을 깎아내리든가 해서 상황을 어떻게든 처리할 수 있는 반면, 우울증에 시달리는 사람은 부정적인 생각의 악순환에서 빠져 나오지를 못합니다. 우울증은 억눌린 고통과 연결되어 있는 경우가 많은데, 이때 고통은 사람의 내면을 돌처럼 마비시켜버립니다. 슬픔도 분노도 느끼지 못하며 기뻐할 수도 없게 말입니다.

마누엘라 브란트는 바로 이런 유형에 속하는 사람이었습니다. 어찌나 자신이 없던지, 조금만 싫은 소리를 해도 금세 내면에 충격을 받고 두려움에 가득 차서 구석으로 숨어버렸습니다. 그 결과 아주 고립되어 살았고 갈수록 자신감을 잃어, 삶을 위해 요구되는 일 모두가 두렵고 부담스러워 도망치기에 급급했습니다. 만약 취미삼아 스케이트를 타거나 도보 여행이라도 했다면 그래도 즐겁게 살 수 있었을 겁니다. 그러나 그녀는 그런 유의 즐거움을 자신에게 거의 허락하지 않았습니다. 즐거우면 왠지 죄책감이 들었으니까요. 시간이 흐르면서 그녀는, 지금은 이미 사십대 중반입니다만, 인생의 아름다운 면을 알기가 점점 더 힘들어졌습니다. 주변에서 실망하는 일이 많아질수록 우울증도 커져만 갔지요. 그러자 자매들에 이어 어머니까지도 그녀를 비난하기 시작했습니다. 그녀의 겉모습 때문만이 아니라, 결혼을 안 했다고, 자식이 없다고, 심지어 인생을 완전히 잘못 설계했다면서, 그녀가 살아가는 방식을 비난했습니다. 그 어떤 말에도 마누엘라는 대꾸를 못한 채, 오히려 그런 말들이 자기의 실패를 증명해준다고 생각했습니다. 그녀의 내면은 완전히 굳어버려서 기쁨이라고는 조금도 느끼지 못했고, 자기의 인생을 변화시킬 힘도 없었습니다.

그러나 심리 상담을 하는 과정에서 마누엘라가 깊이 앓고 있던 괴로움이 표면에 드러났습니다. 그것은 어린아이 때부터 그녀가 마음속에 가두어두었던 아픔이었습니다. 그녀는 멸시나 거부를 당해도 거기에 전혀 반응을 보이지 않은 채 무조건 감수하는 쪽을 삶의 전략으로 택했습니다. 자매들과 부모 앞에서 웃음거리가 되지 않기 위해서지요. 울거나 슬퍼하는 것을 포함해 아무튼 약한 면을 보이기만 하면 그녀는 비웃음을 샀던 것입니다. 결국 마누엘라가 도달한 결론은, 차라리 고통을 감추고 감정을 억제한 채 살아가는 편이 훨씬 낫다는 것이었습니다. 그 결과 그녀는 지금, 자신의 발랄함과는 완전히 절연된 채 살고 있습니다. 자신에게 이르는 새로운 길을 발견할 수 있으려면, 마누엘라는 이전의 그 고통을 한 번 더 되살려야 합니다. 그렇게 한 뒤에야 비로소 지병인 우울증에서 빠져 나올 길이 열릴 겁니다.

제2부

◉

마음상함의 개인별 주제

파도를 막을 수는 없지,
하지만 파도타기를 배울 수는 있잖니.

· 상처 부위 ·

지금까지 언급했던, 직접 상처받았던 사람들의 이야기에서 분명해진 게 있습니다. 지금 앓고 있는 상처는 대개 이전의 상처받은 경험, 자존감을 건드린 경험과 결부되어 있다는 사실이지요.

말하자면 이런 기억들은 미해결 과제offene Gestalt가 되어, 해결이 되지 않은 채 무의식 속에 남아 있는 겁니다. 무의식 안에서 '상처난 부위'로 있다가, 비난이나 퇴짜를 맞든지 버림받거나 무시를 당하면 미처 해결되지 않은 옛날의 상처가 되살아나면서 마음상함을 경험하게 되는 겁니다.

우리의 경험은 어느 것이고 간에, 그 경험을 매듭지어서 우리 것으로 동화시키기 전에는 항상 '형성되다 만 게슈탈트(저자의 표현, '해결되지 않은 과제'라는 뜻, 이하 '미해결 과제'라고 의역함)'로 남아 있습니다. 여기서의 동화同化란 게슈탈트 심리 치료에서 사용되는 개념인데, 어떤 것을 자기화하여 자신의 일부로 만든다는 의미입니다. 사과 먹는 것을 예로 들어[1] 이것이 뜻하는 바를 묘사해보겠습니다. 지금 손에 사과 한 개를 들고 있다고 해봅시다. 사과와 우리는 피부 접촉을 통해 연결되어 있습니다. 사과를 한 입 베어 물고 씹어서 맛을 본 다음 삼킴으로써 우리는 사과를 우리 것으로 변화시키지요. 위 속에서 사과가 소화될 때 우리는 몸에 필요한 영양분이 될 부분을 몸 속으로 받아들입니다. 동시에 우리 몸이 처리할 수 없는 부분을 분류하여 밖으로 배출하지요. 몸 속으로 받아들인 사과의 일부는 우리 몸의 일부가 됩니다. 우리가 사과를 동화시킨 겁니다. 하지만 사과를 씹지 않고 삼킨다면 사과는 돌처럼 우리의 위 속에 들어앉아 애를 먹일 겁니다. 그러면 사과의 유익한 부분을 우리 것으로 할 수 없을 뿐만 아니라 유해 물질을 배설하지도 못합니다. 사과는 우리 몸의 일부가 되지 못한 채, 소화되지 않은 이물질로 남게 됩니다. 그리하여 바깥에서 무언가가 우리를 건드릴 때마다 고통스럽게 뱃속의 이 이물질을 의식하게 되는 것이지요.

제대로 처리되지 못한 체험과 관련해서도 이와 비슷한 일이 일어납니다. 그러한 체험은 우리를 압박하고, 불쾌한 기분을 일으키며, 우리를 힘들게 합니다. 언젠가는 위액에 의해 소화되어버릴 사과와는 달리, 체험은 껍질에 싸인 채로 그 자리에 남아 있으면서 외부에서 어떤 사건이 일어날 때마다 자극을 받아 불쾌한 기분을 느끼게 합니다.

내가 '상처 부위'라고 부르는 것이 바로 이것입니다. 다치기 쉬운 아킬레우스의 발뒤꿈치 말입니다. 베르너 슈미트의 상처 부위는 남들이 자기보다 선호되는 반면 자기는 항상 손해만 보고 물러나는 체험이었습니다. 그리고 소피 엥겔의 경우는 실수를 할지 모른다는 두려움이었습니다. 이레네 마이어의 상처 부위는 항상 버림받게 된다는 확신이었고, 마누엘라 브란트는 요구에 부응하지 못할까 봐 전전긍긍하는 것이었습니다. 누구나 자기가 살아온 내력에 따라 나름대로 여러 가지 미해결 과제를 상처 부위의 배경으로 갖고 있지만, 보통은 그것을 의식하지 못하고 지냅니다. 왜냐하면 어린 시절에 겪은 상처는 어린아이의 선망증, 즉 망각의 영향력 아래 있어서, 의식적 회상을 통해서는 대개 불러낼 수 없는 경우가 많기 때문입니다. 망각은 우리를 계속 살아갈 수 있도록 도와줍니다. 그러나 제대로 낫지 않은 이전의 상처로 인한 부상 가능성은 여전히 남아 있습니다. 상담 치료를 통해 우리는 묵은 상처를 찾아내어 과제를 완성시킬 수 있습니다. 그 작업이 성공적으로 이루어질수록 마음상함에 대한 저항력도 그만큼 커집니다.

베르너 슈미트나 소피 엥겔, 이레네 마이어와 마누엘라 브란트 같은 이들은 물론 그것말고 다른 상처 부위도 갖고 있습니다. 보통 상처 부위는 하나가 아니라 여럿이기 때문입니다. 그렇다고 해서 이 상처 부위들이 모두 똑같은 피해를 입히고 다른 사람과의 접촉을 힘들게 하는 것은 아닙니다. 마찬가지로 미해결 과제 전부가 아니라 자존감을 손상시킨 미해결 과제만이 상처가 됩니다.

이 해결되지 않은 과제는 우리의 영혼과 육체에 흔적을 남깁니다. 누가 건드리지만 않으면 우리는 이 흔적을 감지하지 못합니다. 그러다가 현재의 어떤 일로 자극을 받으면 예전의 그 상처가 순간적으로

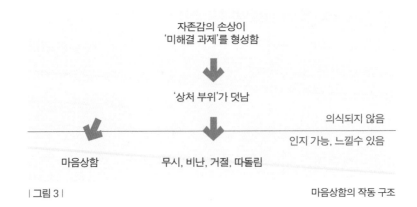

|그림 3| 　　　　　　　　　　　　　　　　　마음상함의 작동 구조

되살아나면서, 우리는 현재의 아픔 속에서 옛날의 고통을 체험하게 됩니다. "나중에 겪는 일 속에서 항상 이전의 일을 만납니다. 옛날 일이라고는 하지만 이미 완결되었거나 해결된 일이 아니므로, 지금 일어나고 있는 일처럼 생생합니다."[2]

미해결 과제는 완결되려고 하는 경향이 있습니다. 상처난 부위는 낫고 싶어합니다. 따라서 이 상처 부위를 건드려 느껴지는 아픔은, 해결되지 않은 개인의 역사를 완결지을 수 있는 기회가 될 수도 있습니다.

· 내사—내면화된 타인의 확신 ·

에리크 베르네Eric Berne는 최초의 깊은 상처를 기초 상처[3]라고 부릅니다. 초기의 자아 도취, 즉 아이의 자기애를 상처내는 것이기 때문입니다. 아이의 발랄함과 적응성, 자존감을 망가뜨리는 부정적 메시지들은 모두 이 기초 상처가 될 수 있습니다. 예를 들어 "넌 왜 이렇게 칠칠치 못하니"라든가 "그렇게 어린애처럼 굴지 말아라" 같은 말인데, 듣기에 따라서는 "네 느낌에 귀기울이지 말라"는 의미도 됩니다. 비단 말로 표현된 문장뿐만 아니라 언어가 아닌 신호도 그러합니다. 말없이 전달되는 이 신호들도 메시지를 담고 있습니다. 엄한 눈길, 그리고 때로는 벌칙조차도 메시지가 될 수 있습니다. 또 엄격함을 풍기는 음성의 억양이나 모른 체하는 것, 아이에게 '너는 제대로 되지 않았어'라는 뜻으로 느껴지는 외면하는 몸짓도 그런 메시지가 될 수 있습니다.

아이들은 어린 시절의 체험에서 이러한 메시지를 받아들여 이른바 '내사introjektion'를 만들어냅니다. 여기서 사용하는 '내사'라는 개념은 게슈탈트 심리 치료에서 나온 겁니다. 어떠한 메시지가 동화되지 못하거나 씹지 않은 채 삼켜지면서 내면화될 때 이것을 내사라고 하지요. 시간이 지나면서 내사는 신념이 되어 아이에게 할 일, 못할 일을 정해주지만, 정작 아이가 하고 싶은 일은 전혀 고려되지 않습니다. 우리는 내사를 통해 당사자의 성향뿐만 아니라 그 사람의 인생관과 인간관까지도 알아볼 수 있습니다. 예를 들면 남들은 나를 착취만 하니까 절대로 남을 너무 믿지 말 것, 이런 식으로 경고하는 내사가 있을 수 있습니다. 그런가 하면, 사람들은 모두 친절하고 이 세상은 좋은 곳이라는 생각을 전해주는 내사도 있습니다.

베르너 슈미트의 내사 내용은 "이 세상에 네가 설 자리는 없다"입니다. 부모와 조부모한테 버림받았다고 느끼는 이레네 마이어가 마음에 꼭 새긴 내용은, 자기는 남이 관심을 갖고 돌보아줄 가치가 없는 인간이라는 겁니다. 이것은 "나는 항상 남을 위해 신경을 써주어야 해"라든가, 난 "항상 긴장해 있어야 해"라는 내용의 내사로 발전하게 되지요. 나는 항상 일을 망치는 실패자이니까 입을 다물고 아무 일도 하지 않는 편이 가장 낫다는 생각을, 마누엘라 브란트는 꼭 붙잡고 있었습니다.

우리 자신과 다른 사람, 다른 세상에 대해 이렇게 내면으로 내사된 입장이 형성되는 것은 삶의 초기 단계이므로, 그게 확실히 언제였는지를 추적하기는 상당히 어렵습니다. 또 이 내사 현상은 외부 환경과 너무나도 꽉 맞물려 있어서 내사라고 보기 어려운 경우도 있습니다. 어린아이는 자기가 체험하는 그대로 믿습니다. 다시 말해 환경이 자기에게 반응하는 모습을 보고 아이는 그대로 자신과 세상의 모습을 만들어냅니다. 자기가 태어나고 자라난 곳의 바깥 환경이 긍정적일수록 그만큼 더 긍정적인 내사가 아이에게 형성됩니다. 반대로 외부의 영향이 아이를 상처입히는 것일 경우, 아이의 내부에는 자기 불신이 형성되고 삶에 대해 매우 조심스럽거나 불안에 가득 찬 태도를 보입니다. 아이의 내사 역시 그에 맞먹게 부정적이고 행동을 제약하는 형태로 나타나지요.

아이가 자기 자신과 세상에 대해서 갖는 나름대로의 신념은 시간이 흐름에 따라 굳어지는데, 그동안 이에 걸맞는 경험들이 이 믿음을 뒷받침하게 됩니다. 성인이 되면 이 내사는 곧 그 사람의 성격상 특징이 되고 바뀌지 않는 신념이 됩니다. 그쯤 되면 내사의 내용들이 차츰 소화가 되어 이윽고 그 사람의 일부로 동화되었다고 생각할 수도 있겠지요. 하지만 사실은 그렇지 않습니다. 내사의 내용이 그 사람의 일부가 된 것은 맞습니다. 그러나 그것은 여전히 이물질로 남아 있습니다. 엄밀히 따져볼 때 이 내사 내용은 그 사람의 것이 아니니까요. 예를 들어, 감정을 밖으로 드러내는 것은 유치한 짓이라고 업신여기는 환경에서 자라온 사람이 있다고 해봅시다. 그 결과 이 사람은 어려서부터 자기 감정을 억압하기 시작해서 적당히 '지적인 체하며' 살지만, 그와 동시에 역시 자신의 일부인 감정을 부정하고 있는 겁니다. 감정을 내보이면서도 합리적으로, 즉 이성적으로 행동할 수 있을 때에야 이 사람은 비로소 참으로 완전해진 것이라 할 수 있습니다. 그런 다음에야 가끔씩 마음 편히 유치한 짓도 해볼 수 있을 것이고, 감정을 내보이는 것이 전혀 유치한 짓이 아님도 알게 될 것입니다.

내사 성향은 어린 시절에만 나타나는 것이 아닙니다. 나이를 먹은 후에라도 남의 의견이나 규칙 들을 검토하는 수고를 덜기 위해 그것을 아무런 비판 없이 그냥 우리 것으로 할 때에, 이런 성향을 볼 수 있습니다. 물론 아이에게야 외부에서 주어지는 의견과 규칙을 우선은 그냥 받아들이는 것이 중요합니다. 그런 것들의 도움을 받아 방향을 잡아가고 판단의 근거로 삼기도 해야 하니까요. 시간이 지나면서 그런 내용들에 대해 숙고하고 사물의 배후에 대해 의문을 제기할 힘이 생기면, 아이는 자기의 독자적인 의견을 형성하는 동시에 부모로부터 답습했던 의견들을 자기의 새로운 신념으로 대처해갑니다.

예를 들어 어떤 아이가 남들에게 사랑받는 체험을 했을 경우, '너는 사랑받을 가치가 없어'라는 이전의 내사는 이러한 체험을 통해 변화됩니다. 유년 시절의 반항기와 사춘기는 새롭게 독립적인 길을 발견하고 싶어하는 시기인 동시에, 부모 역할을 하는 사람들(부모, 교사, 교육 담당자 등), 그리고 이들과의 관계에서 생겨난 여러 가지 내사로부터 자신을 떼어내려고 애쓰는 시기입니다. 이 분리 작업에 실패하거나 인간으로서 독립적이고 비판적인 태도를 취하는 과정에서 방해를 받을 경우, 이런 사람은 어른이 되어서도 자신의 독자적인 의견을 갖는 대신 남의 의견을 그대로 받아들일 가능성이 높습니다.

프리츠 펄스Fritz Perls는 이렇게 내사 성향이 농후한 사람들을 '치아장애자dental gehemmt'[4]라고 부릅니다. 이런 사람들은 문자 그대로뿐만 아니라 상징적인 면에서도 치아의 기능에 이상이 있다는 것입니다. 즉 무엇이든 미리 다 잘 씹어진 상태로 받고 싶어하고, 남의 의견을 무비판적으로, 즉 스스로는 그것을 한번도 검토해보지 않은 상태로 그냥 받아들인다고 합니다. 이에 이상이 있든가, 아니면 씹는 수고를 아끼려는 것이지요. 그들은 남이 자기에게 말하는 내용을 자기에게 맞는지 따져보지도 않은 채 '삼켜'버립니다. 다시 말해, 비판력이 없고 남의 영향을 받거나 설득되기 쉬운 사람이지요. 어떤 의견이 지배적인지를 알아내어 거기에다 자기를 맞출 뿐, 그 밖에 다른 가능성이 있는지를 묻는 법이 없습니다. 그러다 보면 자기 일을 스스로 결정할 수 있다는 감정은 점점 상실되어갑니다. 이들은 자기 몫으로 주어지는 것이면 맛이 있든 없든 무조건 가져갑니다.

그런데 내사는 사실 누구에게나 있는 것으로, 성인이 된 다음에 생기는 수도 있습니다. 물론 평생을 남의 의견에 좌지우지되어 사느냐, 아니면 스스로 생각하기 시작하느냐에 따라 정도의 차이는 있지만 말입니다. 내사 성향이 농후한 사람은 그렇지 않은 사람보다 마음을 다치기가 훨씬 쉽습니다. 예를 들어 남의 비판을 들어도 그 옳고 그름을 깊이 생각해보지 않고 그냥 삼켜버리기 때문이지요. 바로 이렇게 비판을 삼켜버리는 데서 상처가 생겨납니다. 아무 모순도 느끼지 못한 채 남이 옳다고 일단 인정해버림으로써 자신을 그보다 훨씬 못나고 실수투성이인 사람으로 업신여기는 셈이 되니까요.

내사는 특정한 기제를 작동시켜 독특한 형태로 남과 접촉하게 만듭니다. 자신은 사랑받을 가치가 없다고 믿는(내사) 사람이 있다고 해보지요. 이 사람은 남들과 가까워지고 싶은 자신의 소망을 억제하든가, 경우에 따라서는 그 소망에 저항할 겁니다. 반면에 다른 사람들은 모두 사랑받을 가치가 있다고 믿으면서 자신들을 높이 평가하겠지요. 그는 그 다른 사람처럼 되기 위해 노력하면서 그들에게 자신을 맞추려고 할 겁니다. 그 결과, 남이 자기에 대해 조금만 선을 그으면 어떤 식으로든 그것을 곧장 자기를 거부하는 것으로 해석해서 지레 물러나고 맙니다. 상대가 하는 말이나 행동을 오로지 자기에 대한 호의의 표현이냐 아니냐 하는 관점에서만 평가하는 것이지요. 만약 호의가 아니라면 금세 모욕감을 느껴서 상대를 몰인정하다고 물리쳐버립니다. 그러다 보면 이것이 어느덧 굳어져, 처음에는 자신이 사랑받을 가치가 없다고 믿는 내향투시에서 비롯되었는데 결국에는

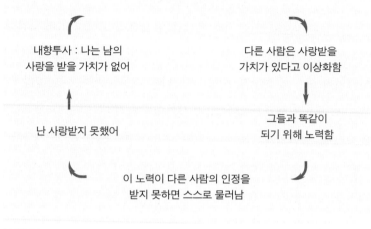

남과 가까이 지내고 싶은 욕구에 저항함

내향투사 : 나는 남의
사랑을 받을 가치가 없어

다른 사람은 사랑받을
가치가 있다고 이상화함

난 사랑받지 못했어

그들과 똑같이
되기 위해 노력함

이 노력이 다른 사람의 인정을
받지 못하면 스스로 물러남

| 그림 4 |　　　　　　　　　　　　　　　　　　　　　　　내면의 순환 논법

남이 자기를 좋아하지 않는다는 체험으로 끝나는 악순환이 생겨납니다.

　마음상함 또는 자존감의 상처라는 맥락에서 주로 관심을 끄는 것은 완벽주의적인 내사와 자기 폄하적인 내사입니다. 전자는 우리로 하여금 있는 그대로의 우리가 아닌 다른 사람이 되도록 강요합니다. 예를 들면 "나는 좀더 나 자신을 다그쳐야 해" 같은 말이 여기에 속합니다. 후자는 "난 사랑받을 가치가 없어" 같은 말로 우리의 부정적인 자아상을 고착시킵니다. 그리하여 이러한 불완전함을 누군가 살짝 건드리기만 해도 마음을 다치는 겁니다.

　누군가가 우리에게 실수했다는 말을 하면 즉시 "나는 절대 실수하면 안 돼"라는 내사가 작동합니다. 우리는 모범적이어야 한다는 자신의 요구 수준을 채우지 못해 갈등을 겪게 되고, 이 실패를 부정하거나 이 흠을 보상하려고 애씁니다. 하지만 어쨌든 간에 이미 마음을 다친 건 사실입니다. 우리의 이상을 성취하진 못했으니까요.

나아가 내사는 우리 삶의 질과 인간 관계에도 영향을 미칩니다. 내사는 한사코 의식으로부터 벗어나려는 성질이 있고, 선명하게 가려내기 어려울 때도 많습니다. 그것은 우리가 내사를 갖고 있을 뿐만 아니라 우리가 곧 내사 자체이기도 하기 때문입니다. 마누엘라 브란트는 자기가 하는 일마다 모두 엉망이라고 단순히 믿기만 하는 게 아닙니다. 그녀가 보기에 자신은 실패자이며, 그 사실을 입증할 증거는 수두룩해 보입니다. 그녀의 힘만으로는 절대로 자신이 실패자가 아닌 다른 사람일 수 있다는 생각을 할 수 없습니다. 바로 이 사실이 그녀의 신념을 그토록 바꾸기 어렵게 합니다. 한번 내사된 믿음을 근본에서부터 검토하려면 대개 외부에서 계기가 주어져야 합니다. 모욕감이나 우울증, 또는 다른 괴로움 같은 계기 말입니다. 내사를 떨쳐버리거나 이런 생각들과 거리를 취하기가 시간이 지날수록 어려워지는 까닭은, 바로 이것이 미처 소화되지 못한 채로 우리 안에 존재하는 이물질임을 점차 잊어버리면서 마치 그것을 우리 몸의 일부처럼 느끼기 때문입니다. 이러한 내사를 해결하기 위해 심리 상담의 도움을 받아야 할 경우도 드물지 않습니다.

· 채워지지 않았던 욕구와 두려움이 되살아나다 ·

어렸을 때 자존감에 상처를 입으면 그 결과로 두려움과 욕구 불만이 생깁니다.

최근의 연구는 사람이 필요로 하고 또 추구하는 욕구 영역에는 다음과 같은 네 종류가 있다고 봅니다.[5]

1. **자기애적 욕구**. 자존감의 고양, 남들로부터 받아들여짐, 자신의 의미를 인정받음. 자존감을 유지하기 위해서 사람들은 긍정적인 체험을 필요로 합니다. 즉, 남들이 자신을 받아들이고 자신이 그들에게 중요한 존재라는 느낌을 가질 수 있어야 합니다. 이 체험이 결여될 때 사람들은 자신이 무가치하다고 느끼고 우울증에 빠집니다.

2. **연결 욕구**. 이것은 신뢰와 일체감에 바탕을 둔 인간 관계를 추구하는 마음과 관련됩니다. 사랑뿐만 아니라 우정도 여기에 해당하는 것으로, 사람들은 이런 체험을 통해서 혼자가 아니라고 느끼며 남들의 지지와 애정을 경험합니다. 이런 체험이 없는 사람은 겁을 먹고 혼자만의 영역으로 물러나서 살게 되는데, 경우에 따라서는 중독과 같은 대체 행동을 통해 마음붙일 곳을 찾으려 할 수도 있습니다.

3. **자율성 · 방향 정립 · 감시에 대한 욕구**. 자신의 일을 스스로 결정하고 자신을 발전시켜 나가고 싶어하는 욕구는 물론, 스스로 선을 긋고 자기만의 영역을 가지며 자기 일을 스스로 감시하든가 영향

력을 행사할 수 있기를 바라는 욕구 등이 모두 여기에 해당합니다. 인산은 자기 힘으로 결정할 수 있기를 바라며, 어떤 상황에 무기력하게 내던져지지 않기를, 자주적이기를 원합니다. 그러기 위해서는 자신의 영역이 확실하게 있어서, 남들이 그 경계선을 존중해주고 자신 역시 남의 경계를 함부로 넘어가지 않아야 합니다. 착취 관계 같은, 이러한 경계가 전혀 존중되지 않는 상황에 처해본 사람은, 훗날 자기의 자율성이라는 감각을 발전시키는 과정에서 어려움을 겪게 됩니다.

4. 좋은 것은 갖고, 싫은 것은 피하고자 하는 욕구. 사람에게는 누구나 자기에게 불쾌감을 주는 상태를 제거하고자 하는 근본적인 욕구가 있습니다. 따로 배우지 않아도 저절로 하게 마련인 이러한 노력은 갓난아기에게서 잘 관찰할 수 있는데, 아기는 무언가가 불편하면, 예를 들어 배가 고프면 울어댐으로써 이 불편함을 호소합니다. 그러다가도 이 상태가 끝나면, 즉 젖을 먹고서 배가 부르면 기분이 좋아 만족스러워합니다. 그런데 간섭을 체험한다든가 내사 또는 사회 분위기의 영향을 받으면서 우리는 이러한 욕구 해결 방법을 상실하게 됩니다. 아니면 기껏해야 불완전하게 발전시킬 수 있을 뿐이지요. 예를 들어 섭식 장애를 겪는 여성들이 우선 해야 할 일은 무엇이 자신에게 도움이 되며 자신이 무엇을 필요로 하는지를 느껴보는 것입니다. 왜냐하면 그들은 자신에게 기쁨보다는 불쾌감을 자아내는 쪽으로만 움직이는 경향이 있기 때문이지요.

어린 시절에 마음에 상처를 받아 비롯된 결과로는 욕구 불만 외에도 두려움을 들 수 있습니다. 저마다 독특한 양상을 띠는 두려움과 욕구를 잘 살펴보면 각각의 개인이 받은 상처의 내용을 알아낼 수 있습니다.

무척 아름다웠던 여름날이 생각납니다. 나는 친구집 정원에서 여름날을 즐기고 있었지요. 외르크가 샐러드에 쓸 토마토를 썰기 시작했습니다. 그 조금 전에 우리는 자기가 가장 하고 싶은 일에 관해 서로 의견을 나누었습니다. 외르크는 전문 음식점을 하나 경영하면 좋겠다고 소망을 얘기했지요. 그 말이 생각나서 나는 장난삼아 "장차 음식점을 열 사람이 토마토를 꼭지도 따지 않고 썰어?" 하고 외르크에게 말했습니다. 악의는 전혀 없었지요. 그를 질책할 의도가 아니었거든요. 그런데 당장에 그는 무시무시하게 화를 내면서 날 노려보더군요. 그가 잔뜩 화가 나서 하는 말을 들으니, 어쨌든 내가 너무 지나친 말을 해서 마음이 상했다는 것을 짐작겠더군요. 아니나다를까 나는 외르크의 상처 부위를 바로 건드린 셈이었지요. 이 상처는 그의 가족, 그중에서도 특히 그의 어머니와 관계된 것이었습니다.

어머니한테 전혀 인정을 받지 못한다고 느꼈던 외르크는 어머니의 기대에 부응하려고 평생 동안 무진 애를 썼습니다. 그렇잖아도 어머니와 갈등이 있었던 때라, 이 상처는 언제라도 다시 덧날 수 있는 상태였던 겁니다. 어머니 때문에 외르크가 겪는 갈등은 바로 우리가 지금 얘기하고 있는 내용과 관계가 있는데, 상처의 내용은 이러했습니다. "지금까지 난 이렇게 열심히 노력해왔는데, 결국 내가 해낸 일에 대해 칭찬은커녕, 고작해야 '더 잘할 수 있었을 텐데'라는 말이니들을 뿐이라니." 여기서 그는 완벽주의적 내사를 작동시킵니다. "좀더 악착같이 노력해서 모든 걸 잘하도록 해"라고 자신에게 말하는 것이지요. 동시에 "나는 잘하기엔 아무래도 부족해"라는 내사로 자신을 깎아내리기도 합니다. 바로 이때 내가 나타나서, 토마토를 화제로삼아 "네가 지금 하는 건 틀렸어"라고 말했던 겁니다. 그 상황에서는마치 불에 기름을 끼얹은 격이었지요.

외르크가 너무나도 심하게 흥분하는 바람에 깜짝 놀란 나는 그 자리를 떠나기로 마음먹었습니다. 그러면서 깨달은 것은 나 역시 마음이 상해 있다는 점이었습니다. 한편으로는 혹시 내가 뭔가 잘못해서평화를 깨뜨렸는지도 모른다는 두려움 때문에, 다른 한편으로는 내가 나쁜 마음으로 그런 것도 아닌데 너무 몰라준다는 섭섭함에 속이상했던 것이지요. 그래서 태도를 좀 누그러뜨린 뒤에 도대체 방금 무슨 일이 일어났던 건지 이해하려고 애썼습니다. 마음이 진정된 후, 자신을 비난하지도 분노하지도 않는 마음으로 사람들에게 돌아갔습니다. 그러자 나 자신을 있는 그대로 놓아둘 수 있었습니다. 이해받아야 한다거나, 모든 일을 원상복구해야 한다는 강박감이 전혀 없이말입니다. 그사이에 상황은 이미 바뀌어 있었습니다. 샐러드는 다 버무려졌고, 맛이 아주 좋아서 우리는 모두 즐겁게 식사를 했습니다.

내가 마음이 상한 상태에 머물러 있지 않을 수 있었던 건 그 사건을 나 개인을 향해 일어난 일이 아닌, 그의 문제로 받아들인 덕분이었습니다. 나는 나의 자존감을 유지했고, 그것은 경우에 따라서는 외르크가 나를 바보라고 생각할 수 있는 위험도 감수해야 하는 행위였습니다. 다행히 그런 일은 일어나지 않았지만 말입니다. 외르크 역시 자기가 한 행동을 지나친 것으로 웃어넘기면서, 아마도 요즘 신경이 매우 날카로운 상태라 그런 것 같다며 양해를 구했습니다. 서로가 서로를 좋게 대함으로써 상황은 저절로 풀렸지만, 실은 얼마든지 말다툼으로 발전할 수도 있는 사건이었습니다.

이 예에서 볼 수 있듯이, 마음을 다치게 하는 사건이 일어날 때에는 수많은 두려움과 욕구 불만이 한꺼번에 되살아나기 마련입니다. 이들 욕구 불만이나 두려움은 내사 뒤에 자리잡고 있거나 이 내사에 가려져 있습니다. 이것은 무슨 뜻일까요?

완벽주의적 내사는 우리가 내면의 두려움이나 욕구를 똑바로 알아채지 못하게 합니다. 이들 내사(에 의한 신념)를 충족시키려고 애쓰는 동안, 우리는 우리에게 결여된 것을 느끼지 않아도 되므로 자신을 폄하하는 내사를 작동시키지 않아도 됩니다.

"더 노력해야지"라는 내사에 따라 행동하는 동안만큼은 외르크는 어떤 일을 잘 못하여 거부당할 것을 두려워하지 않아도 되는 것이지요. 이러한 내사는 그의 어린 시절 체험에서 만들어진 것으로, 인정받고 싶은 외르크의 욕구를 채워준다는 의미가 있습니다. 외크르가 보기에, 먼저 무언가를 이룩해놓지 않고서는 이러한 인정을 받기가 불가능했습니다. 따라서 그는 인정받을 수 있는 길을 찾아내기로 한 겁니다. 우선 노력을 하기로 결심했지요. 그러면 어머니 마음에 들거라는 희망을 품고서 말입니다. 토마토 다듬는 방법을 가지고 내가 비판적으로 한 말은 바로 이런 배경에서, 자신의 능력이 부족할지도 모른다는 그의 두려움을 되살아나게 하면서, 동시에 인정받고 칭찬받고 싶다는 욕구도 생기게 했던 겁니다. 외르크는 내 말로 인해 자기 마음에 상처가 났다고 느꼈습니다. 옛날에 입은 상처를 내 말 때문에 다시 기억하게 되었기 때문이지요.

마음을 다치면 다음에 열거하는 여러 가지 두려움이 솟아납니다.

- 자신의 무가치함
- 거부받음 / 실연
- 소속되지 못함
- 잘못됨 / 하는 일마다 실수함
- 남을 믿지 못함 ┐ 에 대한 두려움
- 자책
- 자신의 능력 부족
- 이해받지 못함
- 혼자 남는(버림받는) 두려움
- 소멸 / 분쇄되는 두려움(쓰러져 넘어진다는 뜻으로)

각자가 살면서 배워온 과정에 따라, 이 두려움들은 각기 다른 모습으로 나타날 수 있습니다. 예를 들어 어린 시절에 가족 가운데 누군가의 죽음을 경험한 사람은, 그 사람이 죽은 것이 자기 때문이라고 생각할 수 있습니다. 내가 조금만 주의를 기울였더라면 그런 일은 일어나지 않았을 텐데, 하고 말입니다. 이런 사람은 어른이 되어서도 실수할까 봐 무척 불안해하기 쉽습니다. 자신의 잘못으로 인해 무언가 끔찍한 일이 일어날 수도 있다는 두려움 때문이지요. 이 경우 실수를 겁내는 마음 뒤에 숨어 있는 것은, 자기 탓이었다는, 더 깊은 불안입니다. 만약 이 불안을 해명할 수 있다면, 표면에 내세워진, 실수할지도 모른다는 두려움은 줄어들게 됩니다. 저변에 깔린 두려움이 '치료를 통해 모두 해소될 수 있는지' 여부를 일괄적으로 예견할 수는 없습니다. 다만 두려움을 있는 그대로 받아들이는 한편 그것을 운명의 일부로 이해하는 법을 배워야 한다는 정도로 얘기할 수는 있겠지요. 우리는 두려움으로 인해 피해를 받지 않도록 이것을 다루는 법을 배울 수 있습니다. 두려움을 지니고 사는 것은 인간적입니다. 그리고 두려움을 우리 인생에서 완전히 제거하는 것은 불가능한 일입니다.

정리하는 의미에서, 마음을 다칠 때 그 이면에 자리잡고 있는 작동 구조를 다시 한 번 그림으로 설명해볼까 합니다.

· 트라우마가 되는 체험들 ·

트라우마Trauma는 그리스어로 '상처'를 뜻하는데, 몸과 마음 그 어느 쪽이든 다치고 충격받는 것을 이릅니다. 트라우마적 체험은 "굉장히 위협적이면서 재앙이라 할 정도로 소화해내기 어려운 상황 또는

사건으로서, 피해자로 하여금 거의 예외 없이 심한 장애 현상을 겪게 하는 체험"이라고 정의됩니다.[6]

트라우마에 해당하는 것으로는 아동 학대, 아이나 여자 또는 남자에게 가해지는 육체적·정신적 폭력, 폭력적 교육, 정서적 그리고/또는 육체적 무관심, 아동기에 겪은 보호자 상실, 폭력 체험, 자녀의 중병, 교통 사고와 산업 재해, 고문·추방·폭력 행위나 집단 학살, 대형 사고의 목격, 사회 내부의 폭력 등이 있습니다.[7]

트라우마는 안전감[8]을 온통 뒤흔들어놓는 체험으로, "피할 수 없는 일, 자기 내면의 힘과 외적 수단으로는 도저히 어찌해볼 도리가 없는 일"[9]을 뜻합니다. "자기 조절이 불가능해져버리는 것입니다. 일관성을 지닌 존재로 느껴져왔던 자신의 모습이 갈기갈기 찢기고 맙니다. 이 순간, 그 사건과 함께 감지되었던 모든 것(감각을 자극하는 것·느낌·생각·행위의 도식)이 그대로 기억 속으로 박히게 됩니다. 이것은 피해자가 자신과 세상에 대해 갖고 있던 긍정적인 상들과 완전히 다른 체험입니다. 안전하고 선한 세상의 모습, 고귀하고 행동력 있는 자신의 모습은 온데간데없습니다. … 피해자가 그 순간 속수무책이 될수록, 그 상황의 체험이 트라우마로 굳어지기는 그만큼 더 쉽습니다."[10]

트라우마에 대한 연구는 지난 십 년간 매우 큰 사회적 지지를 얻었습니다. 사회 내의 성폭력 연구, 강간과 아동 착취 또는 성적 착취의 결과로 나타나는 현상에 관한 여성학계의 연구들이 하나의 계기가 되었지요. 다른 한편, 베트남전에 참가했던 군인들이 심리 치료에도

최초의 마음상함과 어린 시절에 자존감을 다친 기억이
아물지 않은 형태로 남아 있음

그 결과 두려움과 욕구 불만이 생김

이것이 '상처 부위'를 형성함

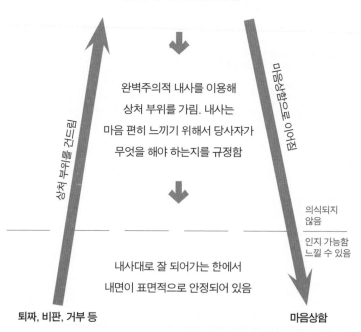

완벽주의적 내사를 이용해
상처 부위를 가림. 내사는
마음 편히 느끼기 위해서 당사자가
무엇을 해야 하는지를 규정함

상처 부위를 건드림

마음상함으로 이어짐

의식되지
않음

인지 가능함
느낄 수 있음

내사대로 잘 되어가는 한에서
내면이 표면적으로 안정되어 있음

퇴짜, 비판, 거부 등

마음상함

| 그림 5 |

마음상함의 작동 구조 II

불구하고 계속 전쟁 트라우마에 시달리는 것이 또 하나의 동기를 제공했습니다.[11] 발칸 반도의 전쟁 지역에서 일어났던, 남자·여자·어린아이 들에게 가해진 가혹 행위들 역시, 특수한 심리 치료 프로그램을 개발하도록 부추겼습니다. 그를 통해 전쟁 피해자들의 상처를 완화하기 위해서였지요.[12]

트라우마 경험의 핵이 되는 것은, 벌어지는 일에 대해 아무런 영향력도 행사할 수 없다는 무력감과 속수무책감입니다. 트라우마의 결과로 나타나는 증상에는 두 가지가 있습니다. 서너 시간에서 사나흘 후면 사라지는 이른바 급성 장애 현상과, 상처를 받은 후 몇 주 또는 몇 달 만에야 나타나서 장기간 지속되는 사후 만성장애 현상이 그것입니다. 만성의 경우 공포 발작이나 사건의 재경험flashback, 불면증, 악몽, 자살 계획, 중독증 등 여러 가지 증상을 중증으로 수반하게 됩니다. 그러나 이런 증상들은 그 자체로는 별 문제가 되지 않습니다. 오히려 피해자가 '다른 방법으로는 도저히 감당해낼 수 없는 힘겨운 상태'[13]를 어느 정도 견뎌낼 수 있도록 돕는 장치로 이해될 수도 있습니다.

마음상함의 범주에서 무엇보다도 문제가 되는 것은 인간의 자존감을 공격하는 트라우마입니다. 여기에 해당하는 것 중 하나는, 너는 세상에 태어나지 않았으면 좋았을 것을 하는 식의, 아이에 대한 보호자의 부정적인 태도입니다. 육체적·성적·정서적 착취 같은 폭력의 경험, 그 밖에 업신여김이나 모멸, 어린 시절의 헤어짐과 같은 트라우마도 마찬가지입니다. 이 모든 것들이 당사자에게는 자신의 개인적 결함으로 인식되면서, 그의 자존감을 약화시키거나 손상시키는 것이지요.

코르둘라 한젠은 이십대 중반의 젊은 여성으로, 사춘기 때부터 지금까지 폭식증(bulimia, 먹고 금방 다시 토하는 중독증) 증상에 시달리고 있습니다. 그녀는 재작년에야 비로소, 이렇게 가다가는 목숨이 위험하겠구나 하는 생각이 들어서 상담 치료를 받기 시작했습니다. 너무 자주 토하다 보니 피까지 토하게 되었습니다. 그러자 이 구토를 멈추지 않으면 죽을 수밖에 없다는 사실을 그녀도 확실히 알게 되었던 것입니다. 이렇게 심한 거부 현상을 보이게 되기까지, 그녀의 기억 속에는 트라우마가 겹겹이 쌓여 있었습니다. 증상들을 면밀히 검토하는 과정에서 이 트라우마들이 하나하나 모습을 드러냈습니다.

"엄마와의 사이에서 있었던 일이 마치 어제 일처럼 떠오르네요" 하고 말하는 그녀는 전혀 감정의 동요를 보이지 않았습니다. "다섯 살인가 여섯 살 때쯤이었지요. 엄마가 나한테, '네가 아예 태어나지 않았으면 좋았을걸' 하고 말했어요. 나를 임신했을 때, 유산시키려고 했다가 그만뒀다는 거예요. 그러더니 '하지만 지금은 다른 형제들보다 너를 훨씬 더 사랑한단다' 하더군요."

이 말을 할 때 그녀는 위장이 있는 쪽을 팔짱 낀 두 팔로 꽈악 눌러대면서 얼굴을 찡그렸습니다.

"아파요?" 하고 내가 물었지요.

"예, 위가 말도 못하게 아파요."

"그러면 위장을 더 편하게 해줘야지요. 그렇게 꽉 누르지 말고."

"아뇨, 그럴 자신이 없어요."

"그럼 어떻게 되길래 그래요?"

"위가 터져버릴 거예요."

"그러고 나선?"

"아픔이 한꺼번에 몰려오겠죠. 그걸 어떻게 참아내겠어요?"

"엄마 때문에 마음 아픈 거 말인가요?"

"그래요. 엄마가 나를 원하지 않았다는 것 말이에요. 그 말을 들었을 때, 세상이 와르르 무너져 내리는 것 같았어요. 내 인생에서 가장 소중한 사람이 나를 원하지 않았다니. 도무지 이해할 수가 없었어요. 엄마가 그 다음에 한 말, '지금은 너를 무척 사랑한다'는 말을 듣긴 들었지요. 하지만 그 말은 전혀 와 닿지 않았어요. 느껴지는 건 아픔뿐이었어요. 위장에 주먹으로 크게 한 방 맞은 것처럼 슬프고 또 슬퍼서 어찌할 바를 몰랐지요. 그런 일이 있은 뒤부터는 토해야만 살아갈 수 있었어요. 토하고 나면 얼마 동안은 위가 좀 풀려서 편안하니까요. 마치 '이제 모든 게 정상이야' 하듯이 말이죠. 토해야만 그런 느낌이 드는 거예요. 구역질이란 게 없었다면 아마 난 지금까지 살아 있지 못했을 거란 생각이 들어요."

이 일이 그녀의 머리 속에 떠오른 것은 그녀가 어떤 남자에게 퇴짜를 맞은 바로 그때였습니다. 남자 친구가 그녀와 더 이상 사귀고 싶지 않다고 말했던 겁니다. 코르둘라 한젠은 내면이 와르르 무너지면서 깊고 어두운 나락으로 떨어져지는 것을 느꼈습니다.

"떨어지고 떨어지고 끝없이 떨어졌어요. 얼마나 무서웠는지 몰라요. 발 밑에 있던 바닥이 사라진 것 같았어요. 떨어지는 나를 받아줄 사람이라고는 아무도 없었어요."

절망과 공포 그리고 그 남자에 대한 무력한 분노 사이에서 그녀는 갈팡질팡하고 있었습니다. 심하게 마음을 다친 것이지요. 절교 선언에 대한 반응치고는 좀 지나치다고, 그녀 자신도 생각하고 있었지만, 자기 힘으로는 어쩔 도리가 없었습니다. 상담을 하는 가운데, 현재 경험하고 있는 일이 그녀의 옛 상처를 건드려서, 당시 어린아이로서 느꼈던 공포와 경악을 다시 불러일으켰다는 점이 분명히 드러났습니다. 코르둘라를 괴롭힌 것은 그 남자의 거절만이 아니었습니다. 딸에 대한 엄마의 거부도 이에 크게 한몫했던 것입니다. 엄마가 유산시키려 했던 일은 코르둘라의 자존감에 깊은 상처를 냈습니다. 그녀는 인간적으로 거부당했다고 느꼈으며, 자신이 사랑받을 가치도, 살 가치도 없다고 믿었던 겁니다. 엄마의 그 말이 그녀를 그토록 심하게 상처입힌 데에는 이전의 또 다른 몇몇 거부당한 경험과 실망이란 원인이 있었습니다. 그러한 경험이, 이 세상은 안전하고 자신이 가치 있는 인간으로서 자율적으로 행동할 수 있는 능력이 있다는 믿음을 그녀에게서 깡그리 앗아갔던 것입니다. 이러한 바탕 위에서 엄마가 던진 말 한마디는 그녀를 심각한 자존감의 위기에 빠뜨릴 수 있었습니다.

코르둘라 한젠의 경우, 먹은 것을 토해내는 것은 어린 소녀로서 그녀가 목숨을 부지하기 위해 선택한 방법이었습니다. 그렇게 해야만 겨우 부모한테서 받은 마음의 상처를 견뎌낼 수 있었던 것이지요. 그것은 자신의 감수성과 자신감을 되찾는 그녀만의 방법이었습니다. 상담 치료를 받고서야 그녀는 자신의 구토증이 옛날에 받았던 상처와 관련된 것임을 깨닫게 되었습니다. 그럼에도 그녀는 지금도, 옛날에 엄마가 자기를 원하지 않았던 데서 오는 아픔을 견딜 수 없어합니다. 그러나 그 일을 속시원히 이야기하는 것만으로도 그녀의 몸은 뻣뻣이 굳은 상태에서 벗어납니다. 숨을 더 깊게 쉴 수 있고 위장의 아픔도 확실히 덜해져서, 훨씬 자유롭게 느껴진다는 것이지요.

트라우마라고 해서 코르둘라 한젠의 경우처럼 언제나 원인이 분명하게 밝혀지는 것은 아닙니다. "자아는 가끔, 뚜렷한 한 가지 트라우마가 아닌 집적된 트라우마를 통해서 특정한 방향으로 변화되기도 합니다."[14] '집적된 트라우마'라는 말은 작은 트라우마가 여럿 모여서 "마음을 상하게 하는 전반적인 분위기"[15]를 형성한다는 뜻입니다.

아이들이 부모와의 관계에서 버림받았다거나 내쳐졌다고 느끼는 경우는 부분적으로는 아주 복잡 미묘한 형태로 일어납니다. 마약 중독자 어머니를 둔 아이들을 잘 관찰해보면 이것을 알 수 있습니다. 엄마가 또다시 마약을 복용할 것같이 상황이 위급해지거나 또는 이미 다시 약을 복용해버린 경우, 아이들은 정신적 위기 상태에 빠지게 됩니다. 엄마와 접촉하는 가운데 아이들은 엄마의 상태가 다시 나빠진 것을 본능적으로 느끼는 듯합니다. 그러면 아이들은 울거나 소리를 지름으로써, 또는 공격적이 되거나 아예 자기 안에 갇힘으로써 자신들의 불안과 공포를 표현하지요. 엄마가 아이들을 잘 돌보지 않는 것은 일차적으로 아이와 관계가 있는 것이 아니라 엄마가 중독자라는 사실과 관계가 있습니다. 그런데도 아이들은 그것을 자기를 거부하는 행위로 받아들입니다. 엄마가 자기 곁에 없다거나 엄마에게 자신과의 관계보다 마약이 더 중요하다는 사실을, 아이는 엄마가 자기의 인간적 가치를 부정하고 모욕하는 것이라고 이해하는 겁니다.

지금까지 우리는, 비단 부모가 아이를 대놓고 거부하는 것뿐만 아니라 부정하는 분위기나 간접적인 방기 역시 아이를 해칠 수 있으며, 아이의 자아 발전을 방해한다는 것을 보았습니다. 사람들은 항상 트라우마에서 탈출할 길을 모색하고 있으며, 자기를 더 이상 상처받지 않게 보호해주고 고통을 제어할 수 있게 해주는 증상을 선택할 줄 압니다. 가슴 아픈 자극이 될 수 있는 일은 물론, 화를 내며 거부하는 '마음상함'이란 행위도 이러한 자기 보호에 속한다고 할 수 있습니다. 그렇게 보면, 트라우마가 초래하는 결과에서 결정적인 것은 트라우마 자체만이 아닙니다. 트라우마에 대한 개개인의 대응 방식 역시 중요한 것입니다. 똑같은 사건이라고 해도 모두가 똑같이 반응하는 건 아니니까요.

· 정서적 착취 ·

아동의 육체적[16]·성적·정서적 착취는 자존감을 말살시키는 본질적인 트라우마입니다. 세 가지 모두 아동 학대 행위에 속하는데, 이들은 한편으로는 아이에 대한 어른의 권력, 다른 한편으로는 어른에 대한 아이의 의존성에 바탕을 두고 있습니다. 특히 이 어른(남자든 여자든 마찬가지입니다)이 가까운 친척이거나 심지어 엄마나 아빠일 경우, 아이의 생존은 이 사람 손에 달려 있습니다. 육체적으로나 정서적으로 아이가 어른에 비해 현저히 뒤떨어지기 때문에, 아이는 대항할 방법이 없습니다. 착취란 언제나 권력 관계를 악용하는 것을 뜻합니다. 억압, 배신, 신뢰의 악용과도 관계가 있지요. 아이는 온정과 배려, 보호를 기대했던 바로 그곳에서 거꾸로 어른의 필요에 의해 착취당하는 겁니다. 착취는 인간의 존엄성과 정체성에 대한 공격입니다. 성적인 정체성이든 육체적·정신적 정체성이든, 어느 경우에도 마찬가지입니다.

이러한 작동 구조는 세 가지 착취 형태 모두에 해당됩니다. 마티아스 히르슈Mathias Hirsch가 성적·육체적 착취는 동시에 정서적 착취이기도 하다고 일관되게 주장하는 것도 바로 이런 까닭입니다. 나는 그것을 이렇게 바꿔 말해보고 싶습니다. 성적 착취든 육체적 착취든, 어떤 경우에도 정서적 착취가 함께 일어나고 있다고 말입니다. 어느 경우나 어른의 필요가 일차적으로 고려되기 때문입니다. 건강한 항의는 위협과 폭력으로 억압됩니다. 아이가 부모에게 의존하고 있다는 사실, 다시 말해 실존적인 권력의 차이가 엄연히 존재한다는 사실도 이에 한몫합니다. 착취가 어떤 형태를 띠는가는 부모가 어린 시절에 어떤 체험을 했는가에 따라 달라집니다. 누구나 자기가 경험한 것을 일종의 가풍으로서 다음 세대로 전달하게 마련이니까요. 육체적 폭력을 겪으면서 자라난 부모는 자기 자식을 무엇보다도 육체적으로 가장 많이 학대합니다.

이 장에서는 이야기를 정신적 착취에만 한정시켜 그것이 마음상함과 어떤 관계를 맺고 있는지 밝혀보겠습니다. 이것은 착취 트라우마가 마음상함과 마음상하기 쉬운 상태 전반에 걸쳐 근본 원인을 제공하기 때문입니다. 다시 말해 자존감을 곧장 건드리는 것이 착취 트라우마입니다.

정서적인 착취를 당하면 그 후유증으로 아주 심한 내사를 하게 됩니다. 내사의 내용은 주로 금지로서, 내사의 주인인 아이나 어른이 독자적으로 느끼거나 행동하지 못하도록, 자신의 느낌과 감각을 믿지 않도록, 심지어 그를 향한 다른 사람의 애정을 믿지 못하도록 합니다. 착취는 인간으로서의 자기 자신은 물론 남들까지도 크게 불신하게 하는 결과를 낳기 때문입니다. 자기에게 소중한 게 무엇인지, 무엇이 자기에게 도움이 되며 자기가 무엇을 원하는지를 지각하지 못하게 될 뿐만 아니라, 남을 평가할 능력도 없어집니다. 누군가 자신에게 관심을 기울여주면 그로 인해 자기가 남의 조종을 받는다고 느끼기 일쑤지만, 다른 한편 버림받거나 거부당할까 봐 몹시 겁을 먹기도 합니다. 심지어 모든 일을 자기와 관련시키는 경우도 허다한데, 세상 모든 일에 자기가 책임을 져야 한다고 느끼고, 쉽게 창피해하며, 모든 일이 자기 탓이라고 믿습니다. 어떤 집단에서 축출되었으며 거기 소속될 수 없다는 느낌에서 벗어나기 위해 그들은 중독(주로, 마약, 폭식증, 거식증, 알코올)이라는 고립 상태로, 또는 자살 환상이나 자살 시도 같은 쪽으로 도피합니다.

정서적 착취는 배신의 작동 구조를 내포하고 있습니다.[17] 이것은 아이가 신뢰 관계에서 속임을 당했고 자신의 종속성과 상처받기 쉬운 약점으로 인해 조작당하고 착취당했기 때문에 생기는, 피할 수 없는 현상입니다. 보호와 안전을 얻는 대신에 아이는 착취당했던 겁니다. 어린 시절에 안전감을 맛보지 못한 사람은 어른이 되어서도 역시 남에게 안전감을 주지 못하게 되어 있습니다. 보호받은 경험이 없는 사람은 자기 자신을 보호할 줄 모릅니다. 세상과 남들이 모두 위험하고 사악한 것으로 느껴지는데, 그로부터 자신을 지켜낼 방법이 없습니다. 바로 여기에, 코르둘라 한젠의 예에서 보듯, 먹고 토하는 행위가 보상 역할을 할 수 있는 근거가 있습니다. 그녀는 '선한 것'으로 자기를 채우려고 합니다. 그러고는 먹자마자 먹은 것을 다 토해내야 겨우 안심이 됩니다. 그렇게 함으로써 기분이 한결 나아지고, 의식적으로 위통을 전혀 느끼지 않게 되는 것이지요.

착취 트라우마는 극단적인 무력감, 속수무책 상태로 내버려졌다는 느낌과 결합되어 있습니다. 이것은 힘이란 힘은 남김없이 빼앗겨버렸고, 인간 관계는 물론 자신의 느낌과 생각과 태도를 통제할 힘마저 없음을 의미합니다. 착취당한 사람은 점차, 다른 사람들은 모두 자신의 삶을 손 안에 쥐고 있는데 자기만 그렇지 못하다고 믿게 됩니다. 그 결과 자신은 인간으로서 가치가 없고 아무런 영향력도 없다는 자기 나름의 인상을 갖게 되고, 이것이 희생자로서의 자아상을 형성하게 합니다.

이를테면 폭식증이나 거식증 같은 증상은 내담자가 통제력과 권력을 되찾았다고 느끼게 해줍니다. 자기 몸에 대한, 체중에 대한 통제력을 느끼게 된다는 말이지요. 그뿐인가요. 체중 미달이나 단식 기간, 특별한 식습관 같은 것으로 주변을 강력하게 좌지우지할 수도 있습니다. 엄마가 요리한 음식을 거부함으로써 딸은 자기가 당했던 마음상함을 엄마가 그대로 겪게 할 수도 있습니다. 이번에는 엄마가 딸에게 퇴짜맞고 거부되었다고 느낄 테니까요. 정신적 트라우마는 피해자의 건강한 경계 감각을 파괴하기 때문에, 이런 사람은 나중에 예나 아니오를 분명하게 말할 수 없게 되거나, 아니면 남과 자기 사이에 한치의 여유도 없는 선을 그을 때에만 자신을 보호할 수 있는 사람이 됩니다.

정서적 착취란, 아이가 어른의 정신적 필요를 채워주어야 하거나 심지어 능동적으로 이를 돌봐주기까지 해야 하는 경우를 이르는 말입니다. 이러한 착취의 한 형태가 아이의 **부모 대행**입니다. 이것은 부모가 부모 역할을 하지 못하거나 하지 않을 때 아이가 그 부모를 위해 부모 역할을 떠맡아야 하는 경우를 가리킵니다. 이런 부모들은 대개 마약 중독자이거나 알코올 중독자로서, 아이의 도움을 필요로 합니다. 사실 이 아이야말로 부모의 도움이 절실히 필요한데도 말입니다.

베아테 슈나이더는 알코올 중독자 아버지 밑에서 자랐습니다. 그래서 어린 나이에 이미 아버지를 돌보는 데 익숙했지요. 아이를 키우는 일이 힘에 겨웠던 엄마는 일에만 몰두함으로써 남편을 멀리했습니다. 그녀가 보기에도 남편은 점점 더 매력이 없어졌던 것이지요. 반면에 베아테와 아빠의 관계는 아주 가까웠습니다. 아빠는 그녀에게 엄마와도 같은 역할을 했던 겁니다. 재워주고, 아플 때 돌봐주고, 동화책을 읽어주고, 걱정거리를 기꺼이 들어주었으니까요. 베아테가 엄마에게 마음을 연 적은 거의 없었습니다. 엄마는 이런저런 지시나 충고는 했지만, 베아테가 겪는 어려움을 한번도 진정으로 이해해준 적이 없었기 때문입니다. 그렇게 해서 일곱 살 정도가 되자 베아테는 일찌감치 아빠의 보호자 역할을 떠맡게 되었습니다. 술집으로 찾아가 아빠를 집으로 데려오고, 옷을 갈아 입혀서 잠자리에 눕혔습니다. 술병을 보이지 않는 곳에 숨기고 병에 술 대신 물을 채워넣기도 했습니다. 엄마가 아빠를 욕하면서 쓸모없는 주정뱅이라고 부르면 베아테는 아빠 편을 들었습니다. 그리고 가끔씩 아빠가 집에 들어오지 않을 때면 혹시 무슨 좋지 않은 일이 생긴 것이 아닐까 하는 근심으로 안절부절못했습니다. 제발 아빠가 술을 끊게 해달라고 저녁마다 기도하는 것도 그녀의 일과였습니다.

이런 식으로 베아테는 어릴 때부터, 정작 자신이 원하는 건 뒤로 미룬 채 남의 뒤치다꺼리를 하는 데에 익숙했습니다. 그런 일을 어찌나 당연하게 여겼던지, 내가 그건 상호 종속 관계[18]라고 말했을 때에는 불쾌해서 어쩔 줄 몰라했습니다. 자신은 다만 선의로 한 일인데 그것이 '나쁘다'거나 '그르다'는 식의 말을 들으니 마음이 상했던 것이지요. 내 말 뜻을 그녀가 이해하기까지는 꽤 긴 시간이 걸렸습니다. 문제는 그런 행동이 옳으냐 그르냐에 있는 것이 아니라, 그녀가 자신을 너무 소홀히 대하고 있다는 사실에 있다는 것을 말입니다. 젊은 여성인 베아테가 남편감으로 고른 사람은 장애자였습니다. 아빠처럼 자신의 도움을 필요로 하는, 그래서 자기가 희생해야 할 대상을 찾은 것이지요. 하지만 계속 두통을 앓고 열등감에 시달리는 것으로 보아, 베아테가 힘에 겨운 일을 하고 있다는 건 분명했습니다.

이와는 다른 종류의 정서적 착취 가운데 하나가 이른바 자기애성 착취입니다. 이 경우 자녀는, 부모가 자신의 정서적 만족을 위해 아이에게 바라는 모습 그대로 되어야 합니다. 특정한 능력이나 특성을 갖추어서 그것으로 부모의 정서적 결손감을 채워주어야 한다는 뜻이지요. "테니스 아빠들"이나 "빙상 공주의 엄마들" 같은 말로 우리에게 잘 알려진 현상들이 바로 여기에 해당됩니다. 이런 유형의 자기애성 착취 상황일 때, 아이에게는 부모가 이루지 못한 목표를 달성할 의무가 주어집니다. 자녀의 성공을 통해 부모의 자존감이 높아지니까요.

그러나 착취 대상은 아이의 능력만이 아닙니다. 아이의 감정이나 욕구가 착취될 때도 있지요. 오로지 부모가 좋다고 인정하는 욕구, 또는 특정한 감정만을 느끼도록 아이가 제한받을 때가 그렇습니다. 아이는 그 밖의 모든 것을 부정해야 합니다. 부모를 불안하게 하지 않으려면 말이지요. 이럴 경우, 문제는 아이가 부모를 위해 자신의 정체성을 부정해버리고 부모가 원하는 모습 그대로 되어버린다는 데 있습니다. 이러한 작동 구조는 자기애적인 성격을 가진 사람에게서 흔히 발견됩니다. 이들은 자신의 정서와 욕구를 완전히 무시해버린 채, 특정한 자기 모습을 유지하는 데에만 온 힘을 기울입니다.

자기애성 착취가 정도를 더하면, 마침내 아이가 엄마나 아빠의 감정까지 아예 떠맡아서 자기 것으로 하는 일도 생겨납니다. 그래야 부담을 덜 수 있기 때문이지요. 아이가 부모 중 어느 한 사람의 처지가 되어 그 불안과 고통을 자기 것처럼 느끼는 경우도 흔합니다. 어느 경우건 간에 그것은 아이의 감정 세계를 크게 망가뜨립니다. 그 결과, 이 아이는 자기의 생각과 소망에 따라 살지 못하고 평생 부모를 위해 전전긍긍하는 수도 있습니다. 성취감이나 만족감 같은 것을 전혀 느끼지 못하고 살면서, 항상 자기 아닌 다른 사람이어야 한다는 강박감에 시달리는 것이지요. 이 자기애성 착취는 부모와 아이, 어느 편에도 뚜렷하게 의식되지 않은 채로, 부모의 정서적 결손감을 양분 삼아 계속 진행됩니다. 이런 부모는 대개 자신도 같은 방식으로 착취당했던 경험이 있습니다.

자기 인생에서 설 자리를 찾지 못해 괴로워했던 베르너 슈미트를 생각해봅시다. 엄밀한 의미에서 그는 어린아이 때부터 엄마의 부속물일 뿐이었습니다. 엄마는 예쁘장하게 생긴 아들을 자랑스러워하면서, 그의 표현을 빌리면 '아들을 장식품으로 삼았습니다'. 공들여 꾸며져 다른 사람들 앞에 내세워지곤 했던 그는 '귀여운 어린 사내아이', 엄마의 귀염둥이였던 것입니다. 버릇없이 굴어도 누구 하나 뭐라고 하는 사람이 없었고, 자기의 매력을 한껏 발휘하면 갖고 싶은 것은 무엇이든 얻을 수 있었으니 이 역할의 이점이 없었던 건 아닙니다. 하지만 그렇게 해서 얻은 것은 주로 물질적인 이득이었지요. 엄마로부터 떨어져 나와 독자적인 길을 가는 등 자기에게 꼭 필요한 일을 해낼 수 있는 자주성을 획득한 건 아니었습니다. 그러기는커녕,

정서적으로 그는 항상 엄마를 위해 존재했고 엄마가 어려울 때면 도움을 주었으며 아빠에게 맞서서 엄마를 변호하곤 했습니다. 엄마를 위해 살며 엄마를 행복하게 해주는 것이 그의 임무였습니다.

그의 모든 감각은 일차적으로 엄마가 어떻게 느끼는지를 향해 열려 있었을 뿐, 미처 자신을 염두에 두지는 못했습니다. 그런 식으로 그는 언제나 엄마와 연결되어서만 자신을 인식할 수 있었습니다. 다시 말해 엄마를 위해 사는 임무 수행 안에서만 자기가 설 자리를 찾았던 것이지요. 성인이 되어 자기 스스로를 돌봐야 할 때가 되자 문제는 훨씬 심각해졌습니다. 자신을 위해 무언가를 하는 걸 배운 적이 없었던 그는, 성인 남자가 되어서 뒤늦게 그것을 만회해야 했으니까요.

정신적 착취의 또 다른 형태는 아이가 **배우자 대리**[19] 노릇을 할 때에 볼 수 있습니다. 과거와 현재의 배우자, 또는 잃어버린 배우자 역할을 아이가 떠맡게 된다는 것인데, 이것은 아이의 몫이 아닐뿐더러 아이에게 힘에 겨운 부담을 줍니다. 하지만 본래는 배우자와의 사이에 있었던, 또는 있어야 할 정서적 관계를 어른이 자기 자식에게 전이하는 경우를 말합니다.

이와는 달리, 아이가 이미 죽은 다른 아이를 대신해서 살게 되는 사례도 있습니다. 코르둘라 한젠의 경우가 바로 그랬는데, 언니가 세 살 나이로 죽었을 때 그녀는 갓 6개월 된 아기였습니다. 죽은 아이는 그때까지 온 가족의 총아로서 부모의 사랑을 온통 독차지하고 있었습니다. 예쁘고 귀여운 데다 재능도 많은, 그야말로 사랑스런 어린 계집아이라는 말이 담고 있는 최상의 모습이었습니다. 이 아이가 죽었다는 사실은 지금까지도 부정되고 있습니다. 가족 중 어느 누구도 그 사실을 입 밖에 내지 않습니다. 생각만으로도 너무나 고통스럽기 때문이지요. 코르둘라가 몇 번이나 부탁을 했지만, 엄마는 죽은 언니의 사진을 보여주지 않았습니다. 이 일에 대해 말을 꺼내려고만 하면 "그만해라. 엄마 좀 그만 괴롭히라니까" 하는 식으로 대번에 핀잔을 받기 일쑤였지요. 그녀 역시 지금까지 하라는 대로 해왔습니다. 한데 상담 치료 중에 이 주제가 불쑥 튀어나왔습니다. 코르둘라의 삶에서 이 경험이 차지하는 비중이 컸고, 가족들이 그렇게 언니의 죽음을 인정하지 않으려 했음에도, 아니 더 정확히 말하면 바로 그래서 그녀의 내면에는 부정적인 작동 구조가 강하게 형성되어 있었기 때문이지요.

심리학적으로 볼 때, 코르둘라는 죽은 언니와 자기를 동일시하면서 언니처럼 되려고 평생 노력해왔습니다. 사실 자기 인생이 아니라 언니의 일생을 살아온 셈이지요. 그 결과 그녀는, 나는 지금 제대로 살고 있는 게 아니다, 무언가 잘못하고 있다, 라는 느낌에 끊임없이 시달렸습니다. 아빠에게 듣는 소리도 늘 뭘 못한다는 것뿐이었습니다. "넌 하는 일마다 엉망이고 뭐 하나 제대로 된 게 없구나. 넌 덜떨어진 녀석이야"라는 식이었습니다. 자기가 뭘 잘못했는지 도무지 몰랐으면서도 그녀는 이 말을 믿었습니다. 그런데 이제, 일의 맥락이 분명히 잡혀옵니다. 자기는 자기 자신이 아니라 언니의 대용품이었던 것입니다. 그랬으니 항상 잘못될 수밖에 없는 게 당연하지요. 아무리 노력을 해도 자기는 언니가 아니니까요. 이 사실을 깨닫자 우선 언니를 향한 미움이 솟았습니다. 그러나 언니도 자기도 사실은 이 일에 책임이 없다는 것을 곧 알게 되었습니다. 그 다음에 깨달은 점은 언니를 죽게 해야 한다는 것이었습니다. 그것만이 자신이 독자적인 삶을 살 수 있는 유일한 방법이었으니까요. 아직까지도 죽은 딸과의 이별을 인정하지 않고 있는 부모에 개의치 않고, 코르둘라는 나름대로 언니의 죽음을 애도하는 작업을 해 나가기 시작했습니다. 자기 내면의 고통을 감지하고 또 표현할 수 있게 되자, 평소에 그녀를 끊임없이 괴롭혀대던 밥 먹을 때의 압박감도 줄어들었습니다. 지금까지 한번도 자유로운 적이 없었던 코르둘라였습니다. 자기 자신이었던 적도 없었지요. 그녀 위엔, 그녀 안엔, 그녀 주변엔 항상 언니가 있었습니다. 그래서 코르둘라는 어마어마한 중압감을 느껴 이를 먹고 토하는 것으로 가시화했는데, 이제 그 압박감에서 해방된 것입니다.

정서적 착취로 분류할 수 있는 또 다른 예로 **고통의 테러화**[20]가 있습니다. 만성 질환을 앓는 부모가 자식에게 죄책감을 불러일으키는 경우입니다. 엄마나 아빠가 자기 병의 책임을 떠맡지 않음으로써, 부모를 떠나 독립하고 싶은 자식의 정당한 욕구를 결코 충족시킬 수 없도록 막는 데에서 바로 착취 현상이 발견됩니다. 부모는 '내가 병을 앓는 것은 모두 자식인 너의 책임이다. 병이 든 것도, 계속 앓는 것도 다 네 탓이다'고 아이에게 은연중에 가르칩니다. 그런 식으로 해서 아이는 병든 부모를 돌보도록, 자식으로서 자기가 원하는 것을 전부 포기하고 끊임없이 정서적 결핍 상황 속에서 살도록 강요당하는 것입니다. 아이는 죄책감 때문에 자신의 분노나 발랄함을 표현하지 못합니다. 항상 다른 사람이 우선이고, 자신은 보잘것없는 존재여서 충만한 삶을 누릴 자격이 없다고 느끼니까요. 〈정적의 저편Jenseits der Stille〉이란 영화는 귀머거리이자 벙어리인 부모 밑에서 자라는 한 소녀의 이야기입니다. 부모의 장애로 인해 의사 소통이 충분히 이루어지지 않는 상황에서 몰이해에 시달리는 이 소녀의 모습에, 지금 우리가 다루고 있는 이 주제가 인상적으로 그려져 있습니다.

안드레아 뮐러의 경우는 또 다른 예를 보여줍니다. 그녀는 자기 불신이 아주 심한 데다가, 남에게 거절당하는 것을 몹시 두려워했습니다. 얘기를 들어보니, 어릴 적에 엄마가 거의 매일 밤 그녀를 깨워서 몇 시간씩 함께 복도를 왔다갔다하도록 했다고 합니다. 엄마는 천식을 심하게 앓고 있었는데, 발작이 심해지면 자기를 돌보라고 어린 딸을 깨워서 옆에 두었던 겁니다.

안드레아는 두 가지 감정 사이를 오락가락했다고 합니다. 엄마에게 무슨 일이 생기면 어쩌나 하는 공포에 가까운 두려움이나 무력감과 함께 엄마가 그 일을 자기에게 맡기는 데 대한 분노도 느꼈다는 것이지요. 엄마는 그 일이 마치 너무 당연하고 대수롭지 않은 일인양 굴었고, 전혀 해로운 게 없다는 듯이 야간 '산책'이라고 부르기까지 했답니다. 안드레아는 어찌나 힘들고 절망스럽던지, 나중에는 무엇이 옳은지 판단조차 서지 않더라고 했습니다. 자기의 격한 감정이 옳은지, 아니면 엄마 말대로 그것은 '별로 심각하지 않은 상황'인지 말입니다. 결국 안드레아는 자기 감정을 부정함으로써 자신을 갈등에서 보호하며 살았습니다

지금까지도 그녀는 자기가 느끼고 판단하는 것이 맞는지 아니면

다른 사람의 말이 맞는지 분간하지 못합니다. 그렇게 되자 다른 사람들과 충돌하는 일이 잦아졌습니다. 남의 말을 들을 때 그 말과 몸짓 뒤에 뭔가 다른 것이 숨겨져 있다는 생각이 자꾸 들었기 때문입니다. 직접 사람을 만나서 의심을 풀 수 없거나 남들이 자기를 이해하지 못한다고 느낄 때마다 안드레아는 옛날 아이 적에 느꼈던 무력감과 난감함을 다시 경험했고, 그때마다 마음에 상처를 입은 채 물러나버리곤 했습니다. 사람을 믿지 못하고 미심쩍어할 때의 이 긴장을 견딜 수가 없었던 그녀는 아예 관계를 끊어버리는 쪽을 택했던 것입니다.

물론 지금까지 언급한 여러 착취 형태들은 서로 맞물려 있습니다. 현실에서는 이론적으로 설명한 것처럼 그렇게 분명히 따로따로 구별되지도 않습니다. 그러나 최소한 이를 통해, 얼마나 다양한 사례들이 정서적 착취라는 분야에 속하는가를 일별할 수는 있었으리라고 믿습니다.

· 접촉 기능의 붕괴 ·

마음상함은 우리 마음이 거부에 대해 유연하지 못하게 반응하는 모습입니다. 유연할 수 없는 이유는, 이 거부 속에 예전의 우리의 경험이 도사리고 있기 때문입니다. 우리의 현재뿐만 아니라 미래까지도 투사되는 그 경험들 말입니다. 예전에 그랬던 것처럼 오늘도, 그리고 앞으로도 똑같을 것이라고 믿는 겁니다. 마치 언젠가 한번 마음을 다치고 착취당하거나 경멸받은 적이 있는 사람이 지금도 그렇고 앞으로도 그 일을 다시 겪게 될 것이라고 믿듯이 말입니다. 사람들은 자기가 나쁜 방향으로 예상하는 바에 맞추어 행동하게 마련이므로, 투사된 우려는 거꾸로 우리의 현재 행동을 결정하게 됩니다.[21]

이러한 경직성은 개인의 자아가 특정 분야에서 발달하지 못했거나 충분하지 못하게 발달했음을 보여줍니다. 그렇지 않을 경우에 사람들은 지금까지와는 다른 새로운 체험들을 받아들임으로써 현재라는 시간 속으로 걸어 들어갈 능력을 갖추고 있습니다. 사람 때문에 또다시 마음을 다칠까 봐 두려워서 차라리 아무도 믿지 않기로 하는 대신, 마음을 활짝 열어놓음으로써 사람 관계가 항상 그렇지만은 않다는 경험을 새롭게 할 수도 있는 것입니다. 그러나 이미 머릿속에 박힌 기억으로부터 물러서서 새로운 체험을 향해 마음을 연다는 것은, 말로 들을 때는 아주 그럴싸하고 쉬워 보이지만 정작 하려고 하면 어렵기 짝이 없습니다. 그 이유는 무엇보다도 우리가 마음을 열면 보호막도 동시에 잃어버릴 것을 두려워하기 때문입니다. 이 딜레마 때문에 우리는 종종 과거의 불행한 기억에 필요 이상으로 오래 매달려 있으면서 차라리 마음상함을 겪는 쪽을 택하는 경향이 있습니다.

이제 나의 관심사는 다음의 두 가지 질문으로 모아집니다. 첫째, 마음이 상처를 받은 상황에서 사고와 행동이 유연성을 잃고 막혀버리는 양상을 어떻게 설명할 수 있는가? 둘째, 같은 상황에서 감정이 지나치게 분출하는 것은 또 어떻게 설명할 수 있는가?

여기에 답하기 위해서는 게슈탈트심리학에서 사용하는 자아 개념이 아주 유용한데, 사람들 사이의 접촉에서 자아가 담당하는 기능을 이 개념이 포괄하기 때문입니다. 정신적 타격을 받으면 우리 내면에서는 어떤 일이 일어나는가, 우리가 어떻게 느끼고 생각하고 행동하며, 우리 자신을 어떻게 보는가 하는 문제들이 이 개념과 함께 다루어집니다.

사람과 사람, 또는 사람과 그의 주변 환경이 만나면 이른바 접촉 주기가 생성됩니다. 에너지가 번갈아서 지속적으로 올라갔다가 내려오는 현상이 반복되지요. 접촉 주기는 외적·내적 자극에 의해 생겨난 감각에서 시작됩니다. 이 감각을 알아챈 우리는 이에 주목하게 됩니다. 이때 에너지가 모여들면서 행동을 유발합니다. 그리고 행동이 끝나면 만족감을 느끼면서 이 과정이 완결되고, 새로운 감각이 뒤를 잇지요.

최우선 목표는 환경과 접촉하는 가운데 욕구를 충족시키는 것입니다. 그것이 불가능할 경우, 이 접촉 과정은 원하는 목표에 가능한 한 가까이 갈 수 있도록 도와줍니다.

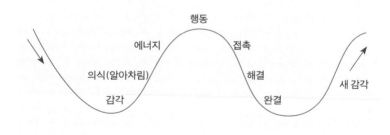

| 그림 6 |　　　　　　　　　　　　　체험의 게슈탈트 주기에 관한 모형[22]

다음 그림은 앞에서 말한 과정을 배고픔과 배부름이라는 예를 통해서 보여줍니다.

이 그림에서, 음식을 섭취함으로써 에너지가 원상 복귀되면 책읽기에만 전념하는 것을 볼 수 있습니다. 물론 독서 행위 역시 그 자체로 하나의 독자적인 접촉 주기 단위가 되지만, 여기서는 언급하지 않겠습니다. 책을 읽던 사람이 배에서 꼬르륵 소리가 나는 걸 알지만(감각), 그냥 계속 책을 읽습니다. 감각이 점점 더 전면으로 부각되어 마침내 배고픔으로 감지되면서(의식 또는 알아차림), 독서를 자꾸 방해합니다. 배고프다는 의식이 증가함에 따라 책 읽는 사람의 관심은 음식 쪽으로 향하고, 그는 힘을 모아들여(에너지) 이것을 행동으로 바꿉니다. 일어서서 부엌으로 가는 것이지요(행동). 거기서 그는 부엌으로 오기 전에 이미 머릿속에서 목표로 삼고 있었던 케이크를 먹습니다(접촉). 케이크와의 접촉, 맛보고 씹고 먹는 이 행위에서 그는

| 그림 7 | 칭커(Zinker)의 모형[23]

육체적 쾌감을 경험합니다. 음식물을 자기 것으로 동화시킴으로써 배가 부르고 만족스러워진(해결) 그는 케이크 먹기를 중지합니다. 마지막 단계인 완결 부분에서 그는 긴장이 풀리면서, 케이크를 더 먹고 싶은 생각이 사라집니다. 그리하여 다시 책을 읽는 데로 주의력이 집중되고, 새로운 접촉 주기가 시작됩니다.

이 접촉 주기 모형은 배고픔 같은 개별적인 욕구나 충동뿐만 아니라, 마음상함의 경우처럼 복합적인 접촉 사건까지도 관찰할 수 있게 해줍니다.

자아는 여러 가지 접촉 기능을 사용합니다. 즉 "자극을 받아서 인식하고 이에 대응할 행동 양식을 다양하게 고려해본 후 가장 적합한 것을 골라 마침내 행동에 옮기는"[24] 역할을 하지요. 이 모든 것의 목표는 만족 상태에 이르는 것입니다.

이러한 과정이 성공적으로 진행되도록 하는 네 가지 자아 기능을 아래에서 구분하여 설명해보겠습니다. 만약 그중 어느 기능이 결여되어 있거나 제대로 갖추어지지 않았다면 이 접촉 과정은 정지되고 맙니다.

· **그것-기능** : "나는 무엇을 느끼는가? 내게 필요한 것은 무엇인가?"[25]
  접촉 과정의 시작으로, 감각 또는 의식과 아주 밀접히 관련됨.

· **나-기능** : "나는 무엇을 원하는가? 그것을 어떻게 얻을 수 있는가?"
  에너지를 모아서 행동을 할 때 주로 작용함.

· **접촉-기능**[26] : "나는 어느 만큼 가까이, 어느 만큼 멀리 있고 싶은가?"

접촉이 어떤 식으로 이루어져야 하는지를 결정하는 데 참여함.

· 인성-기능 : "나는 누구인가?"

해결과 완결 단계에서 무엇보다 중요함.

접촉 주기의 초기 단계는 자극을 인지·감각하는 과정이므로 그것-기능이 작동합니다. 앞에서 예로 든 독서와 식사에 관련지어 말한다면, 배고픈 사람은 배가 꼬르륵거리는 것을 아는 순간 시장기뿐만 아니라 먹고 싶다는 욕구까지 동시에 느끼게 되는 것이지요.

"각각의 자극에 의식을 가지고 반응하면서 이에 대한 분명한 해결책을 찾기 위해 자발적으로 노력하는 인간의 능력"[27]이 마음을 다치는 상황에서는 제 역할을 하지 못합니다. 상처받아 감정이 어린아이처럼 되어버린 상황에서는, '그것-기능'이 일그러진 형태로 나타나기 때문입니다. 상대방의 거부로 인해 느껴지는 이 기분이 사실은 옛날의 상처 부위가 다시 건드려지는 데서 오는 아픔이라는 걸 우리가 알 수 있다면 참 좋겠지요. 다시 기분이 나아지려면 어떻게 해야 할지도 경험을 통해 알고 있을 테니까요. 마치 위가 꼬르륵거리는 사람이 그건 배가 고파서 그런 것이고 무언가를 먹으면 나아진다고 알고 있듯이 말입니다.

마음이 상한 상태에서는 기분이 너무나도 불쾌해서, 그저 그것을 억누르는 데에만 온 힘을 쏟는 경우가 있습니다. 그런가 하면, 이렇게 마음이 상하게 된 정서적 차원의 배경을 대개는 잘 모르기 때문에 이 상태에서 벗어날 수 있는 구체적인 방법을 전혀 모르는 경우도 있습니다. 우리가 느끼는 게 무엇인지, 과연 무슨 일이 일어나고 있는 건지, 우리가 무엇을 할 수 있는지 우리는 모릅니다. 마음을 다칠 때 우리가 빠질 수 있는 위험에 대비해서 보호책을 가져야 할 텐데, 그러한 필요조차 전혀 느끼지 못합니다.

나-기능의 도움을 받아서 이러한 마음상함의 상태를 해결할 방법을 생각으로나마 마련해두는 대신, 우리는 사고와 상상력을 봉쇄해버립니다. 이 단계를 그냥 뛰어넘고 행동 단계로 돌진해버리는 것이지요. 하지만 좋은 결과를 가져올 만한 행동 표본을 미리 구상해놓은 것이 없으므로, 우리의 반응은 꽤 맹목적일 뿐만 아니라 순전히 기분 내키는 대로입니다. 느낄 수 있는 것이라곤 오로지 내면의 강박뿐으로, 이것은 분노와 무력감, 실망과 절망의 형태를 띠고 나타납니다. 왜 그렇게 느끼는지 영문조차 모르는 상태에서 다른 사람을 욕하기 시작합니다. 사고 기능이 마비된 우리는 그만큼 생각 없이, 방향 없이 행동할 따름입니다. 우리가 할 수 있는 일, 원하는 일이 무엇인지도 모릅니다.

이상적인 경우라면, 아마도 우리는 이렇게 심하게 마음을 다쳤을 때 어떤 태도를 취하는 게 가장 의미 있는 일이며 실현 가능하고 자존감을 강화시켜줄지에 대해 곰곰이 생각해볼 겁니다. 내가 아프다고 해서 남들을 상처내는 대신에 말입니다. 예를 들면 우리를 아프게 한 사람에게, '당신이 한 말이 지금 나에게 몹시 상처를 주어 기분이 매우 나쁘다. 그러니 사과를 하든가 아니면 내가 이 자리를 떠나겠다'고 말할 수 있을 겁니다. 물론 거기 계속 머물면서 상대의 의견에

귀를 기울일 수 있는 내적 자유도 있습니다. 말하자면 선택권이 있는 것이지요. 관계를 지속하는 쪽으로 결정을 내릴 수도 있고, 그 결정을 실행할 수도 있는 겁니다.

"뚜렷한 의식을 갖고 결정을 내리고 그 결정을 바탕으로 합당한 행동을 하는 것은, 일종의 자제력의 표현입니다. 순수하고 자유로운 삶의 가장 큰 특징인 통합성 또는 전체성의 직접적 표현이지요."[28] 그런데 심적 타격을 받을 때면 우리는 이 전체성이라는 권위를 전혀 사용하지 못합니다. 그 힘이 잠시 소실되었든가, 아니면 처음부터 아예 개발된 적이 없었기 때문이지요.

극단적인 친소親疎 행동 양식도 바로 여기에서 비롯됩니다. 친소 행동 양식이란 사회적 접촉에서 완전히 벗어난 고립부터 전혀 떨어져 있을 수 없이 함께 흘러가는 '융합Konfluenz' 상태까지 두루 아우르는 말입니다. 이 둘 중 어느 한 가지의 극단적인 형태를 선택하고 나면, 그는 다른 사람과의 접촉에서 유연성을 잃게 됩니다. 마음상함 때문에 절교하는 경우가 생기는 것도 그 때문입니다. 마음을 다친 사람은 분노에 싸여 자기 껍질 속으로 들어가버립니다. 상대방과는 결코 다시 만나려 하지 않습니다. 그리하여 한 번의 후퇴가 철저한 관계 단절로 굳어져버리는 경우도 드물지 않습니다.

그런데 이렇게 극단적으로 관계가 멀어지는 원인은 이전에 너무나 가까이 '융합'하여 지냈기 때문이라고도 할 수 있습니다. 이러한 태도의 밑바닥에는, 두 사람의 의견이 똑같은 것이 가장 좋은 관계라는 생각이 자리하고 있습니다. 나누어질 수 없는 단위를 뜻하는 이

융합 상태는 퇴짜나 비판, 거절로 인해 깨어집니다. 특히 자존감이 약한 사람들이 이 융합 상태를 추구하는 편인데, 그들은 외부의 확증을 받아서 그 힘으로 자기의 자존감을 확립하려고 합니다. 여기서 확증이란 남들의 호불호가 자기와 같음을 뜻합니다. 비판, 이견, 거절, 그 밖에 자신을 남과 갈라놓는 것은 모두, 남과 일치를 이루고 있다는 환상을 깨어버림으로써 그에게 현격한 거리감을 맛보게 합니다. 이것이 바로 자존감이 약한 사람들이 마음을 다칠 때 격렬한 반응을 보이는 이유입니다. 단순히 상대가 자기를 거부한다고 느끼기 때문이 아니라, 이렇게 퇴짜를 맞음으로써 자신이 버림받을지도 모른다는 두려움을 맛보게 되는 것이 실은 더 큰 원인인 것입니다.

버림받는 데 대한 두려움은 언제나 실존을 위협하는 차원의 것입니다. 돌봐주는 사람이 아무도 없을 때 어린아이가 느끼는 죽음에 대한 두려움, 바로 그것입니다. 앞 장에서 보았듯이, 마음에 충격을 받게 되는 배경은 대개 어릴 때 경험한 상처입니다. 그것이 현실 상황에서 비록 무의식 속에서지만 정서적으로 자극을 받는 것이지요. 따라서 우리의 반응은 대부분 어릴 때 느꼈던 공포와 불안의 느낌을 수반합니다.

내 세미나에 참석했던 한 부인이 이런 말을 하더군요. 마음이 상할 때면 스스로 "나는 지금 몇 살로 느끼고 있지?" 하고 물어본다고요. 그러면 곧장 마음속의 아픈 곳, 마음상함을 일으킨 배경이 되었던 불안의 뿌리에 가 닿게 되더라는 것입니다. 처음 마음을 다쳤을 때의 나이, 그 나이가 바로 정신적으로는 현재의 나이입니다. 따라서 상담 치료에서는 최초로 정신적 타격을 입은 때가 언제였는지 알아내는 것이 매우 도움이 됩니다. 그래야 내담자로 하여금 그 다음에 오는 부차적인 마음상함이 무엇 때문인지를 확실하게 알게 할 수 있으니까요.

내사와 미해결 과제로 인해 내적 통합성이 손상되면, 사람들은 자유롭게 선택을 할 수 없게 됩니다. 편안한 마음으로 행동하고 싶지만 그렇게 되질 않지요. 남과 좋은 관계를 맺고 싶지만 실제로는 그들에게 마음을 열 수가 없습니다. 그리하여 생각 속에서 봉쇄된 것과 마찬가지로 우리는 우리의 행동을 스스로 차단해버립니다. 마음이 상한 김에 관계를 끊기로 결정해버리는 것이지요. 그로 인해, 다른 행동 가능성도 모두 배제되고 맙니다. 상처를 준 상대와 충분히 접촉해볼 수도 없게 되는 것이지요. 배고픈 사람을 들어 비유하자면, 막 무언가를 먹으려는 찰나에 갑자기 시장기를 느끼지 못하게 되면서, 무얼 먹고 싶은지조차 모르게 되어 욕구를 충족시키지 못한 채 그만 물러나고 마는 것과 같습니다. 접촉 주기가 중단되어 완결되지 못하고, 따라서 충족감이 생겨나지 못하는 겁니다. 상황이 완결되지 않은 상태로 머물면서 미해결 과제로 잔존하게 되는데, 해결되지 않은 이 문제는 언제고 다시 발생할 수 있습니다. 마음이 상한 사건을 계기로 헤어지는 사람들은 결코 서로 완전히 분리되지 못한 채, 미해결 과제를 매개로 불편하게 서로에게 묶여 있게 됩니다.

마음이 상처를 받으면, 헌터 보몽Hunter Beaumont이 '접촉 기능의 붕괴'[29]라고 이름붙인 현상이 일어납니다. 이것은 자아가 버림받을 위험에 놓였다고 느낄 때에 일어나는 현상인데, 그런 판단이 들면 자아는 갑자기 자신이나 남들과의 접촉을 끊고 멀찌감치 물러납니다. 여기서 붕괴란 행동의 유연성을 상실하게 된다는 말입니다. 이것을 경험하는 사람은 그때그때의 상황에 창조적으로 적응·대처할 능력이 없어집니다. 그 대신에 이미 습성이 된 과거의 행동 양식으로 돌아가 버립니다. 한때는 창조적이었지만 이제는 적합하지 않은 방식으로 행동하게 되는 것이지요.

접촉 주기 과정에서 한 단위가 도중에 차단되면 인성 기능에 지장이 옵니다. 물론 인성 기능은 주기의 맨 마지막 과정에서 나타나는 것입니다. 이것은 우리로 하여금 경험의 결과에 따라 자신의 정체감을 형성하고 우리 자신의 상을 만들어냄으로써 경험에 의미를 부여하게 하지요. 경험과 내사가 합쳐져서 세상과 자신을 보는 개인적인 시각이 마련되고, 이 시각이 이번에는 세상과 자신을 보는 우리의 인식에 영향을 주는 겁니다. 다른 곳에서, 스스로 사랑받을 가치가 없다고 믿는 사람의 예를 들어서 이 쳇바퀴 구조를 설명한 적이 있습니다(88쪽 참조).

마음에 상처를 받아서 관계를 끊게 되면, 이 관계를 맺었던 상대와 자신에 대한 부정적 인식이 완전히 굳어집니다. 남편에게 다른 애인이 생겨 이혼한 부인의 경우, 이 체험은 그녀에게 '남자는 모두 사기꾼'이라는 결론을 내리게끔 합니다. 어쩌면 그녀는 자신이 매력도 없고 사랑스럽지 않다고 믿을지도 모릅니다.

한편, 인성 기능은 자아의 또 다른 기능에도 영향을 미칩니다. 우리가 우리의 예상에 들어맞는 행동만을 가능한 고려 대상으로 여기기 때문에도 그렇습니다. 어떤 사람이 마음을 상했다고 합시다. 그가 생각하기엔 틀림없이 상대가 자기를 거부한 겁니다. 그래서 모욕감을 느낀 그는 상대에게 등을 돌립니다. 둘 사이의 관계에서 축출당했다고 느끼니까요. 도대체 어떻게 된 영문인지 상대와 따져보는 방법도 있겠지만, 상대가 자신을 꺼려한다는 내사에 젖어 있어서 그런 생각은 떠오르지조차 않습니다. 이런 상황에서는 그 밖의 새롭고 긍정적인 경험을 자기 것으로 하기도 어려워, 자신에 대한 부정적 인상만 더욱 더 굳어집니다.

그러므로 자아의 인성 기능을 강화하는 것도 마음상함을 극복하는 길이 됩니다. 새로운 사람을 사귀고, 위험을 무릅쓰고라도 계속 남과 접촉하면서 새로운 경험을 통해 자신의 정체성을 넓혀가야 합니다. 폴 굿맨Paul Goodman은 바로 이것을 그때그때의 조건에 따르는 '창조적인 자아 적응'이라고 불렀습니다.[30] 이 적응 기능은 한번 마음을 다치면 크게 위축되게 마련입니다. "자기 발전이란 현재의 접촉 가능성과 그 가능성을 받쳐주는 자아의 기능을 발전 · 전개시켜 나가는 일"[31]에 다름 아닙니다.

비판은 실패자로 느끼지 않기 위해선 어떻게든 피해야 하는 일이라는 생각을 떨쳐버리고, 비판적으로 남이 말해주는 것을 생산적으로 받아들여 자기 체험의 지평을 넓히는 기회로 삼아야 합니다. "접촉이라는 진행 과정에서 중요한 것은, 바로 새롭고 창조적으로 일어나는 일들을 기꺼이 경험하고 놀라운 일들에 대해 마음을 여는 동시에, 집착하지 않고 신뢰하는 것입니다. 왜냐하면 자아라는 것은 완성품으로 타고나는 것이 아니라, 출생과 죽음 사이에서 끊임없이 발전하고 변화하는 것이니까요."[32]

· 쉽게 상처받는 예민한 마음 ·

얼마나 쉽게 상처를 받는가 하는 것은 사람에 따라 무척 다릅니다. 거의 무감각한 사람에서부터 아주 예민한 사람에 이르기까지, 그야말로 극에서 극까지 다양합니다. 이 방면에 예민한 사람들은 금방 모욕감을 느끼는 까닭에, 아주 사소한 일에도 토라져서 한동안 말도 걸 수 없습니다. 상대의 음성에 퉁명스러운 기가 조금만 있어도, 서운한 말 한마디만 들어도, 비난하는 듯한 눈초리만 보아도, 이들의 자존감은 대단히 상처를 받습니다.

이보다 덜 민감한 사람들은 그리 쉽게 상처를 받지 않습니다. 상대방이 한 말의 부정적인 내용을 그렇게 예민하게 받아들이지도 않을 뿐더러, 그 말을 곧장 자기와 관계된 것으로 생각해서 안절부절못하는 일도 없기 때문입니다. 그럼에도 누구나 마음을 다칠 수 있다는 것은 변함이 없습니다. 다만 정도가 다를 뿐이지요.

어떤 사람이 어느 정도로 상처를 잘 받는지 결정하는 요인으로는 여러 가지가 있을 수 있습니다. 어릴 때 경험한 거부와 심한 상처 같은 것이 이유일 때도 있습니다. 이 경우, 상처의 종류와 정도, 그리고 그로 인해 생긴 자존감의 상실 여부가 관건이 됩니다. 다른 한편, 일단 경험한 충격을 소화해내는 방법에 따라 예민성이 달라지기도 합니다. 이것은 다시금 부모와 자식 간의 유대감 같은 사회적 요소뿐만 아니라 아이의 타고난 성향과도 관계가 있습니다.[33] 아이의 정신적 발달에 영향을 미치는 유전적·생물학적 요인들, 이를테면 임신 중의 니코틴 섭취나 조산, 출산합병증, 대를 이어 내려오는 유전적 환경 등이 위에서 말한 '타고난 성향'에 속하는 것들입니다. 이러한 요소들이 합쳐져서, 아이가 자극에 어느 정도로 예민하게 상처를 받으며 내부의 충동과 느낌을 어떻게 조정할 것인지를 결정합니다.

위와 같은 관점은 순수한 심리학의 범주를 넘어서는 것이므로, 여기서는 그저 언급하는 것으로만 그치겠습니다. 상처를 쉽게 받는 성격이 유전적·생물학적 요인들과 관계된다는 사실이 아직 검증된 것은 아니므로 일반화해서 말하기엔 이르다는 것도 여기서 자세한 설명을 피하는 또 한 가지 이유입니다. 이제, 사회적 요소로 눈을 돌려볼까 합니다.

유대감에 관한 연구 결과를 통해서 우리는 감정적 유대, 특히 엄마와 아이 간의 유대가 인격 형성에 커다란 영향을 끼친다는 사실을 알고 있습니다. 다시 말해, 다툼이나 경제적 근심이 많고 정서적 안정감이 없는 등 문제가 많은 가정에서 정신적 부담을 잔뜩 지고 자라난 아이라 해도 그들의 마음을 잘 이해해주는 엄마가 있을 때는 이상 행동을 보이는 경우가 확실히 적습니다. 가장 중요한 보호자인 엄마가 아이의 마음을 잘 받아준 덕분에 아이는 정서적 안정감을 얻게 되고,

이 안정감이 건강한 자기 신뢰를 형성하게 하기 때문입니다.[34]

엄마와의 유대감을 경험하면서 아이에게는 자신에 대한 좋은 인상, 자존감, 자신의 능력에 대한 확신이 생길 뿐만 아니라, 주변 사람들이 선하며 그들이 자신을 도와줄 거라는 믿음이 뿌리내리게 됩니다. 인성 기능은 바로 이러한 체험을 바탕으로 생겨납니다.

어릴 때 경험한 유대감을 토대로 아이의 기대나 감정, 시각과 행동 모형이 발전하는데, 나중에 어른이 되어 헤어짐이나 버림받음 같은 어려운 상황에 처할 때 바로 이런 요소들이 이 사람의 대처 방식을 결정하게 됩니다. 또한 이 유대감의 체험[35]은 아이가 자기 내면의 상태와 외부 환경 사이에서 균형을 잡아가면서 대인 관계의 거리를 조정하도록 도와줍니다. 아이를 엄마에게서 떼어놓으면 아이는 엄마 가까이 있기 위해 울며 소리지르거나 엄마에게 매달리고 엄마를 따라가는 등 유대 행동 양식을 보입니다. 이 시도가 성공하면 아이는 정서적인 안정을 되찾는 동시에, 세상과 자기 자신을 탐구해 나갈 자신감까지 얻게 됩니다. 그리하여 접촉 주기가 완결되면서, 아이가 쾌감을 얻는 것으로 끝나게 되지요.

아이의 유대감 체험이 이렇게 대인 관계에서의 거리 조정이나 자율성 욕구가 만족되는 쪽으로 이루어지는 경우, 아이는 헤어질까 봐 불안해하는 일 없이 남과 적당히 가까워질 줄 알고, 남을 신뢰하는 안정된 유대 방식을 형성하게 됩니다.[36] 그러나 이것이 부정적이고 아이를 좌절시키는 방향으로 이루어진다면, 아이는 아예 엄마에게서 떨어지지 않으려 하거나, 불안한 태도로 남을 피하고 꺼리게 됩니

	헤어짐에 대한 불안이 별로 없음 (긍정적 자기 모형)	헤어짐에 대한 불안이 뚜렷하게 자리잡음 (부정적 자기 모형)
남과 가까워지려고 노력함 (긍정적 타인 모형)	자신감	매달림
남과 가까워지는 것을 꺼림 (부정적 타인 모형)	거부함	겁에 질려 피함

다. 그 이유는 헤어짐뿐만 아니라 남과 가까워지는 것을 두려워하고, 다른 사람을 신뢰하지 못하기 때문이지요.[37]

유대감을 표현하는 행동 양식은 그 내용에 따라 다음의 네 가지로 측정해볼 수 있습니다.[38]

    1 · 헤어짐에 대한 불안

    2 · 가까워짐에 대한 불안

    3 · 인간 관계에서의 신뢰 결여

    4 · 독립에 대한 욕구

네 가지 영역 모두에서 수치가 높아진다는 것은 다음과 같은 의미가 있습니다. 버림받을 것을 두려워함. 이것은 부정적인 자아상, 겁에 질려 매달리는 행동을 하는 경향이 있음을 뜻합니다. 2)남과 가까워지는 데 대한 불안. 3)퇴짜 맞을지 모른다는 불안 때문에 남을 온전히 신뢰하지 못함, 남이 자기를 받아줄 것이라고 믿지 못함, 남을 의심하는 경향을 나타냅니다. 4)독립에 대한 지나친 희구는 결과적으로 의존 상태를 잘 견디지 못하고 남과의 관계에서 책임지기를 거부하는 현상을 보이게 됩니다.

반면에 모든 항에서 수치가 낮아지면 헤어짐과 가까워짐을 별로 겁내지 않음, 불신이 적음, 자율성을 희구하는 마음이 적음을 뜻합니다. 이것은 다시 긍정적으로 자신을 평가하게 하며, 남과 가까워지고 싶은 현실적 욕구와 충분한 접촉 기능이 어우러져 정상적인 자율성을 갖게 해줍니다. 이런 사람은 자신에게 필요한 것, 좋은 것이 무엇인지를 정확히 판단할 줄 알며 그에 따라 행동할 수 있습니다. 또, 자기 자신과 남을 신뢰하는 자아관·세계관을 갖고 있습니다. 자존감, 신뢰와 협동의 관계, 자율성과 통제를 바라는 이들의 기본 욕구는 만족될 수 있는 성질의 것입니다. 이런 사람들에게는 버림받거나 퇴짜 맞을까 봐, 또는 경시될까 봐 겁을 내는 일이 비교적 적습니다.

이러한 결과를 보면, 앞 장에서 이론적으로 설명한 것이 옳다는 것을 알 수 있습니다. 즉 그것-기능, 나-기능, 접촉-기능 그리고 인성 기능은 단순히 나타났다 스러지고 마는 것이 아니라, 인간의 기본적인 욕구를 만족시켜서 통합된 자아를 형성하는 데 도움을 준다는 것입니다.

유대가 확실할 때 느끼는 안정감과 전인격의 발달은 불가분의 관계에 있습니다. 유대감을 확실히 가진 사람이 어떤 일을 경험할 때 마음을 다칠 위험성은, 유대감이 없어 불안해하거나 남을 기피하는 사람에 비해 훨씬 적습니다. 안정된 사람들은 자신이 어떻게 느끼며 무엇을 필요로 하는지를 잘 알고 있기 때문에 외적·내적 조건에 따라 매우 유연하게, 건설적으로 반응합니다. 자율성이 있기 때문에 다른 사람의 의견에 좌지우지되지 않으며, 비판을 받아도 자존감을 다쳐가면서까지 마음을 썩이지는 않습니다. 자신에 대해 알고 있고 또 자신을 객관적으로 평가할 수 있으니까요. 그러나 유대감이 불안정하고 남을 기피하는 경향이 있는 사람들은 자아의 이러한 창조적 적응력이 손상되어 있는 까닭에, 마음부터 다치게 되는 것이지요.

최근의 연구는 이러한 유대감의 확신이 사회화 과정, 특히 아이를 대하는 엄마의 섬세한 마음 씀씀이를 통해 결정적으로 좌우된다고 보고 있습니다. 부모의 이혼이나 가족 구성원의 신체적·정신적 중병 또는 죽음 같은 트라우마를 남기는 체험의 여부는 이와는 별도로 또 다른 본질적 영향력을 행사합니다.[39] 확고한 유대감을 체험한 아이가 그렇지 않은 아이보다 트라우마를 소화해낼 수 있는 능력이 더 뛰어날 것이라는 점을 짐작하기는 어렵지 않습니다. 자아가 훨씬 안정되어 있어서 거부나 상실, 헤어짐 같은 힘든 체험을 더 잘 견뎌낼 수 있을 테니까요. 이들은 자신과 자신의 보호자를 내심 긍정적으로 보고 있기 때문에, 버림받아 혼자 남아 있는 시기를 더 쉽게 참아낼 수 있는 겁니다.

한편, 이 유대감에 대한 확신이 마음의 상처 때문에 줄어드는 경우도 있는데, 정서적 착취라고 설명했던 경우에서 이것이 잘 나타납니다. 자기가 가장 좋아하고 가깝게 느꼈던 사람에게 신뢰를 주었다가 배반당한 아이는 자신의 느낌과 지각을 불신하게 됩니다. 따라서 자신의 인격과 요구가 이해심 있게 받아들여지는 경험을 하기는커녕 거꾸로 부모의 욕구를 채워주는 사람이 되어갑니다. 그 결과 인간 사이의 유대란 것을 믿을 수 없게 되어 다른 사람의 반응에 얽매이게 되지요. 결국 마음을 다칠 가능성이 무척 높아집니다.

유대감에 대한 연구는, 아이의 성장은 생애 첫 순간부터 주변 환경과의 상호 작용에 의존함을 종합적으로 보여줍니다. 환경이 아이에게 영향을 미치듯 아이도 환경에 영향을 미칩니다. 이렇게 서로 영향을 주고받는 가운데 자기가 영향력을 크게 행사할 수 있는 첫번째 관계 체험을 하는데, 이것은 이후 이 사람의 인간 관계를 이루는 근본 모형이 됩니다. 트라우마나 불확실한 유대감은 자존감이 불안정한 만큼 자아의 발전을 저지하므로, 이러한 사람이 훗날 마음에 상처를 받을 가능성은 엄청나게 높아집니다. 그런 경우 어떤 일을 했다가 퇴짜를 맞으면 곧장 자존감이 감소하는데, 이러한 현상은 외부에서 긍정적인 반응을 보일 때에만 완화될 수 있습니다.

그럼에도 불구하고 우리가 잊지 말아야 할 점은, 인간은 결단을 내릴 자유가 있으며, 따라서 퇴짜에 그냥 힘없이 내팽개쳐지기만 하는 존재가 아니라는 겁니다. 『정서적 행위 이론Theorie des emotionalen Handelns』에서 네빌 사이밍턴이 다음과 같은 명제를 제시한 것도 그런 이유에서일 겁니다. 그의 명제에 따르면, 자기 인생에서 맞닥뜨리는 일에 반응하는 방법은 사람에 따라 다르고, 트라우마를 처리하는 방법 또한 각양각색이라고 합니다. 평소에 그 사람이 마음에 받은 상처를 어떻게 해결해왔는가에 따라 트라우마를 해결하는 방법도 다르다는 것이지요. 예를 들어 삶에서 등을 돌리는 것이 트라우마적 삶의 조건에 대응하는 방식이 될 수도 있습니다. 그런 사람들이 가끔 있지요. 그런데 삶에 등을 돌리는 쪽을 택하는 사람이라면 삶을 향해 돌아설 수도 있는 겁니다. 마음이 상해서 상대방을 다시는 보지 않겠다고 결심하는 사람이라면, 관계를 유지하면서 상대를 계속 존중하는 쪽을 선택할 수도 있는 것이지요. 심리 치료가 변화시킬 수 있는 부분이자 마음의 상처를 이겨내는 방법은 바로 이 선택 가능성이라는 토대 위에 자리합니다. 설사 우리가 그것을 지금 실천할 수는 없다 하더라도, 선택은 항상 가능한 것이니까요.

· 마음의 상처로 인해 병이 나고
─병 때문에 마음을 다친다 ·

'마음상함Kräkung(또는 마음의 상처)'와 '병든krank'이란 말은 중세 고지 독일어의 'kranc'라는 공동 어근에서 나왔습니다. 이 말은 '가느다랗다' '보잘것없는 양이다' '약하다' 등을 뜻하는데, 동사형인 'kräken'은 약화시키다, 감소시키다, 손상시키다, 말살하다, 괴롭히다, 굴욕감을 갖게 하다는 뜻입니다.[40] "약하고 쓰러지기 쉬우며 탄탄하지 못하면…자격지심이 생기고 용기가 없어지며 삶의 의미마저 잃어버리게 된다."[41]

마음을 다치는 것은 항상 병 드는 것과 관계가 있습니다. 마음을 다쳐서 몸에 병이 나고, 병이 들었기 때문에 마음상함을 경험하는 식으로 말입니다.

심인성 의학을 통해 우리는 몸과 마음의 진행 상태가 서로 어떤 관계를 맺고 있는지 알고 있습니다. 마음에 병이 들어 몸에까지 병이 생기는 경우에서 이 관계가 잘 드러나지요. 위염이나 두통, 심장마비, 면역력 약화, 피부병, 요통, 그 밖의 여러 가지 병들이 이러한 증상으로 잘 알려져 있는데, 신체적 요소 외에 심리적 요소가 병의 커다란 원인이 되는 경우들입니다.

베로니카 헤르프스트는 사십대 중반의 여성인데, 만성 기침 때문에 벌써 몇 해째 의사의 치료를 받고 있었습니다. 상태가 무척 좋을 때도 가끔 있었지만, 오래가지 않아 어김없이 가슴에 다시 어마어마한 압박감과 고통을 느끼곤 했답니다. 약은 점점 더 효과가 떨어졌고, 상태는 호전되지 않았습니다. 그러다가 가정에 심한 갈등이 생겼고, 마침내 그녀는 심리 치료를 받겠다고 결심하였습니다. 상담을 시작하자마자, 그녀가 기침을 심하게 하는 것은 예외 없이 압박감을 느낄 때, 즉 가정사 때문에 긴장을 겪을 때라는 사실이 밝혀졌습니다.

베로니카가 그때까지 살아온 세월은 마음을 다치고 퇴짜맞은 경험으로 점철되어 있었습니다. 이미 어린아이 때부터 엄마의 관심을 끌기 위해 오빠와 경쟁을 했지만, 한 번도 이겨본 적이 없었습니다. 그녀는 아주 부지런하고 공부도 잘했기 때문에 엄마와의 관계는 좋은 편이었습니다. 하지만 항상, 충분히 인정받지 못하고 있다는 느낌으로 살아왔습니다. 그녀가 잘하는 것은 항상 당연한 일로 여겨지거나, 더 잘할 수 있었는데 그만큼 안 되었다고 무시되었습니다. 베로니카가 죽을 힘을 다해 노력한 것으로도 충분하지 않다는 식이었지요. 오빠는 그녀를 자기에게 도저히 맞설 수 없는 '한낱' 계집애라고 얕잡아 보았습니다. 어른이 된 후 벌써 칠 년째 이 오빠와는 완전히 연락을 끊고 살아오던 참이었습니다. 게다가 아빠는 베로니카가 아직 어릴 때 세상을 떠났으니, 그녀는 아빠를 전혀 몰랐다는 편이 맞을 겁니다.

여자라고 무시당하는 일은 결혼 생활에서도 계속되었습니다. 남편에 비해 열등하다고 느꼈기 때문에 살림을 완벽하게 해내고 어려운 사람들을 도와줌으로써 인정을 받으려 노력했습니다. 그런 사람들과 아이들을 위해 자신을 희생했지만, 그들에게 아무런 감사도 받지 못했습니다. 그러자 자신이 이용당했으며, 자신이 남들을 위해 한 일이 제대로 기려지지 않았다고 생각하게 되었습니다. 그리하여 베로니카는 삶에 대해 점점 더 경직된 태도를 취하게 되었고, 생기를 잃어갔습니다. 삶과 힘차게 연결되어 있는 것이 아니라, 움직임 없는 죽음의 세계로 후퇴해 가고 있다고 느꼈습니다. 생명을 공급하는 상징인 숨, 그 숨을 쉬기가 힘들어졌습니다. 그리고 그토록 얻으려고 애썼으나 결국 얻지 못한, 주위 사람들의 인정을 위해 더 이상 싸울 기력도, 의욕도 사라졌습니다.

그러한 문제가 그녀에게 육체적인 병의 모습으로 나타난 것이 나에게는 조금도 이상하지 않았습니다. 그 병은 말 그대로 그녀의 '숨을 앗아가는' 병이었으니까요. 그녀가 마음으로는 도저히 소화해낼 수 없었던 그 수많은 상처들에 대해, 이번에는 몸이 반응한 것이었습니다.

당시 그녀가 심리 치료실을 찾게 된 계기는 아들과의 말다툼이었습니다. 엄마는 자기를 도무지 놓아주지 않고 사사건건 간섭하려 든다고 아들이 불평했던 것입니다. 이 거부가 통에 가득 찬 물을 넘치게 하는 마지막 한 방울의 역할을 하여, 베로니카는 마침내 도움을 찾아 나서게 된 것이었습니다. 지금까지 시달려왔던 마음상한 일들을 한켜 한켜 찾아내 벗겨가면서 그와 연결되었던 아픔을 표현할 수 있게 되자, 몸의 증상도 조금씩 나아지기 시작했습니다. 그렇게 하여 베로니카는 새 삶을 위해 숨쉴 수 있는 공간을 확보해 나갈 수 있었습니다.

이 예에서 보듯, 어떤 병이 실제로 무엇을 의미하는지 알아내는 것은 증상의 치료에 큰 도움이 됩니다. 그 병을 다른 의미의 맥락에 끼워 넣은 후, 외부에서 비롯한 것이 아닌 자아 표현의 하나로서 증상을 관찰해보아야 합니다. 병을 통해 표현되는 마음, 이것이 내담자에게는 매우 중요한 의미를 갖습니다. 왜냐하면 이러한 내면의 움직임은 오로지 병이라는 형태를 띨 때에나 겨우 주의를 끌 뿐, 보통은 전혀 의식되지 않은 상태로 존재하기 때문입니다.

병이 난 책임이 그 개인에게 있다는 말은 절대 아닙니다. 그것은 자기 자신을 이해하는 행위이고 마음과 몸의 일치를 이루는 행위입니다. 내담자는 병을 자기 것이 아닌 이물질로 간주하고 무조건 없애려고만 하는 대신, 자기 내면을 살펴봄으로써 자신과 자신의 병에 대한 통찰을 얻게 되고, 이러한 통찰은 병이 낫는 데 큰 도움이 됩니다. 상처로서 지각되지 못하거나 억눌릴 때, 마음에 입은 상처는 육체적 증상으로 자신을 드러냅니다. 내면에서 이것을 소화해낼 수 없는 상황에서, 어떻게든 완결시키기 위해서 몸을 통해 문제를 제기하는 방식을 택하는 것이지요. "사람이 입을 다물고 감정을 완전히 차단하면서 억누르고 있는 감정을 몸이 표현합니다."[42] 따라서 병을 다만 육체적 증상으로만 볼 뿐 그것이 정작 표현하고자 하는 마음의 갈등을 간과해버린다면, 우리는 전인격적 치료 기회를 놓쳐버리는 셈입니다.

"육체의 병이라는 것이 사실은 마음에 입은 상처를 상쇄하려는 노력일 때가 많습니다. 내면의 상실감을 다독거린다거나, 자신도 미처 의식하지 못한 갈등을 해결하는 식으로 말입니다. 그럴 경우 육체적 고통을 겪는다는 것은 마음의 자가 치료 행위인 셈이지요."[43]

아래에서 나는 여러분과 함께 어떤 실습을 해보려고 합니다. 마음 상함을 겪는 일이 육체적 차원에서 흔적을 남긴다는 사실, 또 그런 현상이 과연 어떻게 일어나는지를 여러분이 직접 경험해보게 하는 것이 이 연습의 목적입니다.

자, 이제 여러분이 마음을 다치는 상황을 상상해보십시오. 거부든 비판이든, 누군가가 한 말이든, 아니면 그저 마음에 거슬리는 어떤 상황이든, 어떤 것이어도 좋습니다. 방금 일어난 일이어도 괜찮고 아주 오래 전 일이라도 상관없습니다. 어쨌든 그 일 자체에 정신을 집중해보십시오. 그게 언제였습니까? 그때 당신은 몇 살이었고, 어디 있었나요? 당신의 마음을 아프게 한 사람은 누구였나요? 그 일이 일어났던 당시, 다른 사람들도 그 자리에 있었나요? 그 장면은 어떻게 끝이 났나요? 그 일이 있은 후 당신 마음을 상하게 한 사람과 당신의 관계는 어떻게 변했나요? 당신의 상황을 되도록 생생하게 눈앞에 그려보십시오. 그래야 당신의 상처난 마음을 다시 체험할 수 있습니다.

그러면서 당신의 몸을 주의해서 살펴보십시오. 당신은 지금 어떻게 앉아 있습니까? 편안한 자세입니까? 아니면 잔뜩 긴장해 있습니까? 빳빳하게 당겨지는 것은 어느 근육이고, 아픈 부위는 어디입니까? 꽉 힘을 주고 있는 곳은 몸의 어느 부위입니까? 숨쉬기는 어떻습니까? 얕고 밭은 숨입니까, 아니면 깊은 숨입니까? 옛날의 마음아팠던 일을 기억해낼 때 당신의 몸이 어떻게 반응하는지 느낄 수 있습니까? 몸에게 한번 물어보십시오. 이 기억을 어떻게 느끼고 있는지. 그리고 몸의 반응을 잘 관찰해보십시오.

이제 이 체험을 집약적으로 느낄 수 있도록 몸이 지금 취하고 있는 자세를 강화시켜보십시오. 이로 인해 아주 크게 영향을 받아서 우리가 '힘을 잔뜩 주는' 곳은 몸의 어떤 기관, 어느 근육입니까? 팔다리 어느 부분입니까? 마음이 언짢을 때 몸은 아주 여러 가지 방법으로 반응합니다. 숨이 갑자기 느려지거나 멈출 때가 있는데, 이 경우에는 가슴이 압박감을 느끼게 됩니다. 등이나 뒷목, 또는 사지가 빳빳해지거나 어깨가 치켜 올라가기도 합니다. 위가 사방에서 조여들거나 위벽이 떨릴 때도 있는데, 이는 주로 불안할 때 생기는 현상입니다. 시선이 경직되고 심장에 통증이 오며, 가슴 부위가 땡깁니다. 목구멍에 덩어리가 하나 걸려 있는 건, 슬픔이나 화를 나타냅니다.

몸의 경직 상태나 당신의 느낌을 분명히 감지한 다음에는, 다시 몸을 편하게 하십시오. 아까와 지금의 상태 차이를 분명히 인식하면서,

숨쉬기에 주의를 집중해보십시오. 몸의 자세를 변화시키는 데 따라 당신의 느낌도 변해가는 것을 눈으로 보듯 느낄 수 있을 겁니다.

이 실험을 통해서, 당신이 마음에 상처를 받을 때 몸의 어느 부위가 어떤 식으로 그것을 표현하는지 체험했으리라 믿습니다. 마음상함이 표출되는 방식은 사람에 따라 다르지만, 어떤 경우에도 공통점이 있습니다. 즉, 몸 전체가 퍼뜩 놀라면서 방어와 보호 준비를 갖춘다는 것입니다. 마음의 상처가 아무 흔적 없이 우리의 몸과 마음을 스쳐 지나가는 법은 없습니다. 몸 어디가 뻣뻣해지거나, 아니면 정말 병이 되어서라도 마음상함은 눈으로 볼 수 있도록 물질화됩니다.

물론 육체의 병이 모두 마음상함에서 비롯된 것이라고 볼 수는 없습니다. 하지만 거꾸로, 병을 앓는 것이 내담자의 마음을 상하게 하는 것만은 틀림없습니다. 게르트 오버베크Gerd Overbeck가 '병과 병자의 자아'에 관해 다음과 같이 쓰고 있는 것도 그 때문입니다. "병은 마음상함과 관계가 있다. 이때의 마음상함이란 마음에 받는 상처를 뜻한다. 이상이 좌절될 때, 특정한 목표를 포기해야 할 때, 능력이나 재능·성별 또는 그 밖의 이유로 해서 자기가 품어왔던 자아상과 결별해야 할 때, 마음은 상처를 입는 것이다."[44]

어느 날 갑자기 심한 육체적 고통에 맞닥뜨리게 되면 사람들은 먼저 "하필이면 왜 내가 이 병을 앓아야만 하지?" 하고 묻습니다. 이 문장은 참으로 여러 가지를 말해줍니다. 병이 들었다는 사실에 대한 경악, 앞으로 어떻게 될까, 다시 건강해질 수 있을까 하는 불안, 자기 인생에 불현듯 그런 일이 생긴 데 대한 의아함, 모든 것이 지금까지 계획했던 대로 이루어질 수 없다는 데 대한 실망, 운명에 대한 분노 그리고 그런 불행이 다른 누구도 아닌 바로 자신에게 닥쳤다는 사실에서 느끼는 마음상함 등이 이 문장에 내포되어 있습니다.

　병이 든 것을 마음으로 받아들이기까지, 사람들은 여러 단계를 거치게 되어 있습니다.[45] 그 사실을 인정하고 싶지 않아서 이 운명의 장난을 아예 부정해버리려는 첫 단계 반응은, 너무나 충격을 받아서 감정이 마비된 상태를 보여주는 것입니다. 생명을 계속 유지하기 위해, 그것-기능인 느낌은 여기서 잠시 작동이 멈추거나 아니면 최소한으로 줄어듭니다. 이 일로 해서 느끼는 고통과 불안이, 도저히 참아낼 수 없을 만큼 크게 여겨지기 때문이지요. 병들었음을 인정하면 이번에는 자존감이 크게 상처받게 됩니다. 지금까지 자신은 건강하고 날씬하며 잘생겼다고 느껴왔으니까요. 얻고자 애쓰던 가치를 이제는 결코 실현할 수 없다는 것은 마음에 정말로 깊은 상처를 내기 때문에, 내담자는 어떻게 해서든 이 아픈 곳을 눌러서 감추려 합니다.

　이런 마음상함은 안절부절못함, 무력감, 절망, 분노, 불안, 고통 그리고 이 일에 책임이 있는 사람을 찾아내고자 하는 심정과 이어져 있습니다. 이때 책임을 물을 사람으로는 내담자 자신도 예외가 아닙니다. 병으로 인한 마음상함을 이겨내기 위해서는 성한 몸을 그리워하며 서러워하는 감정에서 벗어나야 합니다. 몸으로써 표현할 수 있는 다양한 가능성과 아름다움에 대한 이상뿐만 아니라, 삶 자체에 대한 기대까지 모두 사라졌음을 충분히 슬퍼할 수 있어야 한다는 말이지요. 이 경우 슬퍼한다는 것은 상실이나 운명의 일격을 현실로 인정하고, 그로 인해 받은 고통과 절망감을 현실로 느끼면서 표현하는 것을 가리킵니다. 그러면 표현의 마지막 단계에서, 이러한 애도 행위의 결과물로서 자신 또는 세계와의 새로운 관계가 탄생할 수도 있습니다. 마음이 다시 세상을 향하여 열리고 더 이상 모든 일을 운명의 탓으로 돌리지 않게 된다면 말이지요.

애도 과정에서 얻은 체험을 자기 것으로 하는 것은 인성을 풍부하게 하고 변화된 상황에 새롭게 대처할 수 있게 해줍니다. 이것은 불안이나 절망, 고통을 다시는 겪지 않게 된다는 말이 아닙니다. 고통을 겪는 사람이 그런 것에 사로잡혀 있는 대신 오히려 고통을 자기 것으로 할 줄 안다면, 그 체험을 통해 마음이 성장할 것이라는 얘깁니다. 운명 때문에 산산조각나는 대신 말입니다.

제3부

◉

관계에서 일어나는 마음상함이란 사건

우리는 서로에게 과도한 기대로서 존재한다.
그러지 않으려면 자신을 사랑해야 한다.

- 앙드레 헬러 Andre Heller

· 마음상하게 하는 사람과 마음상한 사람
—서로를 필요로 하는 두 사람 ·

"실제의 삶이란 모두 만남"[1]이며 사람은 그 만남 없이 살아갈 수 없습니다. 우리는 이 땅에 존재하는 그 순간부터 다른 사람에게 의존하게 되므로, 우리의 삶이란 관계를 통해서 이루어진다고 할 수 있지요. 생존에 필요한 조건을 남의 힘을 빌려서 채울 수밖에 없는 젖먹이와 어린아이의 경우만 그런 것이 아닙니다. 마르틴 부버Martin Buber의 말대로, 오로지 "네가 있음으로 해서 내가 되는"[2] 어른도 이 점에서는 마찬가지입니다. 이 말은 우리가 자신을 발전시켜가고 본래의 자신을 찾기 위해서는 다른 사람, 즉 너와의 만남이 필수적이라는 뜻입니다. 우리의 인성이라고 할 수 있는 것은 다른 사람과 자꾸 관계를 맺어가는 가운데 발달하기 때문이지요.

"사람이 다른 사람에게로 향하는 것은 그 존재의 중심을 이루는 요소로, 태어날 때 이미 이러한 성향을 지니고 있습니다."[3] 발달심리학[4]

에서는 인간을 태어나는 순간부터 근본적으로 사회적인 존재로 봅니다. 남과의 관계를 능동적으로 추구하고 유지해 나가는 존재이지, 수동적으로 체험하지만은 않는다는 것입니다.

마음이 상하는 현상 역시 사회적인 현상, 상호 관계적인 현상입니다. 다른 사람이나 세상과 상호 교류하는 인간에게서만 나타나는 현상이지요. 마음이 상하기 위해서는 마음상한 사람 외에도 이 사람 안에 마음상함을 일으키는 또 다른 사람, 즉 상처를 내는 사람이 필요합니다. 코앞에서 놓쳐버린 지하철의 예에서 보듯, 상처를 입힌 그 사람이 반드시 눈앞에 있어야 할 필요는 없습니다. 지하철 운전자가 더 기다려주지 않았다는 그 사실 하나만으로도 급히 달려온 승객을 언짢게 하기에는 충분하며, 그래서 승객은 한번도 본 적이 없는 운전자에게 화를 내는 겁니다. 모르는 사람이지만 운전자에게 책임을 덮어 씌운 후, 자신의 불만을 거기에 쏟아붓는 것이지요.

이와는 달리, 가해자와 피해자가 각각 한 명씩 분명한 경우가 있습니다. 이런 방식으로 양자는 서로 종속되어 있고 서로가 서로에게 의존합니다. 아주 건강한 관계는 아니지요. 그리고 이런 관계는 대개 깨지고 맙니다.

상대에게 나를 이해하는 마음이 전혀 없다는 느낌이 들 때 마음상함은 발생합니다. 마크 리어리Mark Leary는 연구를 통해 다음과 같은 사실을 밝혀냈습니다. 즉, 상대가 나와의 관계를 내가 중시하는 것만큼 소중히 여기지 않는다고 느껴질 때 마음이 언짢아진다는 것입니다. 상대가 의리를 저버렸다는 느낌 때문에 마음이 상하는 것이지요.

우리와 가까운 사람일수록, 그와의 관계가 신뢰에 가득 찬 것일수록, 우리가 마음을 심하게 상할 가능성은 커집니다. 가까운 관계일 경우 우리는 상대가 자신에게 항상 호의적일 것이라고 믿기 때문에, 이 기대가 깨졌을 때 상심하는 겁니다.

물론 이것은 상대가 우리를 좋아하고 존경한다는 것을 증명하기 위해서 어떻게 해야 하는지를 우리가 알고 있다는 것을 전제로 합니다. 그리고 보통 우리는 그것을 아주 잘 알고 있습니다. 심지어 우리가 왜 그렇게 충격을 받았는지 전혀 영문을 모르고 있는 상대보다 더 잘 알고 있을 때도 종종 있지요. 사람들은 누구나 살아가면서 애정이나 존중, 수용에 대한 나름대로의 가치관을 만들어 나갑니다. 그 결과, 상대도 우리와 생각이 같으므로 우리가 무얼 필요로 하는지 잘 알고 있다고 굳게 믿지 않을 수 없습니다. 그래서 그것이 어그러지면, 상대가 악의를 품고 있는 거라고 우선 의심부터 하는 겁니다. 상대가 우리를 거부하고 더 이상 좋아하지 않는 것이 바로 그 증거가 되지요. 마음을 다친 우리는 언짢은 마음으로 돌아섭니다. 상대는 다만 우리와 생각이 다를 뿐, 어떤 특정한 상황에서 우리에게 무엇이 중요한지를 전혀 모를 수도 있다는 건 상상조차 할 수 없습니다. 이런 생각만 할 수 있어도 언짢음을 없었던 것으로 하고, 신뢰의 위기라고 오해했던 것을 건설적인 만남으로 충분히 변화시킬 수 있을 텐데 말입니다.

상대가 나에게 애정이 없다는 의심이 들자마자 우리는 즉시 화난 사람으로 변합니다. 상대가 고의로 내 마음을 상하게 한 것이 아니었다 해도 마찬가지입니다. 어쨌든 나는 그가 잘못한 것으로 여깁니다. 이것을 모욕으로 받아들인 상대가, 이번에는 이 모욕에 대한 반격을 시도합니다. 그런데 나에겐 바로 이 반격이야말로 내 짐작이 옳았다는 증거가 됩니다. 그는 이젠 정말로 나를 좋아하지 않는 거야, 하고 말입니다.

얼마나 많은 관계들이 이러한 오해 때문에 망가지고 마는지 모릅니다. 우리의 고정된 기대, 그리고 그 기대가 반드시 채워져야 한다는 우리의 요구가 낳은 오해로 말입니다.

이레네 마이어의 인간 관계는 바로 이런 오해들로 점철되어 있었습니다. 남이 자기를 떠나버릴지도 모른다는 불안감이 오해를 불러일으켰던 겁니다. 이제 우리의 기억을 한번 더듬어봅시다. 이레네 마이어는 조부모 손에서 자라면서 일찌감치 손아래 동생들을 돌봐야 했던 그 사람입니다. 자신을 인정해주는 사람도, 자신이 뭘 원하는지 관심을 가져주는 사람도 없는 것을 괴로워하면서 이레네는 지금까지 살아왔습니다. 어릴 때 엄마와 아빠가 오랫동안 집을 비우는 일이 거듭되자 이레네는 부모가 자기를 싫어한다는 느낌을 갖게 되었습니다. 자기는 중요하지 않은 존재라서 언제나 혼자 내버려둔다고 생각한 것이지요.

성장한 후의 남녀 관계도 이러한 그녀의 생각을 더욱 굳혀주는 것들뿐이었습니다. 걸핏하면 애인이 떠나버려서, 이런 경험을 자기가 사랑받을 자격이 없는 증거라고 해석했습니다. 남자들이 떠난 근본적인 원인이 자신의 외모나 몸매에 있다고 보았기 때문에, 있는 그대로의 자기 몸을 자신의 일부로 받아들이지 못한 겁니다. 밥을 먹지 않는 것도 이 몸을 자기 마음대로 부리려는 시도였습니다. 아주 날씬하고 예뻐지면 절대 자기를 버리지 않을 남자를 발견하게 될 거라고 믿었지요. 새로운 상대를 만날 때마다 그녀는 매력적이고 멋진 여자가 되기 위해, 상대의 마음에 꼭 들기 위해 애썼습니다. 나름대로 남자가 이상적인 배우자에게 바랄 만한 것은 모두 다 해보았지만, 사랑한다는 분명한 표시라고 느낄 만한 것을 남자한테서 받아본 적은 한 번도 없었습니다. 그녀가 남자의 태도를 평가하는 기준은 단 하나, 그가 자기를 사랑하느냐, 사랑하지 않느냐는 것이었습니다. 그녀는 그가 하는 일이든 하다 중단한 일이든 모두, 그가 자기를 어떻게 생각하는가 하는 관점에서 해석했습니다.

최근 애인과도 역시 이런 태도 때문에 문제가 생겼습니다. 사실 토마스와의 관계는 이레네가 아주 편안하게 느끼는, 좋은 관계였습니다. 그러나 그가 그녀를 모른 척하거나 그녀의 기대를 저버릴 때마다 그녀는 심한 불안에 빠졌지요. 그러면 즉시, 그가 이제 자기에게 관심이 없으며 자기는 이젠 토마스의 마음에 들지 않는 것이라는 생각을 갖게 되었습니다.

언젠가 그가 몇 달 동안 여행을 떠났을 때, 두 사람은 겨우 전화로만 연락을 취한 적이 있었습니다. 이레네는 토마스에게 자기를 그리워한다는, 떨어져 있어 그녀 못지않게 슬프다는 말을 듣고 싶었습니다. 그러나 그는 그곳에서 아주 편안하게 지내고 있다고 했습니다. 토마스가 자기 없이도 잘 지내고 있다는 사실이 그녀를 당혹스럽게 했습니다. 그녀는 결국, 토마스는 자기를 필요로 하지 않으며 자기 없이도 잘 살 수 있다는 결론을 내렸습니다. 그러고 나니 불안해졌습니다. 그가 자기와 멀어져 다른 여자를 사랑하게 되고, 관계를 끝내려 할지도 모른다는 생각이 든 것이지요. 그래서 전화를 할 때마다 그의 목소리를 아주 주의 깊게 신경을 써서 들었습니다. 아직도 자기에 대해 좋은 감정을 갖고 있는지 살폈던 것이지요. 그녀가 전화한 것을 전혀 반가워하는 눈치가 아니든가, 통화할 시간이 없다고 하면, 이레네는 당장 그것을 자기에 대한 거부로 받아들여서 마음이 상했고, 그래서 그에게 또 억지를 부리게 되었습니다. 전화 통화가 다툼이나 긴장된 분위기로 막을 내리는 경우가 잦아졌고, 이것은 버림받는 데 대한 그녀의 두려움을 더욱 부추겼습니다. 그와 함께, 두 사람이 헤어질 가능성도 실제로 커진 것은 물론입니다.

근본 문제는 자기가 마음에 상처를 받은 데 있으며, 그 이유는 그가 자기를 그리워하는 정도가 자기가 그를 생각하는 것에 미치지 않았고, 그리고 이것을 자기에 대한 거부로, 별로 중요하지 않은 사람이어서 그가 자신을 함부로 하는 것이라고 해석했기 때문이라는 것을 알고 나자, 이레네는 토마스에 대한 자신의 감정을 다른 식으로 표현할 수 있게 되었습니다. 마음을 다친 데서 오는 분노에 사로잡혀 있는 대신 토마스에게, 그가 없어서 얼마나 쓸쓸했는지를 이야기했습니다. 그가 하고 있는 일에 관심을 보이면서, 다시 만날 날을 손꼽아 기다린다고도 말할 수 있었습니다. 자기 마음의 상처로 인해 모든 것을 거부로 해석하는 대신, 그를 향한 자신의 사랑을 다시 느끼고 보여주기 시작한 것이지요.

그러나 토마스가 돌아왔을 때 이레네는 다시 한 번 마음을 다쳤습니다. 그가 무척 보고 싶었기 때문에, 그녀는 자신들의 재회를 무척 아름답게 상상했습니다. 한데 그는 예상보다 늦게 돌아왔습니다. 몹시 실망한 이레네는 그가 자기에게 다시는 돌아오지 않을 거라는 생각까지 하게 되었습니다. 그러자 순간 화가 폭발하면서 그를 비난하는 마음이 생겼습니다. 나를 이렇게 한없이 기다리게 하다니, 도대체 어떻게 나한테 이럴 수가 있는 거지? 하고 말입니다.

마음이 아파오는 게 느껴졌습니다. 자신이 상대의 배려를 전혀 받고 있지 못할 뿐만 아니라 함부로 취급되고 있다는 생각이 들었습니다. 어렸을 때의 아픈 상처가 다시 되살아나면서 그 옛날의 온갖 느낌들이 몰려왔습니다. 혼자 남겨져 공포에 떨던 일, 끝없는 허공으로 떨어져가던 느낌. 바로 그 순간 이레네는 토마스와 헤어지고 말았습니다. 그와 긍정적인 관계를 유지한다는 것이 그녀에게는 불가능한 일이었습니다. 그 대신, 노여움과 경멸이 넘쳐났습니다. 어찌나 분노했는지 다시는 보고 싶지조차 않았습니다. 그가 돌아온 데 대한 기쁨과 그를 향한 사랑은 더 이상 느낄 수 없었고, 마음을 다친 아픔만 그녀를 뒤덮었습니다. 마음상함에 너무도 강력하게 사로잡힌 나머지, 그녀는 차분히 생각할 수조차 없었습니다. 아마도 차분히 생각할 수 있었더라면 홀로 남겨진 옛날 그 어린아이의 눈으로가 아니라 이제 다 자란 어른의 눈으로 이 상황을 볼 수도 있었을 텐데 말입니다.

토마스는 또 어떻게 느꼈을까요? 이레네가 그렇게 버럭 성을 내면서 자기를 물리치는 바람에 그는 그대로 마음이 상했습니다. 그 역시 이레네를 다시 만나기를 고대하면서, 명랑하고 사랑스럽게 그녀가 자기에게 다가와주기를 바랐기 때문에, 죄책감이라곤 전혀 느끼지 않았습니다. 늦게 돌아온 것은, 일부러 그런 것도 아닌 데다가, 일단 왔으면 됐지, 언제 왔느냐가 도대체 뭐 그리 중요한가 싶었던 것이지요. 오히려 이레네가 자기를 이해하지 못하고, 그녀를 향한 자신의 애정을 우습게 안다고 느끼면서, 등을 돌려버렸습니다. 이미 그녀가 전화로 원망 섞인 말을 할 때부터 어안이벙벙하고 기분이 상했던 토마스였습니다. 항상 자기 마음에 꼭 맞게 대해 달라는 그녀의 암묵적인 요구를 들어줄 수도 없었고, 그럴 생각도 없었습니다. 그녀의 힐책과 의심은 그로 하여금 관계에서 완전히 뒷걸음질치게 만들었습니다. 도덕적 압박감과 인격이 깎인 듯한 느낌이 들었습니다. 마치 자기가 아주 모범적으로 행동해야만 그녀에게 사랑받을 수 있다는 듯이 말입니다.

그가 이런 식의 관계를 처음 접한 것은 어머니에게서였습니다. 어머니는 직접 표현하지는 않았지만, 그를 항상 "착한 내 아들아, 내가 바라는 대로만 하렴. 그럼 나도 너를 예뻐하마" 하는 식으로 대했습니다. 그가 혼자서 뭔가 좀 다른 일을 하면 어머니는 그를 외면하는 것으로 벌을 주고 등을 돌리기 일쑤였습니다. 아들이 애써서 마음을 풀어준 다음에야 어머니는 다시 아들과 이야기를 했습니다. 이렇게 감정적 혹사를 당하고 나서 어른이 되자, 토마스는 어느 관계에서나 항상 이 착취의 낌새를 지레짐작하게끔 되었습니다. 자기가 원하는 일을 하고 나면 으레 혼날까 봐 겁이 났습니다. 이레네에게서 그는 예전의 어머니 같은, 자기를 조종하려는 여자의 모습을 보았습니다. 이레네는 이런 일들을 알 리가 없었지요. 그녀가 원하는 건 오직 그가 자기를 사랑해서 다시는 떠나지 않는 것뿐이었습니다. 이런저런 요구와 감정으로 자신이 그를 조종하고 있다는 생각은 해본 적도 없었지요. 반면 토마스는 자신이 남의 감시를 받을까 봐 지레 겁을 내고 있음을 의식하지 못하고, 상대가 항상 자기를 의심하면서 압력을 가하고 있다고 여기면서 저항부터 했던 것입니다.

두 사람 모두, 자기의 인격과 상대에게 차지하는 자신의 비중이 손상되었다고 느꼈습니다. 사랑과 애정을 받고 싶은 욕구는 두 사람 중 어느 누구에게도 채워지지 않았습니다. 이레네는 상대가 늦게 돌아오자 그가 자기를 떠날 듯한 두려움을 느꼈고, 토마스는 애인의 불평을 듣고서 그녀가 멋대로 자기를 지배할까 봐 겁을 냈던 것이지요. 두 사람이 각각 상처받는 주제들이 서로 이가 잘 맞물려 있었기 때문에, 한번 상처를 입으면 양쪽 다 격렬하게 반응할 수밖에 없었던 겁니다.

이렇게 일이 묘하게 얽혀 있는 경우, 각자가 자신의 욕구와 느낌에 대한 책임을 떠맡는 것만이 유일한 해결책입니다. 토마스의 처지에서는 자신의 두려움을 이레네에게 투사하는 것부터 멈추어야 합니다. 자신의 고유 영역을 그녀가 침범하려 한다고 믿는 대신에, 관계 속에서도 독자성을 유지하는 법을 배워야 한다는 말입니다. 그뿐 아니라, 혹시나 가까운 사람이 생기더라도 자기 자신으로 남을 수 있는 자유로움을 가져야 합니다. 다른 한편으론 이레네가 원하는 대로만 맞추지 않고 자기가 원하는 것을 그에 맞서 세울 수 있는 용기도 필요하고요. 이레네가 해야 할 일은 자신의 절망감이 토마스 때문이라고 책임을 전가하지 않는 것입니다. 그 대신 누가 자기를 떠날까 봐 두려워하는 마음을 잘 다잡아서, 자기 자신을 위해 걱정하는 마음으로 바꾸어야 합니다. 서로가 서로를 다치지 않게 하려면, 두 사람 다 상대의 태도가 자기 때문이라는 생각을 버려야 합니다. 자기 일은 자신이 책임을 지는 것이지요. 오해나 의심 등을 상대에게 터놓고 얘기하는 것도 일이 더 꼬이는 것을 막는 데 도움이 됩니다. 그러지 못하면 헤어지는 수밖에 없습니다. 두 사람 모두 자기 몫에 대해 자각하지 못하는 경우, 이 문제는 미해결인 채로 남을 테니까요.

· '희생자-가해자' : 일종의 권력 게임 ·

마음에 상처를 주는 사람과 상처를 받는 사람 사이에는 '희생자-가해자' 게임이 전개됩니다. 여기서 '희생자-가해자'라고 하는 표현은 사람의 관점과 행동 양식을 심리학적으로 묘사하는 말이므로, 폭력 행위를 묘사할 때 사용하는 실제 희생자와 가해자로 혼동해서는 안 됩니다. 이른바 '심리학적 희생자'는 자신을 아무 힘도 없으며 심리적 가해자에 비해 열등한 존재라고 규정짓습니다. 사실은 그 말만큼 약하고 대책 없는 처지가 전혀 아니더라도 상관없습니다. 어디까지나 '게임'에서의 역할 지정이니까요. 그것을 심리학적 게임이라고 부르는 이유는, 참가자들이 자신이 왜 그렇게 느끼는지, 자신에게 뭐가 필요한지, 상대에게서 무엇을 바라는지를 절대로 직접 터놓고 얘기하지 않기 때문입니다. 그 대신, 어떤 역할을 정해놓고 그 뒤에 숨어 있으면서, 정말 자신에게 이익이 되는 것은 전혀 내보이지 않습니다.[5] 그런데 재미있는 것은, 정작 참가자들은 이런 사실을 전혀 의식하지 못한다는 점입니다.

토마스의 태도 때문에 항상 내적 고통을 겪어야 했던 이레네는 자기가 토마스의 희생물이라고 느꼈습니다. 그를 가해자로 낙인찍고 그와 투쟁하다가, 결국에는 헤어졌습니다. 그런가 하면 가해자는 가해자대로 자신을 희생자로 여겼습니다. 부당하게 비난받고 있다고 느꼈던 것이지요. 그러자 자기에게로 향하던 창 끝을 돌려 이번에는 이레네를 가해자로 만들어버렸습니다. 이렇게 서로에게 잘못을 미루다 보면 관계에 간 금은 더욱 커집니다. 다시 가까워진다는 건 거의 불가능해지지요.

이 희생자-가해자 게임을 계속 진행시키는 원동력은, 상대를 지배하고 통제하고자 하는 바람입니다. 사실 통제라는 것은 인간의 기본 욕구 중 하나인데, 이것이 그 관계와 상대에게 커다란 부담이 되는 수가 있습니다. 통제가 상대에게 영향력을 행사할 수 있는 가능성이란 선을 넘어, 상대의 삶의 영역을 압박하고, 전체적으로든 부분적으로든 상대가 자기에게 종속되기를 기대하는 것이 될 때는 말입니다. 그쯤 되면 권력 싸움이나 상호 모욕, 심지어 비방으로까지 번지는 것도 피할 수 없는 노릇입니다. 이때 이 모욕과 비방이―토마스의 경우에서 보듯이―공교롭게도 이들의 상처 부위를 건드린다면, 마음에 상처를 입히는 것은 예정된 일이 아니겠습니까? 남의 감독을 받고 자신의 영향력을 빼앗기는 데 대한 두려움이 너무나 컸던 나머지, 토마스는 옛날 기억과 털끝만치라도 비슷한 일과 마주치면 즉시 위험을 느끼고서 마음을 다치며 물러났던 것입니다.

지배와 통제는 관계를 맺은 두 사람 사이에 불균형을 낳습니다. 한 사람은 스스로를 열등하게, 다른 한 사람은 우월하게 느끼게 되는 것이지요. 그런데 이 우월-열등이라는 개인의 자기 평가가, 상대가 느끼는 것과는 전혀 다를 때가 많습니다. 예를 들어 이레네가 자신은 버림받았고 여기에 저항할 어떤 방법도 없다고 느꼈던 바로 그 순간에, 토마스에게는 그녀가 지나치게 공격적이고 파괴적으로 느껴졌으니 말입니다. 혼자 남겨질지 모른다는 불안감, 혹시 토마스를 잃어버릴지도 모른다는 절망감에 시달리다가 이레네는 토마스를 의심하고 비난하게 되었습니다. 하지만 그녀의 태도만 보면, 이면에 절망이 있다고는 도저히 짐작할 수 없지요. 한편 어떻게든 이 상황을 장악함으로써 희생자의 위치에서 빠져 나오기 위해서, 토마스는 소극적인 태도를 취하면서 이레네의 요구를 거절하는 방법을 택했습니다. 그러자 이 태도가 이번에는 이레네에게는 자신을 인정사정없이 공격하는 것으로 비쳐졌습니다. 그렇게 두 사람은 서로를 가해자로, 자신들은 피해자로 느끼고 있었던 것입니다.

피해자는 자신을 이렇게 묘사합니다. 자기는 보호받아야 할 사람이며, 가해자에게 대항하기 위해 자기와 힘을 합칠 협조자를 찾고 있다고 말입니다. 마치 피해자는 옳은 사람처럼 보입니다. 반면에 가해자는 악인, 옳지 않은 사람이지요. 가해자는 비난받아야 마땅한 모습으로, 남을 깎아내리고 무시하며 혼자 잘난 척하는 사람으로, 복수심이 강하고 남을 어린아이 취급하며 사사건건 간섭하는 등의 모습으로 나타납니다.

이런 의미에서 이레네가 토마스를 공격하는 양상은 가해자 태도에 입각한 것이고, 토마스도 그렇게 느꼈습니다. 이레네는 처음에는 열등감에 젖어 움츠리고 있었지만, 이내 그 피해자의 위치에서 벗어나 가해자로 전환한 것입니다. 심리 게임에서는 두 사람 사이에서, 또는 한 사람 안에서도 역할이 순식간에 바뀔 수 있습니다.

마음상함이란 상황 역시 이런 의미에서 또 하나의 심리 게임이라고 할 수 있습니다. 상처를 받은 사람이 자신을 피해자로 규정하고 상처를 준 사람은 가해자로 낙인찍힌다는 점에서, 그럼에도 두 사람이 진정으로 필요로 하는 것, 즉 감정이나 관심사는 전혀 충족되지 않는다는 점에서 말입니다. 마음을 다친 피해자는 자기의 권리와 명예를 위해 싸우고, 그러다 보면 어느새 가해자가 됩니다. 상대의 마음에 상처를 준 사람 쪽에서는 죄책감과 열등감을 느끼다가 급기야는 자신을 피해자로 규정해버립니다. 양쪽 모두가 마음을 다친 상황의 책임을 상대에게 전가하려고 합니다.[6] 자신은 당시의 상황과 상대의 태도 때문에 어쩔 수 없이 그렇게 행동해야만 했던 피해자라고 변호하는 것이지요. 그리하여 마음을 다친 사람과 다치게 한 사람 중 누구에게 책임이 있는가 하는 문제는 항상 밀고 당기기를 끝없이 반복합니다. 근본적으로는 두 사람 다 상대방에게 바라는 것이 있습니다. 하지만 그게 도대체 무엇인지를 누군가가 터놓고 이야기하지 않는 한, 이 게임은 계속될 수밖에 없습니다. 그러다가 마침내 관계가 깨지는 것이지요.

· 배우자들간의 마음상함 ·

삼십대 중반의 실비아 그로스는 배우자와의 관계에서, 바로 위에서 말한 상호 책임 전가를 경험했습니다. 그녀는 세미나에서 배운 것을 실생활에서 잘 활용하여 만족스런 결과를 얻은 덕택에 몇 달 동안 아주 즐겁게 살다가, 다시 심리 치료를 받으러 왔습니다. 그녀는 상담 날짜를 되도록 빨리 잡아달라고 청했는데, 알고 보니 지금 배우자와의 사이에 심각한 문제가 있어서였습니다. 반 년쯤 전에 한 남자를 알았는데, 그를 사랑하게 되어 함께 지낸다고 했습니다. 이로써 그녀의 큰 소원 한 가지가 이루어진 셈이었지요. 사는 것이 너무 외로워서, 벌써 몇 년 전부터 남자 친구가 있었으면 하고 바라왔으니까요.

우도(남자 친구)와 함께 지낸 지난 몇 달간은 아주 멋졌습니다. 일에 재미를 느끼게 되었고, 큰소리로 웃을 수 있었으며, 여러 가지 일을 둘이서 함께 해보았습니다. 그는 이상적인 배우자였습니다. 그렇게 좋은 분위기에서 두 사람은 함께 휴가 여행을 떠나, 하루 종일 좁은 방에서 같이 지냈습니다. 그러자 우도가 그녀의 신경을 거스르기 시작했습니다. 그는 아주 수동적으로 변해서 스스로는 아무것도 결정을 내리려 하지 않고, 오로지 그녀에게 매달려 지내는 것이었습니다. 그래서 실비아가 모든 책임을 다 떠맡게 되었습니다. 이전의 관계들에서 늘 그랬듯이 말입니다. 모든 일이 다 자신이 처리해야 할 것으로 느껴졌습니다. 하지만 그렇게 책임감을 갖고 했건만, 돌아오는 것은 언제나 비난뿐이었습니다. 그를 위해 기껏 생각해낸 것이 그의 마음에 들지 않기 일쑤였으니까요. 요리한 생선에는 가시가 너무 많고, 함께 간 술집은 너무 시끄러운가 하면, 해변까지 가는 길이 너무 멀다는 식이었습니다.

그러다가 마침내 심하게 다투었습니다. 상대의 악의를 질타하고 잘못을 서로 뒤집어씌웠습니다. 내가 저를 위해서 얼마나 성의를 다했는데 그걸 몰라주다니 하고 생각하니 실비아는 마음이 아팠습니다. 자기가 늘 해왔던 '혼자만 정신없이 바쁜 사람' 역할을 어느새 또 하고 있구나 생각하니 화가 나 견딜 수가 없었지요. 수동적이고 부정적인 우도의 태도에 분노가 일었습니다. 둘 사이의 문제에 대해 얘기를 꺼내면 그는 마음을 꽉 닫아걸고 침묵해버렸습니다. 거기에 너무도 화가 나 이번에는 실비아 쪽에서 마음을 닫았습니다. 그러자 심장에 통증이 느껴지면서 자궁이 몹시 결렸습니다.

이렇게 티격태격할 경우 이전의 관계에서는 그녀 쪽에서 먼저 관계를 끊든가, 아니면 아무 설명도 하지 않은 채로 오랫동안 그저 참기만 했습니다. 지난번에 사귀던 사람과 헤어지기 직전, 난소에 혹이 생겼던 일이 생각났습니다. 남자 친구와의 사이에서 생긴 문제를 풀지 못하고 너무 오래 참은 것이 원인이었습니다. 참다가 병을 얻는 것과 싸우고 헤어져버리는 것, 그 어느 쪽도 그녀가 원하는 바는 아니었습니다. 그래서 나를 찾아온 것이었습니다. 조언을 받아서 새 길을 찾고 싶었던 것이지요.

"휴가 여행 때 싸운 뒤로는, 그를 만나도 아무 느낌이 안 생겨요. 마치 그를 향해 열려 있던 창구를 휙 돌려서 감정이란 걸 다 꺼버린 것처럼요. 그를 그토록 사랑했는데 말이에요. 너무 오랫동안 함께 여행을 떠난 것이 잘못이었는지도 모르겠어요. 돌아앉은 창구를 제자리로 돌려놓고 싶어요. 그러면 모든 게 다시 옛날처럼 되겠지요. 그러려면 당신의 도움이 필요해요."

"그 창구가 어디쯤 자리잡고 있을까요?"

"심장 속에요."

그녀가 바로 대답했습니다.

"그럼 심장 안으로 공기를 깊이 들이마시고 나서, 심장이 당신에게 뭐라고 하는지 좀 들어보세요."

내가 제안했습니다.

실비아가 한쪽 손을 심장 위에 얹으면서 두 눈을 감았습니다. 몇 분 후, 마치 이제 뭔가 알았다는 듯 그녀가 슬며시 미소짓기 시작했습니다.

"거기도 아무 느낌이 없어요. 아주 단단한 데다 꼭 닫혀 있어요. 그저 아프기만 하군요."

"어쨌든 그래도 통증만큼은 느낄 수 있군요."

"그래요, 그건 느낄 수 있어요. 내가 마음을 막무가내로 꽉 잠귀놓은 거라는 생각이 드네요."

실비아가 슬픈 표정으로 말했습니다. 그 다음 나는 그녀에게 이번에는 아랫배 쪽을 손을 대어 느껴보라고 권했습니다. 분노가 뜨거운 물결처럼 치솟아 오른다고 하더군요. 그걸 말로 좀 표현해보라고, 내가 격려했습니다. 그러자 우도를 향한 공격, 그에게 상처를 주고 그를 깎아내리는 온갖 언사가 폭탄처럼 터져 나왔습니다. 내가 보기에 실비아는 그 일에 온통 사로잡혀 있었는데, 감정의 동요라고는 없었습니다. 그 점을 그녀에게 그대로 이야기해주었습니다.

"이 일에서 아주 철저히 떨어져 있으면서 감정적으로 전혀 개의치 않는 것처럼 보이는군요."

"예, 맞아요. 내 마음은 얼음장이에요. 나 스스로도 비인간적이라고 생각하고 있어요. 마치 다른 사람 같아요. 모질고 악하죠. 사랑이라곤 전혀 찾아볼 수 없어요. 이젠 심장이 아까보다 더 아프네요."

그녀는 숨을 아주 밭게 쉬고 있었습니다. 그녀가 관심을 다시 심장으로 돌리자, 혼자 남겨지면 어쩌나 하는 불안감이 감지되었던 겁니다. 우도와의 관계마저도 깨져버린다는 건 그녀에겐 생각만 해도 참을 수 없는 일이었습니다. 그럼에도 우도에게 다정한 마음은 전혀 생기지 않는다고 했습니다. 우도가 자신에게 보인 태도를 경멸하기 때문이었지요.

"얼마나 끔찍했는지 몰라요. 내가 한 건 뭐든지 잘못되었다는 거예요. 한치도 그에게 가까이 갈 수가 없었어요. 몇 마일이나 떨어져 있는 사람 같았어요. 사람이 어떻게 그렇게 순식간에 변할 수 있는지 이해가 안 돼요. 옛날의 우도가 아니예요. 내 친구 하나는 우도가 미쳤다고 하더군요. 나도 거의 그렇게 믿을 정도였어요. 내가 겪고 있는 게 도대체 뭔지 도무지 알 수가 없었으니까요."

그녀는 정말 혼란스러워하고 있었습니다. 어떻게 해야 할지 갈피를 잡을 수가 없었던 것입니다.

"하지만," 그녀가 말을 계속했습니다. "어쩌면 그가 옳았는지도 모르겠어요. 어쩌면 내가 잘난 체만 하는 고약한 인간이어서, 아무도 나하고는 잘 지낼 수가 없었던 건지도 모르죠. 그가 늘 욕하는 대로 말이에요. 하지만 아무리 그래도 그렇지, 우도가 하는 짓을 보면 그 사람 역시 정상이 아닌 건 마찬가지라고요."

상대방에 대한 비난과 자기 불신 사이를 왔다갔다하면서 그녀는 계속 맴을 돌고 있었습니다.

"내 생각엔 우도가 당신을 잘 보고 반응을 하는 게 아니라 무작정 비난만 했기 때문에 당신이 마음에 상처를 받은 것 같은데요" 하고 내가 느낀 대로 그녀에게 말해주었습니다.

"그래서 마음이 몹시 상한 거, 맞지요?"

"맞아요", 하면서 실비아가 고개를 끄덕이는데 아주 홀가분해하는 것 같았습니다. 그리고는 잠시 침묵하더니, 당황한 기색이 역력해지면서 이렇게 덧붙이는 것이었습니다. "옛날에 내가 아이였을 때 엄마 곁에 있었을 때처럼 느껴져요. 엄마하고 있을 때에도 지금처럼 어찌해야 할지 모르곤 했어요. 엄마하곤 도무지 말이 통하지 않았어요. 맙소사, 또 엄마라니! 정말 뜻밖이에요."

실비아는 자기 어머니와의 문제를 이미 몇 번의 상담을 통해 정리해왔습니다. 이미 어린아이 때부터, 남들이 자기를 소홀히 대하거나 아예 자신의 존재를 잊어버리는 것에 몹시 괴로움을 겪어왔던 그녀였습니다. 이모가 언젠가 그녀에게 해준 이야기 하나가 늘 기억나곤 했는데, 그녀가 젖먹이였을 때의 일이었습니다. 저녁때 사람들이 엄마를 찾아오는 일이 잦았습니다. 그러면 엄마는 당시 몇 달밖에 안된 실비아를 이층에 혼자 놔두었습니다. 엄마가 손님들과 재미있게 지내는 동안 실비아가 아무리 울어대 봤자 듣는 사람은 아무도 없었습니다. 한참 후, 마침내 누가 왔습니다. 엄마와 또 한 사람, 이모였는데, 엄마는 그 젖먹이를 돌보기 싫어서 대신 이모를 데려다 놓은 것이었습니다. 엄마가 나를 싫어해서 나를 혼자 놔두었어, 나는 엄마에게 짐이 될 뿐이야, 라는 실존의 공포가 이때부터 그녀의 삶을 온통 지배했습니다.

실비아는 어린 소녀 시절, 부모가 직장 일로 집을 떠나 있어야 해서 몇 달 동안 친척집에 가 있은 적이 있었습니다. 그녀는 천애 고아처럼 외롭고 천대받은 느낌이었고, 왜 집에 그냥 있으면 안 되는지 도무지 알 수가 없었습니다. 엄마가 자기를 싫어한다는 느낌 때문에 엄마와의 관계가 좋지 않았듯이, 아빠 역시 그녀를 한번도 다정하게 대해준 적이 없었습니다. 있을 곳이 아닌데 거기 있다는 느낌, 잘못 자리잡았다거나 남에게 방해만 된다는 느낌이 항상 그녀를 괴롭혔습니다.

실비아가 기울여준 사랑을 피해 달아나면서 자꾸 그녀가 뭔가를 잘못한 것처럼 이야기함으로써, 우도는 정확히 실비아의 이 상처 부위를 건드렸던 것입니다. 그런 체험을 한 후 실비아가 마음의 빗장을 닫아건 것은 조금도 이상할 것이 없습니다. 그것이야말로 실비아가 할 수 있는 유일한 자기 보호였으니까요. 그런데 마음을 닫아버리면 그 밖의 감정들까지도 모두 함께 죽어버린다는 게 문제입니다. 따라서 이 방법은 오늘의 시점에서 볼 때 그리 만족할 만한 해결책이 못 됩니다. 그러다 보면 마지막에는 자기 자신마저 해치게 되니까 말입니다. 우도가 건드린 상처로 인해 되살아난 내사는 "모든 일은 네가 다 알아서 걱정하라"는 것이었습니다. 이 메시지에 맞게 실비아는 두 사람 모두에 대한 책임을 떠맡았지만, 그 때문에 그에게 항상 우습게 보이고 그래서 결국 마음을 상하기는 마찬가지였습니다. 그녀는 옛날의 부정적 경험을 바탕으로 지금 자기가 겪고 있는 일을 해석한 나머지, 그 관계에서 마음을 거두고 말았습니다. 하지만 다친 마음의 분노 덕택에 혼자 남는 데 대한 두려움을 어느 정도 잊는가 했으나, 그 두려움은 심장의 고통 속에 계속 살아 남아 있었습니다.

실비아가 마음을 다친 것은 주로 그녀의 두 가지 욕구가 꺾인 데서 발생했습니다. 타인과의 유대, 그리고 자존감에 대한 소망이 이루어지지 않은 것입니다. 우도가 관계에서 물러나면서 그녀의 좋은 점을 하나도 인정하지 않았기 때문이지요. 위에서 말한 두 가지 욕구는 실비아가 자라는 동안 충분히 채워지지 못하고 있다가, 결국 그녀의 상처 부위가 되었던 것입니다.

이러한 전후 맥락을 들여다보고 나서야, 그리고 아이였을 때와 마찬가지로 이번에도 인격적 가치가 손상되었다는 생각 때문에 그토록 마음이 아픈 것임을 알고 나서야 실비아는, 자기의 느낌이 그토록 얼어붙었던 까닭을 이해할 수 있었습니다. 다시 또 상처를 받고 아파하느니 차라리 아무것도 느끼지 않고 말지, 하는 심정이었던 겁니다. 우도를 향한 그녀의 사랑을 제대로 펼칠 수 없었던 것도, 바로 옛날에 자기를 거부했던 부모와 우도를 내심 동일시했기 때문이었습니다. 부모에게 했듯이 우도에게도 거부와 분노, 슬픔으로 반응했던 것이지요. 어렸을 때의 감정이 너무나도 강력해서, 어른이 된 그녀의 나-기능이 제대로 작동하지 못한 것입니다. 실비아는 옛날과 지금을 구별하지 못해, 이 상황을 좀더 건설적으로 처리할 아무런 대책도 세울 수가 없었습니다. 다만 그녀가 알 수 있었던 건 삶을 지금까지와는 다르게 살아보고 싶다는 열망뿐이었지요.

실비아로 하여금 마음상함과 개인의 역사 사이의 상호 관계를 분명히 의식하도록 한 것이, 새롭게 상담 방향을 잡는 첫걸음이 되었습니다. 최소한 자기 마음속에서 무슨 일이 일어났는지 파악하게 되자 실비아는 무척 홀가분해했습니다. 이 딜레마에서 빠져나올 수 있는 가능성이 있다는 것도 알게 되었고 말입니다. 두 번째 걸음은 그녀가 정말 원하는 것, 필요로 하는 것이 무언지 알아내는 일이었습니다.

절대로 "우도와의 관계를 깨버리고 싶지 않아요" 하고 그녀는 딱 잘라 대답했습니다. 원하지 않는 것에 대해 이야기하는 것이 원하는 것을 말하는 것과 꼭 같지는 않지만, 어쨌든 그것이 시작이었습니다. 그리고 그 다음에 일어난 일은 참으로 놀라운 전환이었습니다. "지금 생각하니, 나뿐 아니라 우도 역시 문제가 많은 게 틀림없다는 걸 알겠어요. 동정심이 생길 정도예요." 동정심이란 말은 우도에 대한 감정 이입, 즉 일종의 공감이 시작됨을 보여주고 있었습니다. 실비아는 분노와 경멸 속에서도 공감을 끌어내고 있었습니다. 당시로서는 그녀를 위해 더 해줄 수 있는 일이 없었습니다. 그러나 실비아의 내면에 생긴 희망적인 변화가 그녀를 막다른 골목에서 끌어내줄 것은 분명했지요.

배우자들의 관계에서 크게 마음을 다칠 수 있는 잠재력을 가진 일이 정서적으로 거부당하는 느낌 외에도 또 하나 있습니다. 바로 육체적·성적으로 가까워지고 싶어하는 소원을 밀쳐내는 경우입니다. 아주 은밀한 주제인 동시에 수치심, 또는 죄책감으로 물들기 쉬운 주제이기 때문에, 이 방면에서 마음을 다치는 정도도 매우 심합니다. 우도가 실비아를 거부했다는 사실이 실비아에게는 그가 자기를 싫어한다는 것을 의미했고, 처지를 바꾸면 이것은 우도에게도 해당됩니다. 구사할 수 있는 온갖 거절의 몸짓에 대해서 우리 모두는 아주 예민하게 반응하므로 오해가 생길 여지도 그만큼 많지만, 이 문제를 터놓고 얘기하기에는 문턱 또한 높습니다.

잉게의 남자 친구는 어느 날 그녀에게 다정한 말 한마디 없이 혼자 잠들어버렸습니다. 그것을 거부라고 느낀 잉게는, 왜 그가 자기를 피하려 할까, 근심이 되었습니다. 마음이 상한 채 돌아누워서 베개에 얼굴을 묻고 소리 죽여 울었지만, 남자 친구는 이런 사실을 전혀 모릅니다. 잉게가 자기 감정을 숨겼기 때문이지요. 그가 자기 쪽으로 몸을 돌려서 안아주기를 마음속으로는 한없이 바라면서도 말입니다. 다음날 아침 두 사람은 보통 때보다 더 거리를 두고 누워 있었는데, 잉게는 아예 그에게 등을 돌린 자세입니다. 이때 남자 친구는 바로 그 점을 눈여겨보면서, 이것을 잉게가 자기를 거부한다는 신호로 해석합니다. 자기는 잉게와 다정하게 지내고 싶었는데 말이지요. 그녀의 거부에 마음을 다친 그는, 이번에는 자기 쪽에서 돌아눕습니다. 두 사람 다 실망하고, 분하고, 마음이 상합니다. 이 일요일 오전이 다툼으로 시작되리라는 건 어렵지 않게 짐작할 수 있습니다. 둘 중 누군가가 상대의 마음을 향해 한 걸음 성큼 다가가지 않는 한 말이지요.

· 사랑이 무산될 때[7] ·

우리가 겪는 심한 마음의 상처 가운데 하나는, 상대에게 사랑을 거부당하는 일입니다. 그런 일은 우리가 누군가를 사랑하게 되었는데 그는 나를 사랑하지 않는다는 식으로, 관계의 초기에 일어날 수 있습니다. 또 우리에게 중요한 어떤 관계가, 상대방에 대한 애정이 아직 남아 있는 상태에서 깨질 때에도 그렇습니다.

이런 경우에 우리가 마음에 받는 상처는, 일차적으로 열등감과 연결되어 있습니다. 거부를 경험하면 우선 자기가 사랑받지 못할 사람이다, 퇴짜맞았다는 느낌을 갖게 됩니다. 그리고 대개는 우리가 완벽하지 못하기 때문이라는 데에서 퇴짜의 이유를 찾아냅니다. 뭔가 잘못해서, 아니면 성격이 좋지 못하거나 능력이 너무 부족해서 사랑받지 못하는 거라고 믿는 것이지요. "나에게 없는 어떤 것을 그녀가 가졌다는 거지?"라는 말에는 그 '새'여자가 '버림받은' 여자보다 어떤 점에선가 더 낫다는 확신이 들어 있습니다. 또한 그것이 바로 헤어진 원인이라는 뜻도 되지요. 자신의 무가치함을 느끼면서 뒤에 처져 있는 꼴입니다. 배우자가 떠났는데 어떻게 자기가 온전하고 사랑스런 여자일 수 있느냐는 생각이지요.

그렇게 생각하다 보면 자신에 대한 좋은 인상은 자꾸 사라지게 됩니다. 상처를 받는 건 이것 때문입니다. 자존감을 스스로 견지하지 못하는 사람은, 자신이 가치 있다고 느끼기 위해 다른 사람을 필요로 합니다. 한데, 이때 상대가 등을 돌리면 자기의 자존감을 떠받쳐줄 토대가 무너져버리고, 그 결과 자신이 열등한 존재라고 느끼게 되는 겁니다. 그와 동시에 거절한 사람은 자기의 적이 됩니다. 두 사람이 헤어질 때 종종 일어나는 갖가지 우여곡절은, 이런 일로 인한 마음의 상처가 얼마나 심할 수 있는지를 뚜렷이 보여줍니다.

1부에서, 이혼당한 남자들이 자기를 떠난 아내를 살해하는 일이 많다는 사실을 지적한 적이 있습니다. 물론 그들의 분노가 반드시 살인으로까지 이어지는 것은 아닙니다. 경멸이나 욕지거리, 복수 등 다른 방법도 얼마든지 있지요. 이러한 장치를 빌려 스스로 통제력이 있다고 느끼면, 자존감도 함께 강화됩니다. 상대를 업신여기고 감정을 상하게 하며, 경우에 따라서는 가장 아픈 곳을 찔러준다는 생각만으로도, 혹은 정말로 그렇게 하고 나면, 정의가 공평하게 이루어졌다고 믿어지고 만족스러워집니다. 아마도 이 만족감은 상대도 나와 똑같이 고통을 겪으면 내 고통이 좀 덜어질 거라는 희망에 근거할 겁니다.

그러나 이 희망이 착각이었음은 금세 드러납니다. 마음이 홀가분해지기는커녕, 이번에는 자기 불신과 자기 고발이 슬그머니 마음을 뒤덮는 까닭입니다. 이에 더하여, 자기가 상대에게 너무 함부로 했다는 자책까지 마음을 괴롭힐 수 있습니다. 그 밖에도 복수는 사람을 상대에게 묶어놓음으로써, 상대로부터 완전히 떨어져 나오는 것을 방해합니다. 사실 이것이야말로 꼭 필요한 일인데 말입니다. 배우자 상실을 딛고 일어서기 위해서는 무엇보다도 배우자한테서 완전히 떨어져 나와 상대를 놓아버려야 합니다. 그리고 나서 배우자 없이 자기 길을 계속 가야 합니다.

여자들로 하여금 이러한 걸음을 내딛기 어렵게 하는 가장 큰 요인은 남편 없는 여자는 존재 가치가 없다는 믿음이 보여주는, 이혼한 여자에 대한 멸시입니다. 여자들은 남편이 없으면 스스로 열등하다고 느끼는 경우가 많습니다. 아니면 거꾸로 배우자를 통해서만 비로소 가치 있는 여자가 되는 것처럼 느끼곤 합니다. 에벨린 하슬러 Eveline Hasler의 소설 『밀랍 날개를 단 여자Die Wachs-flüelfrau』에 나오는 여주인공이 탄식하듯 말입니다. "여자는 그 자체로는 제로야. 남편이라는 숫자가 그 앞에 서 있지 않으면 전혀 가치가 없는 거지."

오늘날까지도 우리 사회에서 여자나 남자가 결혼하지 않고 혼자

산다는 것이 누구에게나 당연한 일은 아닙니다. 정작 입을 열어 말하는 사람은 적지만, 대개는 '저 여잔 왜 결혼을 못했지?' 하고 생각합니다. 마치 여자의 최고 목표는 시대에 관계없이 결혼과 아이들, 또는 최소한 고정된 배우자라는 듯이 말입니다. 여성들이 사회의 이러한 시각을 지난 수십 세기 동안 내면화한 결과, 이제는 그들 스스로 그렇게 믿거나 또는 느끼게까지 되었습니다. 그래서 이혼을 하거나 헤어지고 나면 인간으로서뿐만 아니라 여자로서도 인격을 의심받는, 이중의 멸시로 고통을 겪는 것입니다.

반면 남자들이 마음에 상처를 받는 것은 대부분, 자기가 거부당했다는 데서 오는 분노와 아픔에 근거합니다. 여자의 경우처럼 사람을 멸시하는 사회적 장치 때문인 경우는 거의 없습니다.

남녀를 막론하고, 배우자를 잃어버리면서 생긴 열등감을 떨쳐버리기 위해 서둘러 새 관계를 맺는 일이 흔히 있습니다. 지난번 관계에서 실패한 애정과 인정을 새로운 관계에서는 얻을 수 있으리라는 희망을 품고 말입니다. 하지만 이런 관계는 실망으로 치닫기 일쑤입니다. 상대에 대한 기대가 어마어마하게 크기 때문이지요. 지난번 배우자 때문에 생긴 결핍이 이번 상대를 통해 다 메꾸어져야 하는데 그런 배우자가 어디 흔한가요. 그러다 보면 다시 또 마음에 상처를 입게 됩니다. 그 사실과는 별개로 여기서 또 하나 지적할 점은, 위와 같이 기대하는 사람에게는 지난번 관계가 깨진 데에는 자기의 책임도 있다는 생각이 부족하다는 것입니다. 두 사람 중 어느 한 사람의 잘못만으로 관계가 깨지는 경우는 없으니까요.

다른 여러 가지 거부를 경험할 때도 그렇지만, 헤어지고 난 사람은 관계가 깨어졌다는 사실, 그리고 이와 결부된 온갖 느낌들과 끊임없이 씨름합니다. 그리고 이것은 누가 뭐래도 무척 마음상하는 체험입니다. 배우자에게 버림받았다는 사실은 우리의 자존감을 직접 건드려 아프게 하니까요. 그러나 이 마음상함이 얼마나 심한 결과를 초래하는가는 부분적으로는 우리 자신에게도 달려 있습니다. 우리가 지금까지 살아온 과정이 그 결정적 요소 가운데 하나인데, 경우에 따라 다르겠지만 어쨌든 과거의 헤어진 체험들이 그 안에 자리잡고 있을 겁니다.

또 다른 요소는 이 사건을 다른 시각에서 볼 수 있는 우리의 능력입니다. 헤어짐을 열등감이니 죄니 하는 관점에서 보고 남을 힐책하는 일이 없어야 합니다. 우리 안에 솟아 오르는 감정을 이해하기 위해 노력하면서 다른 사람의 도움을 찾아 나서는 것이 중요합니다. 남의 도움이 우리의 고통을 직접 덜어주지야 못하겠지만, 친구나 형제자매·가족들과의 관계가 따뜻하면 배우자와 헤어진 아픔을 극복하기가 쉬워집니다. 어쩌면 그들에게 그들의 이별담을 들을 수도 있을 겁니다. 그들은 그 일에 어떻게 대처해 나갔는지 말입니다. 잠시나마 지금의 고통스런 느낌을 잊어버리고 기쁨과 의욕을 느끼기 위해, 그들과 함께 무언가 시작해볼 수도 있습니다. 그러는 가운데, 배우자와의 관계말고도 이 세상에는 또 다른 삶이 있다는 것을, 배우자와의 관계가 끝나도 '모든 것이 다 끝난 것'은 아니라는 것을 알게 되는 것이지요.

이 과정은 사람에 따라, 무엇보다도 둘 사이의 관계가 얼마나 가까 웠고 오래되었느냐에 따라 걸리는 시간이 다릅니다. 어떤 사람은 이 슬픔의 과정이 몇 년이나 걸리는가 하면, 그보다 훨씬 빨리 자기를 다 시 추스르는 사람도 있습니다. 그러나 어느 경우에도, 상실감에서 오 는 슬픔에서 완전히 벗어나지는 못합니다. 헤어지는 과정에서, 또는 그 뒤라도 자신이 만족할 수 있는 삶의 알맹이를 새롭게 개발해가면 서 다른 관계들과 삶에 대해 다시 마음을 여는 것이 매우 중요합니다.

· 상담 치료에서 받는 마음의 상처 ·

상담 치료는 마음의 상처를 발견해내고 거기서 빠져 나올 수 있도 록 조처하지만, 그것이 전부는 아닙니다. 거꾸로 치료하는 과정에서 마음의 상처가 생기는 경우도 있습니다. 치료를 받아야 '한다'는 사 실 자체가 이미 내담자의 자존감을 상하게 하기에 충분하기 때문입 니다. 그 일을 혼자 힘으로 해결하지 못한다는 것을 수긍해야만 할 때, 마음이 쓰디씁니다. 심리 상담을 받고 있다고 스스럼없이 말하는 것 또한 아직은 일반적인 경우가 아닙니다. 그것이 너무나도 많은 부 정적인 상상을 불러일으키기 때문입니다. 정신병자로 쉽게 매도될 위험도 있을뿐더러 '사람이라면' 자기 문제를 스스로 해결해야 한다 는 심적인 압력도 만만치 않습니다. 그걸 못하는 사람은 실패자이고 무가치한 사람이라는 것이지요. 심지어 심리 치료를 받으러 다닌다는 사실을 가족이나 배우자에게까지도 숨기는 사람들이 적지 않습니다.

반드시 심리 치료를 받아야 할 경우는 뭐니뭐니해도, (치료를 받지 않으면) 괴로움이 너무 큰 경우를 들 수 있습니다. 다시 말해, 당사자에게 미치는 피해가 대단히 클 때입니다. 그래야 심리 치료를 받을 권리가 생기고, 자기 자신이나 다른 사람 앞에 떳떳할 수 있으니까요. 한데 바로 이것이 또 병을 더 일으키기도 합니다. 내담자가 의도적으로 자신을 실제보다 더 아프게 만들어버리는 경우엔 말입니다. 상태가 호전된다는 것은 치료를 계속 받을 권리를 상실한다는 뜻으로, 치료를 중단해야 하니까요. 그런 사태를 피하기 위해 내담자가 그간의 성과를 무산시키거나, 아예 없었던 것으로 치부하는 경우가 있습니다. 그럼으로써 도움을 필요로 하는 자신의 상태를 공고화하고, 계속 치료받을 권리를 확보하려는 것이지요. 그러나 여전히 고통을 당하고 매여 있는 상태라는 점에는 변함이 없습니다.

심리 치료를 받는다는 사실에서는 별 상처를 입지 않는 경우더라도 이번에는 치료 기간이 너무 긴 것이 내담자를 괴롭힐 수 있습니다. 내담자들은 대부분, 치료가 시작되어서 완전히 나을 때까지 대략 얼마쯤 걸릴 거라는 시간 폭을 나름대로 어림잡고 있습니다. 한 시간만 상담한 다음 상담자의 지침을 듣고 나면 모든 게 다 해결될 거라고 생각했던 여성 내담자가 있었습니다. 석 달이 지난 뒤에도 계속 치료를 받으러 와야 한다고 하자 그녀는 어쩔 줄 몰라하며 자기는 실패자라고 스스로를 힐난했습니다. 평소의 자기 투사, 즉 모든 일을 신속하게 할 수 있어야 하며 배우는 데 지지부진해서도 안 된다는 그녀의 신념에 따르면, 이 치료는 속히 끝났어야 합니다. 그 밖의 어떤 것도 그녀가 보기에는 오로지 자신의 실패를 말해주는 것일 뿐이었지요. 하지만 지금까지 상담 치료 과정에서 노력해 얻은 성과를 백안시함으로써 결과적으로는 자기 자신까지도 업신여기는 이러한 태도 때문에, 그녀는 자신의 마음만 괴롭히고 있었던 것입니다. 우리 두 사람이 이 점에 대해서 터놓고 얘기했던 것은 무척 도움이 되었습니다. 이야기가 끝나자 그녀가 즉시, 자신의 제한된 사고 방식을 바꾸기 시작했으니까요.

상담을 위해 한 시간 이상의 시간을 예상하고 오는 사람들일지라도 대부분, 자기가 자신에게 허락한 시간이 지났다고 믿는 순간부터는 압박감에 시달립니다. 사십대 후반에서 오십대 초반의 사람들이 특히 그렇습니다. 치료 기간이 비교적 오래 걸리면 이들은 다른 사람들보다 훨씬 더 심하게 마음에 상처를 받습니다. 그들 나이에 그런 일은 있을 수 없다고 믿기 때문입니다.

상담 치료를 받다가 얻는 마음의 상처로 인해 생기는 분노는 여러 가지 모습으로 나타납니다. 우선 내담자가 의욕을 잃기가 쉽습니다. 약속 시간보다 늦게 오고, 약속을 취소한다든가, 마음을 꼭 닫고 있기도 합니다. 상담을 받아보았자 얻는 게 없다는 생각에서 상담자의 제안을 거절하는가 하면, 아예 딴 생각을 하고 앉아 있기도 합니다. 최악의 경우에는 내담자가 상담자를, 전문 지식도 부족하고 남의 감정을 이해할 줄 모르며 내담자에게 도무지 관심이 없다고 공격하기도 합니다. 이 반응을 보면 상처로 인해 얻은 분노뿐 아니라 그들이 얼마나 큰 어려움에 처해 있는지도 알 수 있습니다. 상담자를 깎아내리는 것, 그것은 사실은 마음속으로는 도움을 바라면서도 그렇게 하는 것말고는 자신의 아픈 마음을 위로할 어떤 방법도 알지 못하는 딜레마에 처해 있다는 것을 보여줍니다. 그러나 그들은 이로써 매우 큰 위험에 직면할 수 있습니다. 결국 상담자에게 상담을 거부당하거나 치료를 받을 만한 신뢰에 찬 관계 기반을 스스로 깨버리는 셈이 되기 때문입니다.

그런데 이렇게 내담자 때문에 상담자가 마음을 다치는 경우만 있는 것은 아닙니다. 그 반대의 경우도 있습니다. 내담자는 도움을 구하는 사람의 처지에 있으므로 다른 사람들보다 훨씬 쉽게 상처를 받고, 또 자신도 그렇게 느끼고 있는 만큼 그들이 마음상할 가능성은 매우 높습니다. 따라서 상담자의 몸짓 하나, 표정 하나도 본의 아니게 내담자의 마음을 아프게 할 수 있습니다.

모니카 슈베르트에게 일어났던 일도 그런 경우였습니다. 그녀는 외모가 수려한 삼십 세의 여성인데, 나 때문에 마음이 상하자 내가 이해심도 없고 감정 이입도 할 줄 모른다고 비난했습니다. 그리고 자기가 누구한테서도 이해받지 못하며 항상 실망만 겪을 뿐이라고 굳게 믿고 있었습니다. 상담 시간에 주로 하는 불평은 사장이 자기를 불공정하게 대했다든가, 여자 친구가 자기 편을 확실히 들어주지 않았다, 또는 부모가 매사를 오해한다 등이었습니다. 집단 상담도 한 번 해본 적이 있었는데, 그녀는 담당 상담자를 무능력자라고 낙인찍고 있었습니다. 게다가 쉽게 기분이 상하고, 남들이 자기가 기대한 대로 하지 않으면 금방 불신에 차서 사람을 대하는 편이었습니다. 그러므로 상담자의 도움을 받아들인다는 것이 모니카에게는 매우 어려운 일이었습니다. 사실은 그 도움이야말로 그녀가 무척이나 바랐던 일이지만 말입니다. 그런 한편 모니카는 내가 믿을 만한 사람인가를 계속해서 시험해보면서 비판을 서슴지 않았습니다. 정작 하고 싶었던 말은 바로 "내가 어떻게 하면 좋을지 말해줘요. 진심으로요"였으면서도 말입니다. 나는 그녀의 이러한 기대를 채워주지 않기 위해 애썼습니다. 그건 내가 어떻게 해도 채울 수 없는 기대였으니까요.

모니카 슈베르트는 벌써 일 년째 나에게 상담을 받고 있습니다. 남들에 대해 불평하는 일말고도, 요즘 어떤 남자와의 관계가 위기에 처한 까닭에 주로 나와 그 일을 풀어가고 있습니다. 그녀는 그 관계에 크게 희망을 품고 있었는데, 남자가 갑자기 떠나버린 것이지요. 어쨌든 그와의 관계를 마음에서 완전히 정리하고 끝난 것으로 여기는 데까지는 성공했습니다. 그럼에도 그녀는 자신의 몫을 의식적으로 분명히 하기를 한사코 거부했습니다. 떠난 그 남자에게 잘못이 있고 자기는 책임이 없다는 생각을 고집했지요. 마침 상담 치료를 더 연장하느냐 마느냐 하는 문제가 걸려 있던 참이었습니다. 그녀가 별로 변한 것이 없어 지금까지의 작업이 별 성과가 없다고 보았기 때문에, 나는 그녀가 상담을 계속하고 싶어할지 어떨지 짐작하기가 어려웠습니다.

이런 의심은 다른 경우에는 아예 해볼 필요조차 없습니다. 상담 치료라는 공동 작업이 유익했다는 것이 양쪽 모두에게 분명하니까 말입니다. 그래서 상담 시간이 끝날 때쯤 모니카 슈베르트에게 이렇게 물었습니다. "나하고 계속 상담할 의향이 있는지, 또 우리 상담의 목표가 무엇이 되어야 할지를 한번 잘 생각해보시죠. 우리에게 허락된 상담 시간이 이제 열 번 남았으니까, 만약 필요하다면 연장 신청을 해야 하거든요"라고요. 일 주일 후 우리가 다시 마주 앉게 되었을 때, 나는 벌써 그녀의 인사부터가 상당한 거부감을 품고 있다는 것을 알아차렸습니다.

"그동안 잘 지냈나요?" 하고 내가 물었습니다. 무슨 일인가 알아보기 위해서였지요.

"생각해보면 알 텐데요" 하고 그녀가 무뚝뚝하게 대답했습니다.

"물론 내가 알아맞출 때도 많죠. 하지만 지금은 아닌데요."

그녀가 분위기를 무겁게 만드는 것을 좀 막으려는 마음에서, 그렇게 말해보았습니다. 한데 이 말이 그녀를 더욱 화나게 했습니다. 농담으로 받아들일 수가 없었기 때문이었지요.

"지난주부터 정말 끔찍해서 견딜 수가 없어요. 잠을 못 자는 건 물론이고, 완전히 엉망진창이란 말이에요."

눈에 보이게 분해하면서 그녀는 나를 비난했습니다.

"왜 그런 문제가 생겼을까요? 무슨 일이 있었나요?"

좀더 캐물어 보았지만, 그녀는 대답은커녕 나를 쳐다보지조차 않았습니다. 우리 둘 사이의 긴장이 팽팽해지면서 공기가 몹시 무거워져서, 그녀는 거의 숨조차 쉴 수 없을 지경이었습니다. 도대체 무엇 때문에 그렇게 분노하고 있는지 알고 싶었기 때문에, 나는 계속 그녀를 주시했습니다.

"무슨 일 때문에 그러는지 나한테 얘기해주지 않으면, 우린 아무 것도 변화시킬 수가 없어요"라는 말로, 나는 어떻게든 그녀를 대화 로 이끌어내려 했습니다. 그러던 중 문득, 어쩌면 그녀가 나에게 화 를 내고 있는 것인지도 모른다는 생각이 들었습니다. 그래서 "혹시 나 때문에 화난 거예요?"라고 물어보았지요. 그러자 그녀는 몹시 화 난 표정으로 나를 쏘아보았는데, 일종의 승리감 같은 것이 번득였습 니다. 내가 정곡을 찌른 거였지요!

"무슨 일로 내가 당신을 그렇게 화나게 했나요?"

그녀의 행동을 도저히 이해할 수 없었기 때문에, 내가 물었습니다.

"지난번 상담 때 나한테 물어보았잖아요." 이를 악물면서 대답하 는 그녀는 분노와 비웃음에 가득 차 있었습니다. "내가 도움을 필요 로 한다는 거, 상담을 받지 않고는 살아갈 수 없다는 거, 당신은 뻔히 알고 있잖아요. 그러면서 어떻게 나보고 상담 치료를 중지하란 말을 할 수 있는 거예요? 내가 이렇게 괴로워하는 걸 보면서도 모른 척하 겠다는 말인가요?"

마치 몽둥이로 두들겨 맞는 느낌이었습니다. "휴우" 긴장을 풀면 서 나는 "그 생각은 미처 못했네요"라고 말했습니다. 잠시 시간을 두 고 숨을 깊이 쉬면서 안정을 회복한 후 다시 그녀에게로 향했습니다.

"당신이 어찌나 격렬하게 감정을 나타내는지, 어안이벙벙했어요. 당신 마음을 다치게 할 생각은 전혀 없었어요. 하지만 나 혼자서 치 료를 계속한다는 결정을 내릴 수는 없거든요. 그것은 반드시 우리 둘

이 함께 결정해야 하는 일이에요. 당신도 나처럼 당신의 의견을 말해야만 해요."

말을 하면서 나는 이미 그녀가 내 말을 흘려듣고 있음을 눈치챘습니다. 모니카는 자기가 전혀 이해받지 못하고 있다는 기분으로 꽉 차 있었습니다. 그리고 그녀가 그러고 있는 한, 이 일을 객관적으로 상의한다는 것은 이미 틀린 일이었지요.

"내가 던진 질문이 내가 의도한 바와는 반대로 당신한테 받아들여졌군요" 하며 나는 다시 한 번 그녀의 마음을 열어보려고 했습니다. "당신을 진지하게 대하려고 했던 거예요. 한데 바로 그 때문에 당신은 마치 내쳐진 것 같은 느낌을 받은 거고요."

고개를 끄덕이면서도 그녀는 아직도 나와 대화할 태세를 갖추지 않았습니다. 마음을 너무 크게 다쳐 내 앞에서 마음의 문을 꽉 닫고 있는 그런 시점에서는, 그녀에게 다가간다는 것이 불가능했습니다.

나와의 관계에서 생긴 이 상황은, 모니카 슈베르트가 지금까지 살아오면서 부딪친 어려움을 단적으로 보여주었습니다. 남들에게 이해받기를 원했지만 흔히 그 반대의 경험을 한 그녀였습니다. 남에게 자기 자신을 알릴 줄도 몰랐고, 자신을 이해하도록 남에게 기회를 줄 수도 없었으니까요. 그러기는커녕, 자기 상처 속에 웅크리고는 외부를 향해 공격적이고 힐난조로 반응했던 것이지요. 그녀는 자신에게 필요한 사람들을 밀쳐내곤 했습니다. 그리고 그들을 받아들일 준비가 되어 있지 않는 한, 그녀가 끊임없이 오해받고 또 남을 오해하며 살리라는 것은 정해진 이치였습니다.

"아무도 나를 이해 못해"라는 내사에 젖어 있다 보면 다른 사람과의 교제가 불편하게 느껴지고, 남을 믿지 못하거나 매우 조심스럽게 대하게 됩니다. 남을 의심함으로써 새롭게 상처 입는 데서 자신을 보호하는 효과는 있겠지만, 다른 쪽에서 보면 그것은 상대에게 자기를 닫아거는 행위입니다. 자신을 상대에게 열어 알리지 않는다면 이해받을 수도 없는 것 아닐까요? 이렇게 악순환이 계속되다 보면, 지금까지 두려워만 했던 것이 마침내는 현실이 되어버립니다. "난 다 알고 있었어. 난 이해받지 못해, 언제나 거부만 당한다고." 이것이 근거가 되어 그 밖의 다른 관계도 모두 의심의 눈초리로 보게 됩니다. 마지막에 남는 건 외로운 사람, 또다시 거부당할까 두려워 아예 삶에서 돌아앉아버린 사람뿐이지요.

그러나 그녀가 사태를 변화시킬 수도 있습니다. 만약 그녀가 '아무도 나를 이해 못해'라는 생각이 한낱 자기의 내사에 불과하다는 것을 깨닫는다면, 그래서 지금의 현실에서 사실을 한번 검토해본다면 말입니다. 그렇게 놓고 보면 내가 했던 질문이 자기를 이해한 바탕 위에서 나온 것이고, 우리 두 사람의 관계를 숙고해볼 기회를 자기에게 주는 것임을 실감할 수 있을 겁니다. 자신이 외부로부터 겪는, 그리고 겪는다고 믿는 몰이해의 대부분이 바로 자신의 선입관과 의심에서 비롯한 것임도 느끼게 되고 맙니다. 의심과 거부감으로 남을 대하는 사람이 남의 애정을 받기란 어려운 일이니까요. 그러나 그 모든 의심을 떨치고 용기를 내어 자신을 열어 보인다면, 주위 사람들이 자기를 훨씬 더 잘 이해하게 됨을 경험할 것입니다.

그러나 그녀가 자란 환경에서는 이러한 개방성이 허용되지 않았습니다. 부모는 그녀를 끊임없이 통제하면서, 그녀가 자신의 의견을 말할 수 없게 했습니다. 그녀가 집에 늦게 들어오는 경우는 대부분, 걱정 거리가 있거나 기분이 울적할 때였습니다. 하지만 부모는 그런 것은 아랑곳하지 않은 채 그저 "그런 표정 좀 짓지 말라"고 하거나, 늦게 들어왔다고 벌을 주기 일쑤였습니다. 왜 제때에 들어올 수 없었느냐거나 무슨 언짢은 일이 있었느냐고 묻는 일은 한번도 없었습니다. 모니카 슈베르트는 그렇게, 자기 자신이나 자기의 상황을 한번도 이해받아보지 못한 채 오직 몰이해와 비판에만 부딪치며 살아온 것이었습니다. 그러다 보니 단 한 번이라도 이해받고 싶다, 내 소망과 욕구대로 남에게 받아들여지고 싶다고 간절히 바라게 된 것이지요. 남들이 이러한 기대와는 다르게 자기를 대해주면, 이해받지 못하고 거부당했다는 느낌이 드는 것도 당연한 일이었습니다. 나와의 일도 바로 그렇게 된 것이었지요.

어린 시절에 겪었던 실망감, 인격체로 대접받고 이해받지 못했던 그 느낌이 배경에 있었기 때문에, 그렇게 정도 이상으로 화를 내고 심하게 마음을 다쳤던 것이었습니다.

선의로 했던 질문에 모니카 슈베르트가 마음을 다친 것은, 그로 인해 그녀의 아물지 않은 상처가 건드려졌기 때문입니다. 그러나 모든 경우에 책임이 내담자 편에 있는 건 아닙니다. 상담자가 내담자의 마음에 상처를 주는 실수를 범하는 일도 있을 수 있습니다. 예를 들어, 상담자가 상담 예약 시간을 깜박 잊어버렸을 때 내담자가 자존감에 상처를 입을 수 있습니다. 내담자가 어렸을 때 '잊혀진 아이' 경험을 한 사람인데 그때 마침 그 비슷한 일을 겪어서 옛날 상처를 되씹고 있는 상황이라면 일은 특히 심각해집니다.

사과하거나 일의 전후 상황을 해명함으로써 두 사람의 관계가 회복되거나 새롭게 형성되는 경우도 가끔 있기는 합니다. 대개 이런 회복은 상담자나 내담자 중 어느 한 사람이, 이 일로 해서 자기에게 생긴 언짢음에 대해 이야기를 꺼내는 데서 시작됩니다. 그런 다음에는 이 주제를 함께 다루어볼 수 있을 뿐만 아니라, 옛날 상처를 분명히 의식하여 이제 다시는 잊혀지지 않기 위해 지금 할 수 있는 대책을 함께 찾아볼 수도 있지요. 그러나 약속 시간을 깜박 잊음으로써 상담자는 자기도 모르게 내담자의 상처난 마음의 움직임에 반응한 셈이 되었고, 그런 방식으로 내담자의 불쾌한 경험을 반복시킨 겁니다. 말하자면 내담자에게 '걸려든'[8] 것이지요. 이 경우 상담자는 어떻게 해서 그런 일이 일어났는지를 자문하지 않을 수 없습니다.

내담자가 너무도 깊이 상처를 받은 나머지 상담자의 실수를 도저히 용서할 수 없는 경우, 상담 치료를 중지해야 하는 수도 있습니다. 이는 양쪽 모두에게 매우 고통스러운 일로, 아물지 않은 상처를 치료할 기회를 잃을 확률이 높습니다. 물론 몇몇 특수한 경우에는 상담을 중단하는 것이 유일한 해결책인 때도 있습니다. 그러나 마음상함으로 인해 치료를 중단하는 경우라 할지라도, 되도록 두 사람이 서로 의견을 충분히 나눈 후에 중단하는 것이 좋습니다. 그래야 불편한 느낌 때문에 불필요하게 오랫동안 상대에게 묶여 있는 일을 피할 수 있으니까요.

· 상처 입히는 사람 역할 ·

상처를 주고 상처를 받는 것은 본질적으로 거울에 상이 비치는 것과 같은 사건입니다. 상처를 주는 사람과 받는 사람의 반응 양식이 대개 비슷한 까닭이지요. 물론 상처를 주는 사람이 그 행위에 대해 민감하다는 전제 아래 성립되는 얘기지만 말입니다. 상처를 잘 받는 사람일수록, 자신이 남에게 상처를 입혔다는 사실에 날카로운 반응을 보입니다. 물론 이것은 상대방이 자기 때문에 마음을 다쳤다는 사실을 그가 분명히 알고 있을 때의 일입니다. 남에게 상처 주는 줄도 모르면서 상처 내는 사람이 정말로 있으니까요. 그럴 경우 상처를 준 사람은 상대가 더 이상 연락을 하지 않는다고 오히려 의아해합니다. 연락을 않는다는 사실 자체가, 그가 얼마나 심하게 마음을 다쳤는지를 알려주는 징표가 될 수 있을 텐데도 말입니다.

자기의 행동이나 말로 인해 상대가 마음이 상했다는 사실을 직접 듣게 되면 상황이 달라집니다. 아마도 이 경우엔 상처를 낸 사람이 뜻밖의 사태에 어안이벙벙해지면서, 자기가 야기한 일에 대해 깜짝 놀랄 겁니다. 그리고 그 자신도 상처받은 사람 못지않게 죄책감을 느끼고 어쩔 줄 몰라하겠지요. 게다가 상처 입힌 사람이 원래 상처를 잘 입는 사람이라면, 자신이 무기력하게 느껴지고 자책까지 하게 되므로 그 역시 자존감이 망가지는 느낌을 받습니다.

실수를 하지 않으려고 특히 애쓰는 사람, 자기가 설정한 기준에 미치지 못하는 행동을 했을 경우 오랜 동안 자기 비판을 하는 사람이 이런 체험을 가장 많이 합니다. 다른 사람의 마음을 상하게 함으로써—그로 인해 상처받은 사람과 마찬가지로—평소 자신의 내사, 즉 훌륭한 인간이자 친구로서 나는 이러이리해야 한다는 신념과 직접 충돌하게 되기 때문입니다. 다른 사람에게 상처를 입혔다면 스스로가 부과한 기대치를 채우지 못한 것이고, 그렇다면 자신을 경멸하지 않을 수 없는 것이지요.

남을 아프게 했다는 사실 때문에 당황하는 정도에서 그치는 게 아니라, 겁을 잔뜩 먹고서 어쩔 줄 몰라한다는 데에 문제가 있습니다. 무엇을 어떻게 해야 좋을지, 어떻게 반응해야 좋을지 그는 도무지 알 수 없는 상태입니다. 다만 자기가 남에게 상처를 입혔을까 봐, 그토록 화를 낼 만큼 자기가 상대를 자극했을지도 모른다는 생각에 전전긍긍합니다. 자기가 무언가 잘못했다는 그 사실이 마음을 아프게 하고 또 화나게 합니다. 자기에게 그런 일이 일어났다는 사실을 생각하면 자신에게 화가 나고, 때로는 상대에게까지 화가 나기도 합니다. 왜 그렇게 예민하게 반응하는가 싶어서 말이지요. 엄밀히 말해서, 남을 상처 입힌 일은 상대방뿐만 아니라 그 자신도 비슷하게 괴롭힙니다. 아마 자기가 상대에게 끼친 해에 대해서 부끄러워하는 마음도 들 겁니다. 그 결과, 그런 일을 슬쩍 덮어버리려 하든지, 아니면 아예 상대와의 접촉을 피해 도망가버립니다.

모르고 상대에게 상처를 입혔을 경우 상대가 격렬하게 반응하면, 상처 입힌 사람은 자기가 이해받지 못한 채 상대의 괜한 노여움에 희생되고 박대당했다고 느낍니다. 그리하여 자기가 도리어 상처를 입고 모욕감에 쌓인 채, 또는 화를 내면서 물러나버립니다. 물론 상처를 입힌 사람으로서 자책감을 갖고 사태를 호전시키기 위해 노력하는 경우도 있을 수 있습니다. 그러나 어쨌든 지금까지의 관계가 흔들리거나 금이 갔다는 사실에는 변함이 없습니다. 의식적이었건 모르고 그랬건 간에, 아무튼 그가 저지른 일로 해서 말입니다.

관계를 맺은 두 사람이 각각 마음에 갖고 있는 상처의 종류가 서로 딱 맞아떨어질 때, 상처는 더 쉽게 발생합니다. 앞에서 얘기한 이레네 마이어와 그의 애인 토마스의 경우, 이레네는 남자가 자기를 떠날까 봐 늘 걱정이었습니다. 토마스는 여자 손에 잡혀 꼼짝못하게 될까 봐 겁을 냈습니다. 이레네의 아물지 않은 상처는 존중받지 못한다는 것이었고, 토마스의 상처는 독립된 자기 자신으로서 살아갈 수 없다는 고통이었던 것이지요. 이레네는 토마스를 감시하고 자기 뜻대로 움직임으로써 헤어짐의 고통을 다시는 맛보지 않게 방어하려 했고, 토마스는 이런 관계를 자꾸 피함으로써 자신을 보호하려 했습니다. 두 사람이 다 자기 방어 수단으로 택한 방법이 하필이면 바로 꼭 그만큼 상대를 상처 입히는 것이 되었습니다. 상대의 뜻대로 움직이는 것을 그렇게 겁내지만 않았어도, 토마스는 이레네의 간섭에 좀더 여유 있게 선을 그을 수 있었을 겁니다. 그랬다면 그는 자기의 경계를 침범당하지 않으면서도 그녀 옆에 머무를 수 있는 시간이 많았을 것이고, 이레네 역시 그 정도로 마음에 상처를 입지는 않았겠지요. 거꾸로 이레네가 또다시 홀로 남겨지는 것에 대해 공포를 느끼지만 않았다면, 토마스가 자리를 피해 사라질 때 그렇게까지 마음상하는 일도 없었을 겁니다.

비단 상담 치료에서뿐만 아니라 그 밖의 다른 관계에서도, 우리는 상대가 무의식적으로 제공하는 관계 유형에 맞추어 반응합니다. 그런데 이렇게 주어지는 관계는 대부분 상대가 체험한 상처라든가 퇴짜 경험에서 비롯하는 것입니다. 인간은 '본래' 접촉을 통해 새롭고 긍정적인 체험을 하고 싶어하지만, 그럼에도 항상 똑같은 일로 상처받고 마음을 다치는 걸 피할 수 없습니다. 이는 완결되지 못한 개인사로 인해 비롯되는 직접적인 결과로, '반복 강박'[9] 속에서 같은 장면이 끊임없이 반복됩니다. 완전히 해결될 때까지 그 일이 계속되는 겁니다. 그런 까닭에, 상대가 떠나갈까 봐 겁내는 이레네가 발견하는 남자는 공교롭게도 언제나, 그녀에게 바로 이 두려움을 불러일으키는 사람인 겁니다. 거꾸로 토마스는 자기 어머니에게서 겪은 것과 비슷한 체험을 이레네에게서 자꾸 경험하고 말입니다. 두 사람 다 상대의 노이로제를 '알아 모시고' 있는 셈이지요. 이런 실망을 끊임없이 반복하다 보면 부정적인 견해만 더 강화되게 마련입니다.

심리 치료는 바로 이런 점을 잘 다룸으로써 해결되지 않는 개인사의 문제를 해결할 수 있도록 돕습니다. 우리는 상대가 무의식적으로 내놓는 관계 유형에 무심코 반응하곤 하는데, 이것은 우리가 상대의 체험을 직접 알고 있지는 않기 때문입니다. 한데 다른 사람에게 우리가 반응하는 모습을 잘 살펴보면, 그 안에 나와 상대가 서로 상처를 줄 수 있는 위험 요소가 들어 있음을 알 수 있습니다. 예를 들어 우리가 누군가와 상대하면서 특별히 조심스러워한다고 해보지요. 어떤 경우에도 그 사람의 마음을 상하게 하지 않으려 애를 쓰면서 말입니다. 그러나 그렇게 노력하는 것 자체가 이미 함정에 걸린 것일 수가 있습니다. 왜냐하면 아마도 그럴 때 우리는 무의식 중에 상대의 예민함에 반응하면서, 우리가 그를 건드려 아프게 할 수도 있음을 예감하는 것인지도 모르니까요. 아무리 그를 배려하며 조심스레 대하더라도 결국 그에게 상처를 입히게 될 거라는 예감 말입니다.

상대를 배려하느라 잔뜩 긴장하다 보면 어색해지고, 아무래도 부자연스러워집니다. 생기가 없어지고 분위기가 답답해집니다. 그런 상황에서는 우리가 피하려고 했던 바로 그것, 상대를 상처 입히는 일이 일어나게 마련입니다. 우리가 피하고 싶은 일은 언제든 일어날 수 있기 때문입니다.

어떤 만남이나 상황에서 기분상 무언가가 우리에게 맞지 않다고 느껴질 때, 우리는 정신을 바짝 차리고 자신의 느낌을 믿어야 합니다. "별일 없을 거야"라는 식의 이성적 판단으로 안심하는 것은 금물입니다. 어떤 일은 할 수 없음을 인정하고 자신의 한계를 인정하는 것이, 힘겹게 애쓰다가 결국 상대의 마음을 다치게 하고 그 때문에 자신도 상처 입을 위험이 있는 상황으로 들어가는 것보다 훨씬 낫습니다.

· 직장에서 경험하는 마음상함 ·

어떤 사람이 직장에서 자기로서는 전혀 재미를 느끼지 못하는 일, 너무 힘들거나 능력에 맞지 않는 과제를 떠맡았을 경우에 이런 상황이 자주 발생합니다. 실업의 압박을 너무 심하게 받다가 결국 자기의 능력이나 욕구와는 전혀 상관없는 일을 택하게 되는 경우가 대부분 여기에 속하지요.

일이 자기에게 맞지 않다는 것을 체험하는 대신 오히려 지금까지 몰랐던 좋은 점을 그 일에서 발견하는 경우도 있기는 합니다. 하지만 설령 그럴 때라 해도 일이 괴롭기는 마찬가지입니다. 일을 하는 사람이 그 일을 마음으로부터 자기 일로 생각할 수 없음에도, 외부에 자기와 그 일을 동일시하여 표현해야 할 때는 특히 그렇습니다. 의욕과 일의 능률이 저하되고, 상사나 동료의 비판은 점점 더 그의 용기를 꺾어 더 쉽게 마음을 상하게 합니다. 악순환이지요. 의욕 없이 일을 할수록 능률은 그만큼 더 떨어지고 주변의 반응은 점점 더 부정적이 됩니다. 그리고 이번에는 이것이 그의 마음을 상하게 해서, 일을 성실히 하고자 하는 생각을 사라지게 합니다.

일의 내용 외에 직장의 분위기도 가끔 사람의 의욕을 꺾고 마음을 다치게 하는 요소가 됩니다. 충분히 존중받고 있지 못하다는 느낌이나, 배척되거나 배제되고 있다는 느낌이 함께 일하는 사람들 사이에 만연할 때, 심지어 중상이나 모함을 당하는 것 같다는 인상을 받을 때, 결과는 대개 과민 반응으로 나타납니다. 만약 그들 중에 쉽게 마음을 다치는 사람이 있고 바로 이런 문제가 공교롭게도 그의 아물지 않은 상처와 일치한다면, 자살 기도라는 결과에까지 이를 수도 있습니다.

직업과 관련하여 마음을 다칠 가능성은 매우 높습니다. 일에서 우리는 존경과 인정, 자존감의 고양을 기대하기 때문입니다. 직장을 잃어버리면 우리의 자의식 중 한 조각도 떨어져 나갑니다. 실업의 후유증이 그렇게도 심한 것은 바로 이 때문입니다. 일이 없어지면 우리는 자신이 이제 무용지물이 되었다고, 이등 인간으로 강등되었다고 느낍니다. 어딘가에 소속되고 참여하고자 하는 우리의 욕구가 그로 인해 상처를 받는 것이지요. 사람들이 실업 상태가 된 다음에도 오랫동안 그 사실을 숨기는 일이 끊임없이 되풀이되는 것도, 이런 관점에서 보면 그리 놀랄 일이 아닙니다. 남들 눈에 더 멋지게 보이고 싶기 때문만이 아니라, 자기의 구겨진 자존심과 마주하는 것을 피하고 싶기 때문입니다.

직장에서 다른 사람이 나보다 우월하다고 느껴질 때, 동료가 나보다 더 나은 대우를 받을 때에도 우리의 자존감은 저하됩니다. 예를 들어 사장이 나말고 다른 사람에게 의견을 물을 때, 특히 내가 남보다 일도 더 잘 알고 있고 경험도 더 많다고 확신하는 상황에서 그런 일이 벌어질 때, 우리의 마음은 상처를 받습니다. 함께 일하는 사람으로서 나의 가치가 손상되었다고, 내가 거둔 성과가 폄하되었다고 느껴지기 때문입니다. 그리고 내가 전혀 중요하지 않단 말인가, 내 의견은 아무런 의미가 없단 말인가 하고 묻게 되지요. 이렇게 마음이 상해버리면 우리는 '그럼 왜 나에게는 물어보지 않았을까' 하는 질문의 답을 찾아볼 생각조차 않습니다. 그에 대한 정보를 모아보는 대신 의기소침해지고 분개하면서, 질문을 받은 그 동료가 아마도 아첨꾼일 거라고, 사장은 무능력자라고 험담을 할 뿐입니다.

자기보다 일에 대한 식견이나 통솔력이 부족한 사람을 상관으로 맞아 지휘를 받을 때, 마음상함의 정도는 특별합니다. 그 자리를 내가 차지하지 못했기 때문만은 아닙니다. 그것을 넘어서서, 내가 나보다 자격이 없는 사람의 지시를 받아야 한다는 것이 몹시 자존심 상하는 일인 것입니다.

로베르트 쉰은 회사에서 바로 이러한 경험을 한 사람입니다. 그는 직업에 성실하고 그 결과 출세도 할 수 있었던 사십팔 세의 남자로, 자기 회사가 생산한 물건을 판매하는 일을 맡고 있었습니다. 지금까지 그는 수많은 중요한 결정을 단독으로 내릴 수 있는 권한을 갖고 있었습니다. 판매 숫자가 틀리지 않는 한, 꼭 필요한 경우에만 사장에게 설명을 할 뿐 그 밖에는 아무런 의무도 없었습니다. 완전히 독자적으로 일을 했던 것이지요. 물론 판매 숫자가 틀리는 일은 없었습니다. 그 뿐인가요, 이익이 증가하기까지 했습니다. 그런데 회사가 확장되는 과정에서 그가 일하던 부서가 구조 조정되면서, 그는 새로 부임한 판매부장 밑으로 배속되었습니다. 이제는 일일이 보고를 하고 확인을 받아야 했습니다. 그렇게 오랫동안 한결같이 회사를 위해 나름대로 일해왔던 그로서는 참 견디기 힘든 변화였습니다. 게다가 업무의 중심이 지금까지와는 달라져서 재교육까지 받아야 했지만, 그래도 그는 불평 없이 이 새로운 자리를 받아들이기로 했습니다. 마음엔 전혀 들지 않았지만 일단 받아들여서, 이것을 오히려 새로운 도전으로 알고 열심히 해보려고 했던 것이지요. 그런데 그로부터 얼마 지나지 않아 다시 조직이 개편되면서, 이번에는 최신 판매 전략과 시장화 전략을 도입할 젊은 사람이 그의 상관으로 부임했습니다. 경쟁이 점점 치열해지자 "새 빗자루가 더 잘 쓴다"는 원칙 아래, 이익을 증대시키고 판로를 개척하려는 회사의 정책에 따른 결정이었습니다.

일반적인 변화나 타당한 개선에 대해서는 열린 입장을 취하고 있던 그였습니다. 하지만 자기의 능력을 그렇게 조금밖에 믿지 못하는 사장의 태도는 그를 무척 실망시켰습니다. '글쎄?' 하고 그는 생각했습니다. '새로 오는 사람이 괜찮아서 나하고 잘 통할지도 모르잖아' 하면서 속상함을 달랬습니다. 하지만 일은 아주 어렵게 되었습니다. 마침 새 지사장도 하루빨리 성과를 내야 한다는 압력에 시달리고 있던 참이라 일마다 참견을 하면서 로베르트를 비판하기 시작했습니다. 자기 일과는 직접 관계가 없을 뿐만 아니라 로베르트가 훨씬 더 잘 알고 있는 분야까지도 말입니다. 마치 자기가 모든 것을 더 잘 안다는 투였습니다. 갈등은 갈수록 첨예화되었고, 로베르트는 현재 지사장의 상관이기도 한 예전 사장에게 도움을 요청해보았습니다. 하지만 사장은 새 지사장에게 큰 기대를 걸고 있어선지, 그의 요구가 전혀 먹히지가 않았습니다. 오히려 새 지사장의 기분을 건드렸다가 혹시 그가 그만두기라도 하면 어쩌나 걱정하는 눈치였습니다.

신임 지사장의 비판을 자기 능력에 대한 폄하로 받아들이면서 내부의 열등감과 마주치게 되자, 로베르트는 점점 더 동요하기 시작했습니다. 자신의 능력이 뛰어남을 알고는 있었지만 동시에 자기 불신도 매우 커졌습니다. 그리고 그럴수록 이 불신을 극복하기 위해 일을 더 열심히 하고 성과를 많이 내는 데 주력했지요. 하지만 그간에 겪었던 수많은 멸시가 그의 부정적인 자기 평가를 자꾸 부채질했습니다. 그러자 이 문제를 매듭짓기 위해 그는 다른 일자리를 구하는 쪽으로 점차 생각이 기울었습니다. 그러나 그런 해결책이 본래 자기가 원하던 것이 아니고 단지 도피책이라고 느껴진 까닭에, 이 갈등을 어떻게든 이겨내기로 마음먹었습니다.

그가 이런 결심을 한 바로 그때, 신임 지사장은 일을 한꺼번에 너무 많이 벌인 나머지 위기에 봉착해 있었습니다. 그리하여 예전 사장까지 포함시킨 삼자 회의가 열려 본질적인 문제들이 논의되었고, 모두의 동의 아래 새로운 규칙이 제정되었습니다. 하지만 신임 지사장과의 사이에 있었던 갈등은 로베르트의 마음에 깊은 상처를 남겨놓아, 그로 하여금 이후에도 계속 비슷한 갈등을 겪게 하는 원인이 되었습니다.

· 기관들간의 마음상함 ·

마음상함이란 비단 개개인이 다른 개인과의 생활에서 겪게 되는 개인적 현상만은 아닙니다. 한 기관 내에서, 또는 기관과 기관 사이에도 마음상함이 일어날 수 있습니다. 그때 발생하는 감정은 개인의 경우와 비슷하며, 대개는 그 기관에서 일하는 사람들을 통해 모습을 드러냅니다.

국민 건강을 담당하는 기관들 사이에 일어나는 마음상함 중 가장 빈번하고 또 내가 잘 알고 있는 형태는 시기, 경쟁심, 업적의 무시나 경시 따위입니다. 경쟁심이란 다른 기관, 또는 한 기관 내의 다른 부서/병동과의 비교를 통해서 자기 평가를 하는 경우에 일어납니다. 누가 더 일을 잘하는가, 누가 더 발전된 팀을 갖고 있는가, 경향을 주도하는 건 누구인가, 누구에게 결정권이 있는가 등이 평가 항목이 될 수 있겠지요. 각각의 기관이나 부서가 모두 자기네가 이런 점에서 최고라고 공언할 경우, 이들의 접촉이 서로 상처를 주고받는 일 없이 이루어질 수는 절대 없습니다. 이런 상황에서는 사소한 비판이나 비판적 토론조차도 상대의 입장을 공격하는 것으로 받아들여지고, 따라서 이에 응분의 반격을 하는 것으로 누구나 대응하게 되니까요.

예를 들어 인사 배치라든가 시설 등에 현격한 차이가 있을 경우, 시기심이 발생할 수 있습니다. 사회 기관에서 특정 부서만을 선호할 때, 다른 부서에서는 마음을 다치는 결과가 발생합니다. 부서를 뛰어넘는 차원의 대화가 이루어지는 일은 거의 없어, 그 문제를 느끼는 사람들이 터놓고 의견을 말할 기회 역시 드뭅니다. 이렇게 하여 이들 사이의 마음상함은 해결되지 않은 채 지속적인 문젯거리가 됩니다. 결국 서로 싫어하는 동료들 사이에서 싸움이 일어나지요. 상대방을 깎아내리고 비방하며 반대파를 게으르다거나 무능력하다고 의심하는가 하면, 서로 피하기까지 합니다. 그쯤 되면 물리적으로 떨어진 몇 미터, 또는 한 층이, 심리적으로는 경우에 따라서 거의 극복하기 어려운 먼 거리가 되어버립니다.

비교적 독자적으로 일할 수 있는 기관이라면 이렇게 상처 입을 가능성에서 꽤 멀리 떨어져 있을 수 있겠지요. 그러나 모든 기관들이 서로 긴밀히 연관되어 있고 상호 의존하며 존재하는 요즘, 그것은 거의 불가능하다고 할 수 있습니다. 예를 들어 심리 상담소는 상담료를 지불하는 사람들에게는 물론, 외래 및 입원 시설의 도움과 협력에도 의존하고 있습니다. 이런 기관들이 있어야, 중독증 같은 분야의 일을 효과적으로 해낼 수 있기 때문이지요.

여러 기관이 협조하여 내담자들을 치료하면서 그들에게 좋은 평을 얻으려고 애쓸 때, 이 기관들 사이에 경쟁심과 마음상함이 일어날 수 있습니다. 대학 병원이나 상담소 그리고 그 밖의 사회 기관들은 이러한 경쟁을 피하면서 고객을 자기 쪽으로 끌어 모으려고 합니다. 심리 치료의 입장에서 보면, 특히 중독증의 경우 내담자가 충분히 동기화되지 않았는데도 짐을 덜기 위해 치료 기관으로 보내는 건 별 소용이 없을 뿐만 아니라 실패하기 십상입니다. 그런데 중독증 치료를 받기 위한 조건을 더 까다롭게 해야 한다고 주장하는 사람들은 바로 그 입장 때문에 오해를 받아 마음이 상하곤 합니다.

외래와 입원 기관에서 일하는 동료들 사이에 협조가 잘 이루어지지 않고 일의 가치가 공정하게 평가되지 않으면, 여기서도 마음상함의 소지가 자리잡을 수 있습니다. 이런 상황에서는 동료가 치료 방법에 대해 의견을 말하거나 한 마디만 비판해도, 곧장 자기 일을 간섭하는 것으로 받아들여십니다. 외래와 입원 기관 모두가 마음을 열고 어떤 치료가 필요하며 왜 그런지에 대해 의견을 나눌 때, 이들 사이의 전문적인 협동 작업은—원칙적으로 그렇기도 하지만—마음상함을 피하는 데 기여할 수 있습니다. 외래 진찰에서 어떤 일이 있었는지를 대학 병원의 상담자가 잘 알고 있다면, 그에 준해서 치료의 방향을 잡을 수 있기 때문입니다.

정치적인 차원에서 기관이 마음상함을 경험할 때도 있습니다. 요즘 보건국에서 여러 가지로 일어나고 있듯, 자기들의 중요성과 업적이 공정하게 보상되지 않고 있을 때가 바로 그런 경우입니다. 입원 또는 외래 병원 그리고 상담소의 예산이 그들의 능률과 상관없이 삭감될 때, 당사자들의 자존감은 크게 손상됩니다. 자신들이 하고 있는 일이 무의미하고 자신들이 일을 잘 못하는 것으로 평가된 듯한 느낌을 받기 때문이지요. 예산 감축으로 인해 그들의 생존이 위협받을 수 있다는 건 차치하고라도 말입니다. 게다가 이런 일로 해서, 상담 치료라는 일의 가치뿐만 아니라 그 일을 업으로 삼고 있는 사람들의 존재 명분까지도 타격을 받게 됩니다.

기관들이 경험하는 마음상함에 대해서는 지금까지 간단히 생각해본 정도로도 문제점을 드러낸 것으로는 충분하다고 여겨집니다. 이 주제를 더 자세히 논하는 것은 다른 기회로 미루겠습니다.

· 시기, 질투 그리고 경쟁심 ·

'기관들 편'에서 이미 언급한 대로, 시기와 질투, 경쟁심은 마음상함과 관계된 맥락에서 아주 큰 몫을 차지합니다. 우리는 남들이 소유하고 있는 것, 행하는 것, 그리고 체험하는 것을 시기합니다.[10] 그들이 갖고 있는 멋진 자동차, 수입과 옷 그리고 외모를 부러워합니다. 뿐만 아니라 그들의 능력, 그들이 누리는 자유, 그들의 대인 관계와 배우자 관계, 그들의 행운을 시샘할 때도 있습니다. 남들이 가진 것 모두가 우리의 시기 대상이 될 수 있는 것이지요. 그런 것들은 바로 우리의 숨겨진 소원, 이루어지지 않은 소망을 가리키기도 합니다. 매력적으로 보이나 우리는 갖고 있지 못한 것들에 대해 샘을 내는 겁니다. 그래서 아이가 있는 기혼 부인들은 가끔 미혼 친구들이 누리는 자유를, 그들이 다른 것을 고려할 필요없이 완전히 자기 계획대로 인생을 꾸며갈 수 있음을 부러워합니다. 그런가 하면 결혼을 하지 않은 여자들은 거꾸로, 아이들과 결혼에 매여 있는 바로 그 처지를 샘내기도 합니다. 자기들에겐 없는 것이니까요. 채워지지 않은 우리의 소망이 다른 사람에게서 이루어진 것을 보는 순간, 그 사실을 인정하고 싶지 않거나 심지어 부정할 때, 이 소망은 시기심으로 돌변합니다.

시기심이 일어나는 제일 큰 원인은 소망과 욕구가 채워지지 않은 데에 있습니다. 한데 이것을 넘어서 시기심이 자기 자신의 마음을 상하게 하는 데까지 나아갈 때가 있습니다. 우리가 그것을 갖지 못했다고 해서 자신을 폄하해버릴 때가 그렇습니다. 우리보다 가진 것이 많고 똑똑한 사람, 더 좋은 직장에 더 크게 성공한 사람과 자신을 비교한다면 우리는 낭연히 실패자가 되고, 따라서 가치 없는 인간이 됩니다. 그럴 경우 우리는 시기하는 정도가 아니라 자기애의 마음을 다치고 자존감에 상처를 받게 되지요. 그 결과 고통을 느끼고, 우리가 부러워하는 그 사람으로부터 거리를 취하게 됩니다.

그 사람이 그걸 갖고 있다는 것을 도저히 용납할 수 없는 심정일 때, 시기심은 그 사람을 깎아내리거나 심지어 없애버리고 싶은 충동으로까지 변합니다. 그리하여 무언가 가치를 손상시킬 만한 점이 그에게서 발견되는 순간 우리의 "시기심에 찬 가슴은 안정을 되찾게 됩니다. 시기하는 마음이 안정을 찾을 수 있는 만큼만"[11] 말이지요. 하지만 상대를 그렇게 깎아내리는 것이 실제로는 별 도움이 되지 않습니다. '시기하는 마음'은 그 자체가 채워지지 않은 마음이라 본래부터 안정감이 없기 때문이지요.

우리가 시기심을 내놓고 얘기할 용기를 가질 때, 우리가 정말 원하는 것이 무엇인지 발견해낼 때, 그때야 비로소 우리는 시기심을 극복할 수 있습니다. 그쯤 되면 시기심은 우리가 소유하지 못한 것, 아마 앞으로도 영원히 가질 수 없는 것에 대한 슬픔으로 변합니다. 그러나 동시에, 우리의 소망을 이룰 수 있는 다른 길을 모색하는 것으로, 그리고 어쩌면 이 새로운 길을 기뻐하는 것으로 바뀔 수도 있습니다. 자신의 처지에 만족해서 다른 사람을 있는 그대로 인정할 수 있을 때에만 우리는 시기심에서 자유로워질 수 있습니다.

흔히 시기심은 경쟁 관계를 유발하는 원동력이 됩니다. 우리 중에 누가 더 나은가, 누가 더 인정을 받고 이해를 받는가, 누구 의견이 더 진지하게 받아들여지는가 등을 놓고 경쟁이 붙습니다. 이 경우, 경쟁을 대하는 태도에는 남녀의 차이가 있습니다.[12] 남자들은 자기를 남과 구별함으로써 자아를 발전시켜갑니다. 따라서 남자들에게는 경쟁 관계가 정체성을 확립시켜주는 역할을 합니다. 그 이유는 바로 엄마와 아들의 관계가 동성 관계가 아닌 데서 찾을 수 있습니다. 사내아이는 엄마에게서 자기를 떼어내 차별화함으로써, 즉 엄마와는 다른 사람이 됨으로써 비로소 사내아이가 되고, 훗날 자기를 아빠와 동일시할 수 있게 된다는 것이지요.

그에 반해 여자들은 자기를 동성과 관련시키고 그들과 같아짐으로써 자아를 찾으려고 합니다. 따라서 경쟁한다거나 남과 다르다는 것은 불안 요소, 나아가 자신의 정체성을 위협하는 것이 될 수 있습니다. 선을 긋거나 차별화하는 등의 행위와 관련된 것이 경쟁인데, 이런 태도는 여자들보다는 대개 남자들에게 가까운 것이니까요.

그러나 여기서 다시 생각해보아야 할 점은, 경쟁이라는 태도가 사회화 요소의 영향을 무척 많이 받는다는 사실입니다. 우리 사회에서는 지금 세대에 이르러서야 겨우 여자들이 직장에서 같은 여자끼리만이 아니라 남자하고도 경쟁하는 것을 배우기 시작했습니다. 남자들은 역할표에 이미 이 항목이 들어 있기 때문에 어렵지 않게 경쟁할 수 있습니다. 여자들은 경쟁할 때 대개 이를 숨기든가, 아니면 기껏해야 조금 드러내는 정도입니다. 특히 자기의 업적을 통해 다른 사람들이 독려되는 공동 경쟁 같은 것은 여자들에게는 완전히 낯선 것일 때가 많습니다. 혹시 아닌 것이 있다면, 파괴적인 형태의 경쟁, 즉 남을 모조리 배제한 후 유일한 승리자로 혼자 목표 지점을 돌파하는, 남자와 여자 전체를 상대로 한 경쟁이 되겠지요. 하지만 이 경우에는 상대과의 관계가 끊어지는 위험도 감수해야 합니다. 이런 형태의 경쟁은 관계를 맺는 대신에 벌려놓기 때문입니다.[13]

우리 사회에서는 경쟁이라는 것이 늘 이런 파괴적인 의미로 통용됩니다. 공동의 목적을 위한 협동이나 지지, 서로간의 격려 같은 것은 대개 어느 개인의 이익 추구라는 제단祭壇에 희생되고 맙니다. 이러한 경쟁에서 우리 마음을 상하게 하는 것은 다른 경쟁자로 인해 바로 나의 힘과 영향력이 제한받는다는 사실이지요.[14]

그러나 마음을 다치게 하는 것은 비단 시기와 경쟁심만이 아닙니다. 질투 역시 내면의 평화를 깨기는 마찬가지입니다. "질투심은 고민 거리를 열심히 찾아다니는 정열이다"고 한 철학자 슐라이어마허 Friedrich Schleiermacher(1768~1834, 독일의 신학자·설교가·문헌학자. 일반적으로 근대 프로테스탄트 신학의 기초를 놓은 인물로 평가된다)의 말은 오늘날에도 변함없이 일리가 있습니다. '찾는다'는 말에는 '자기에게 고통을 가져올 것'을 처음부터 목표로 삼아 사방을 두리번거리는 적극적 동기가 포함되어 있습니다. 질투심이라는 것은 외부에서 오는 어떤 것, 남이 나에게 끼치는 어떤 것이 아닙니다. 그것은 다른 사람의 태도에 대한 개인의 선택적 반응입니다. 인용한 슐라이어마허의 말 속에는, 스스로 고통의 책임을 져야 한다는 생각이 떠다니고 있을 뿐만 아니라 다른 결정을 내릴 수도 있다는, 다시 말해 고통말고 다른 것을 찾아볼 수도 있다는 가능성까지 함께 숨쉬고 있습니다.

최근의 연구 결과에 따르면, 질투심에는 부정적인 특성 외에 관계를 맺게 하는 요인도 있다고 합니다. 왜냐하면 배우자의 사랑을 얻으려는[15] 소망에서 바로 질투심이 생기기 때문입니다. 질투의 핵심은 배우자의 사랑을 잃을지도 모른다는 생각인데, 질투심이 클수록 이것은 그만큼 더 그럴싸하게 여겨진다는 특징이 있습니다. 이렇게 하여 '사랑의 아이'로 태어난 질투심은 '사랑의 적'[16]이 되어버립니다.

시기심이 주로 만족되지 않은 소망 때문에 생기는 것이고, 두 번째 단계에서야 자신에게 상처를 주는 데 이르는 반면, 질투의 일차적 원인은 자존감이 위협당하는 데에 있습니다. 상대에게 이제는 우리가 제일번이 아니라는 것, 우리말고 다른 무엇 또는 누군가가 더 중요하다는 것 등의 이유가 우리로 하여금 다른 사람이나 일을 질투하게 합니다. 이렇게 볼 때, 질투는 마음상한 반응의 특수한 한 형태라고 할 수 있습니다. 배우자가 우리를 위해서는 전혀 시간을 내지 않으면서 항상 운동하러 가기에만 바쁠 때, 우리는 소홀히 취급되고 있다는 느낌을 받습니다. 그러면 배우자가 우리보다 더 좋아하는 운동과 운동 상대를 질투하게 됩니다. 배우자가 우리보다 그들과 더 많은 시간을 보내니까요. 우리가 원하는 사람을 우리에게서 떼어내는 모든 것은 질투의 대상이 되고 마음상함의 계기가 됩니다. 단지 배우자가 우리보다 그들을 더 좋아한다는 이유로 말입니다.

다음에 예로 드는 이야기에는 시기와 질투, 경쟁심이 모두 서로서로 결부되어 있습니다.

아냐는 남자 친구와 여행 중이었습니다. 그와의 관계는 위태로운 상태였지요. 벌써 몇 차례나 헤어지려고 했지만, 그때마다 두 사람은 결국 다시 합치곤 했습니다. 당시로서도 앞으로 두 사람 사이가 어떻게 될지 분명하지 않았습니다. 한데 남자 친구가 그녀에게, 그 전날 저녁에 알게 된 여자에 대해 무관심한 척 이야기했습니다. 무엇보다도 무척 예쁘다고 강조하면서 말입니다. 그 이야기가 별로 유쾌하지 않았기 때문에 아냐는 화제를 다른 데로 돌렸습니다. 하지만 아냐는 나중에, 남자 친구의 그 말이 얼마나 자기 가슴을 갉아대고 있었는지를 깨달았습니다.

그가 마침내 그 여자를 사랑하게 되었고, 그래서 자신들의 관계는 이제 완전히 끝났다고 상상하니 질투심이 끓어올랐습니다. 그와 동시에, 그 여자의 여러 장점들, 특히 미모에 대해 시기심을 느꼈습니다. 그것은 불에 기름을 끼얹은 격이었지요. 왜냐하면 아냐는 그렇지 않아도 자신의 외모와 자기 자신에 매우 불만스러워하고 있었기 때문입니다. 그녀는 자기가 속으로 그 여자와 경쟁하고 있음을 알아챘습니다. 전혀 모르는 사람인데도 그녀를 위협으로 느끼면서 말입니다. 그러고는 남자 친구의 말에서 뭔가 이 여자에 대한 부정적인 꼬투리를 잡아내려고 애쓰는 한편, 자신도 날씬해지기 위해 앞으로는 식사량을 줄이겠다고 결심했습니다.

그러다가 문득 자기가 지금 무얼 하려고 하는지에 생각이 미치자, 상상을 멈추고 자기의 장점에 대해 곰곰이 생각해보기 시작했습니다. 그와 함께, 남자 친구가 그런 식으로 다른 여자에 대해 말해서 자기가 몹시 마음을 다쳤다는 것을 선선히 시인했습니다. 그런 다음 마음껏 기분 나빠했지요. 평소 같으면 자신의 질투심을 절대 내보이지 않고 다른 여자가 어떻든 전혀 동요하지 않는 척했던 그녀였습니다. 하지만 이번에는 속으로만 괴로워하는 대신 언젠가 기회를 봐서 자기의 이 느낌을 그에게 이야기하겠다고 다짐했습니다.

다른 마음상황에서도 그렇듯이, 질투심의 경우에도 다음 사실은 똑같이 적용됩니다. 자아가 확실히 서 있을수록, 배우자에 의존하지 않고 살 수 있는 한, 그리고 자기의 행복이 백 퍼센트 남에게 달려 있다고 여기지 않는 한, 질투를 덜 느낀다는 것입니다. 하지만 시기나 질투, 경쟁심을 완전히 뿌리뽑는 것 또한 그리 의미 있는 일은 아닙니다. 그 모든 것이 우리 삶의 일부이니까요. 다만 이런 감정에 너무 시달린다면, 지금까지와는 달리 대처하는 법을 배울 필요가 있습니다. 그 마음상황을 넘어서서 밑바닥에 자리한 자기 자신의 동기와 문제 상황을 인식하는 것도 역시 필요합니다. 이것은 시기·질투·경쟁심 등의 감정과 생각을 우선 의식하고 시인한 다음 털어놓고 말하는 긴 여정을 두루 거치는 가운데 비로소 가능해집니다.

· 친구들 사이의 마음상함 ·

경쟁심·시기·질투와 관련된 문제들은 여자들끼리의 우정에서도 발견됩니다. 가장 크게 심리적 상처를 받는 경우는 친구가 자기의 애인이나 남편과 진지하게 대화를 나누거니, 심지어 자기에게서 그를 떼어가려고 할 때입니다. 이런 일로 인해 특히 상처를 크게 받는 까닭은, 우정에 관한 신뢰 조약이 지켜지지 않았기 때문입니다. "한 사람에게 중요한 것을 절대로 다른 사람이 훔치거나 비웃으면 안 된다."[17] 대략 이런 내용의 묵계가 위반된 셈이니까요. 내 친구가 내가 중요하게 여기는 것을 존중해주지 않는다면, 무시당한 느낌에 마음이 상할밖에요. 뿐만 아니라 질투와 관련해서 이미 언급된 바 있는, '내가 최우선 순위가 아니'라는 느낌 역시 마음을 아프게 하며 우정 자체를 의문시하게 합니다. 어떤 사람에게는 이 점이 가장 중요한 관건이기도 합니다. 내가 그에게 가장 중요한 사람일 때에만 우리 사이에 우정이 존재한다는 생각이지요. 이런 사람들은 자기가 친구라고 부르는 사람이 몇 되지 않습니다. 그렇게 배타적인 기준에 합격할 사람은 많지 않을 테니까요.

우정은 두 사람이 서로 믿고 가깝게 지내는 데에서뿐만 아니라, 상대의 '다름'을 있는 그대로 받아들이는 개방성에서도 생겨납니다. 서로 아주 다른 사람끼리 친구가 되는 것을 보면 특히 잘 알 수 있습니다. 자기 친구가 자기말고 다른 친구를 갖고 있다는 사실 때문에 질투심이 생기는 사람이라면, 그 사람의 친구 관계는 경직되고 속상할 때가 많을 겁니다. 그쯤 되면 좋아하는 감정보다는 질투가 더 앞서게 되고, 이것은 곧 영원히 마음상할 태세가 되어 있다는 뜻이지요.

친구 관계에서도 존중받고 인정받으며 사랑받는 것은 중요합니다. 그러나 둘 중 한 사람의 대인 관계가 그 친구와의 관계보다 더 중요하게 보인다거나, 한 친구가 상대에게 자신이 얼마나 중요한지를 전혀 눈치채지 못하고 있을 경우, 마음상함이 일어날 잠재성이 매우 크다고 할 수 있습니다. 이때 두 사람은 서로에게 나름대로의 기대를 갖게 됩니다. 그러면서도 두 사람 모두 마음을 터놓고 말하지 않는다면 이 기대는 채워지지 않은 채로 남을 것이고, 마침내는 마음상함으로 귀결될 것입니다.

내 친구 중 한 사람인 실케는, 자기 친구 리타와의 사이에서 있었던 마음상한 얘기를 이렇게 들려주었습니다. 몇 년 전, 실케가 리타와 휴가 여행을 갔을 때의 일입니다. 두 사람은 그때까지 한번도 오랜 기간 함께 여행한 적이 없었기 때문에, 여행은 생각하고 기대했던 것보다 훨씬 어렵게 진행되었습니다.

실케가 역에 늦게 도착한 데서부터 일은 벌어졌습니다. 리타가 역에서 숙소까지 실케를 차로 데려가기로 했다는데, 실케는 그 사실을 전혀 모르고 있었습니다. 그래서 실케는 역에서 리타를 찾아볼 생각조차 않고 곧장 숙소로 향했습니다. 리타가 아직도 숙소에 도착하지 않은 것을 이상하게 여기면서 실케는 열쇠를 받아와서 편안하게 쉬고 있었지요. 한참 후에 도착한 리타는 단단히 화가 나 있었습니다. 실케가 자기가 올 때까지 역에서 기다리지 않았기 때문이지요. 실케를 제시간에 데려오려고 얼마나 정신없이 서둘렀는데, 그래서 일부러 시간도 넉넉하게 가서 기다리고 있었는데, 그녀가 역에 없었다는 것입니다. 선의에서 노력한 것이 헛일이 되어버렸다고, 리타는 눈에 띄게 마음이 상해 있었습니다. 그렇게 약속한 기억이 없는 실케는 어안이빙빙했으나, 자기의 입장을 해명할 기회조차 없었습니다. 우정을 깨뜨릴 수야 없지, 하는 마음에서 실케는 화를 꾹 눌러 참았습니다. 이 부당한 게임에서 태연한 표정을 지으려고 무진 애를 썼습니다. 그러나 속은 부글부글 끓어올랐지요.

다음날, 실케가 수영하러 나가려고 하자 리타는 자기는 항상 저녁때나 수영을 한다면서 좀 뚱한 표정을 지었습니다. 실케가 자기 옆에 좀 있어주었으면 좋겠다는 진짜 속마음을 리타는 솔직히 말하지 않고 안으로 감춰버렸던 겁니다. 실케는 혼자 가는 것이 좀 마음에 걸리기는 했지만 모른 체하고 그냥 나가버렸습니다. 한참 후 숙소로 돌아와, 리타가 여전히 기분이 나쁜 걸 본 그녀는 자기 쪽에서 먼저 리타에게 말을 걸었습니다. 그러면서, 각자 자유롭게 자기 하고 싶은 대로 하자고 했던 원래의 약속을 리타에게 상기시켰습니다. 그러자 마음이 좀 가벼워지는 듯도 했지만 어려움은 그것으로 끝나지 않았습니다. 실케가 자기를 충분히 배려하지 않는다고 느낀 리타가 그녀에게 은근히 그런 비난을 표현했기 때문입니다. 실케가 리타에게 되도록 잘해주려고 그토록 참고 애써온 마당에 말입니다. 실케는 또 실케대로, 이제 그만하면 리타가 자기가 해준 것에 만족하고 자기를 다정하게 대해주기를 내심 바라고 있던 참이었습니다. 리타에게 요리도 여러 번 해주고 케이크도 하나 구워주었던 데다가, 리타가 무슨 일엔가 화를 낼 때에도 항상 친절하게 미리 알아서 대해주고 배려해주었으니까요. 그러나 그 모든 일이 허사였습니다. 실케는 자기가 받고 싶었던 다정하고 편안한 대우를 리타에게 전혀 받지 못했습니다.

그런 상태에서 어느 날 밤, 친구들이 놀러왔을 때 리타가 마치 딴 사람처럼 굴자, 실케는 아주 큰 상처를 받았습니다. 리타는 웃기도 하고 농담도 하는 등 아주 기분이 그만인 것처럼 굴면서 실케를 모른 체했습니다. 실케로서는 그만 집으로 돌아가야 할 것 같은 기분이었습니다. 그런다 해도 눈치챌 사람은 아무도 없을 정도였지요. 그러나 그렇게 느낀다는 것 자체가 너무 유치하다 싶어, 자기가 마음상해하는 것이 내심 부끄럽기도 했습니다. 뭐니뭐니해도 자신은 어른이고, 남이 인정해줘야만 좋아하는 때는 이미 지났다는 생각이 들었습니다. 그리고 바로 이 생각 때문에 실케는 자기가 속상했던 일을 리타에게 이야기하지 못했습니다. 터놓고 의논하고 싶은 자기 마음을 뚜렷이 느끼고 있었으면서도 말입니다. 또다시 둘 사이의 문제로 대화를 해야 하는 것이 지겹기도 했습니다. 또 어떤 결과가 생길지도 모르겠고요. 그래서 대화로 문제를 푸는 대신 리타와의 접촉을 점점 줄여가면서, 떠날 날만을 목이 빠지게 기다렸습니다. 어서 집으로 돌아가고 싶었습니다.

　　그 여행 후 몇 달이 지나서야 실케는 리타를 다시 만나기 시작했습니다. 하지만 휴가 때 겪었던 괴로움에 대해서는 누구 하나 입을 열려고 하지 않았기 때문에, 두 사람 사이는 매우 서먹서먹해졌습니다. 서로가 상대방의 기대를 채워주지 못했던 까닭에 양쪽 다 마음이 상한 상태였지요. 이야기를 해서 일의 선후를 밝히는 대신 각자 자기가 받은 거부와 실망하고만 씨름할 뿐, 상대의 처지를 고려해보지는 않았습니다. 두 사람 모두, 상대에 대한 이해심이 부족했던 겁니다. '오로지' 상대에게서 무언가 얻기만을 바라다가, 결국 양쪽 다 빈손으로 떠나게 된 것이지요.

물론 여자들끼리의 우정만 있는 것은 아닙니다. 남자들끼리의 우정, 또 남자들과 여자들 사이의 우정도 있지요. 이들의 경우에도 신뢰 조약은 마찬가지로 유효합니다. 친구들끼리 속았다는 느낌을 갖게 되거나 신의를 배반당했다고 여겨질 때, 서로에게 실망할 때, 위급한 상황에서 상대를 믿을 수 없을 때, 이런 것들은 곧 마음상함으로 이어집니다.

배우자 관계가 친구 관계로 이어지기는 매우 어렵습니다. 이혼은 대개 당사자 중 한쪽, 심지어 양쪽 모두의 마음에 상처를 주기 때문입니다. 그렇기 때문에, 부부였던 사람들이 이혼 후에도 친구 같은 관계, 아니 최소한 미워하거나 비난하지 않는 관계를 유지하기는 힘들게 마련이지요. 한데 이것이 안 될 경우, 이번에는 또 아이들과의 관계가 어려워지면서, 결국 가족 구성원 모두가 이에 시달리게 됩니다. 버림을 받았거나 버림받았다고 느끼는 쪽이 특히 심적 충격을 많이 받는데, 아픔을 극복하기 위해서는 고통을 정면으로 마주하면서 이 문제와 많이 씨름해야 합니다. 그래야 자기 마음의 상처를 몇 년이고 상대의 잘못으로 미루지 않을 수 있습니다.

가장 성공적인 길은 헤어짐과 더불어 관계의 변화까지도 성취하는 것입니다. 그럴 때 배우자 역시, 접촉을 끊지 않는 가운데 완전히 헤어질 기회를 갖게 됩니다. 이 말이 지금으로서는 독자들을 어리둥절하게 할지도 모르겠습니다. 우리는 이혼이라는 말에서 한 사람이 그간의 관계에서 이탈해버리는 것을 연상하는 데 너무도 익숙해 있으니까요. 두 사람이 함께 이혼을 수용하는 것은 분명 흔한 일이 아닙니다. 하지만 이런 형태의 헤어짐에는 장점이 있습니다. 헤어진다는 사건을 두고 두 사람이 각각 자기가 중요하게 여기는 것은 무언가, 상대에 대해 어떻게 느끼는가를 서로에게 말할 기회가 생기니까요. '관계를 끊지 않은 상태에서 헤어질' 때 그 과정에서 서로에 대한 존중과 가치 평가가 드러납니다. 그렇게 헤어지면 헤어진 뒤에도 친구로 남을 가능성이 있습니다. 마음상함 같은 건 부질없는 일이 되지요.

· 삶에서 받는 마음의 상처 ·

삶이 어떻게 우리 마음에 상처를 입힐 수 있지? 그리고 삶을 통해서 마음에 상처를 받는다는 건 도대체 무슨 뜻일까? 하면서 당신은 이 제목에 의아해할 겁니다. 내가 이 말로 표현하고 싶은 것은 (이유가 무엇이든 간에) 깊은 실망입니다. 그리고 그 실망 때문에 삶과 그 삶의 '게임 규칙', 좀더 그럴싸하게 표현하면 '삶의 규칙'으로부터 등을 돌리는 현상을 가리키려고 합니다. 이 삶에서 받는 마음 상처의 모태를 이루는 것은, 바로 삶의 일반적인 규칙이 자기 자신에게도 해당함을 인정하고 싶지 않은 마음입니다. 이런 마음가짐은, 항상 남과 다르기를 원하고 자기 식으로 살며 그것이 어려워지면 심술을 부리면서 그만두고 마는 행동 양식을 낳습니다. 비유하자면 음식점에서 다음과 같이 주문하는 식입니다. "샐러드 한 접시 주세요. 하지만 차림표에 있는 그대로말고, 햄은 빼고 그 대신 치즈를 넣어서요. 그리고 루콜라 잎(상추의 한 종류) 대신 토마토를 얹고요. 참, 접시도 특별히 좋은 걸 쓰고, 샐러드 소스는 종지에 따로 담아주세요. 그래요, 그리고 마늘은 절대 쓰지 마세요. 알레르기가 있거든요. 뭐라구요? 그렇게는 안 된다구요? 좋아요, 그럼 아무것도 안 먹지 뭐."

달리 표현하면 이렇습니다. "내가 조건 붙이고 규칙을 정한 대로 되어야 해요. 그게 안 된다면 내가 나가면 되지 뭐." 인생에서 발을 빼는 데에는 여러 가지 방법이 있습니다. 도가 넘게 술마시기, 끝없이 먹어대기, 구토, 단식, 게임 중독, 일 중독, 텔레비전 중독, 마약 복용, 그리고 최근에 들어서는 인터넷 쇼핑까지 그야말로 끝이 없지요. 중독도 끝없는 갈망도 모두, 삶에 등을 돌리고 고집스럽게 자기 무덤을 판다는 점에서는 마찬가지입니다. 삶이 자기에게 무언가를 허락하지 않는다 싶으면, 그걸 얻기 위해 물질적인 것들을 탐욕스럽게 갈구하는 것이지요.

"이제 더는 못해요. 너무 힘들어요"라고 한 내담자가 나에게 말한 적이 있습니다. 게르하르트 베버는 인생에 대해 아주 탐욕적인 태도를 취하던 사람으로, 자기 머리에 한번 떠오른 것은 무엇이든 다 소유하려고 했습니다. 그리고 그대로 이루어진 일도 많았습니다. 원하던 대로 대학 공부를 했고, 꼭 갖고 싶었던 일자리도 얻었으며, 자기가 선택한 여자를 아내로 맞이하였습니다. 능력이 출중하고 재능도 많아, 그만하면 충분히 만족하며 살 만했습니다. 무엇보다도 음악적

감각이 남다르고 창조적인 데다가, 열정적이었고, 업무 처리 능력도 뛰어났습니다. 한데 그는 손대는 일이 너무나도 많아 정신을 차릴 수가 없을 지경이었습니다. 게다가 자기가 계획했던 대로 다 성취하지 못했다고, 마지막에는 늘 불만스러워 했습니다.

특히 남의 시기를 받거나 자기 계획을 곧장 실행에 옮길 수 없는 경우는 상황이 심각했습니다. 그는 그런 일에 쉽게 마음을 다쳐서 무섭게 화를 내곤 했습니다. 자신의 한계를 인정하지 않으려 했지요. 남이야 어떻게 되든 전혀 상관 않고, 무슨 수를 써서라도 그저 자기 머리에 떠오른 것을 얻어내려고만 했습니다. 당연히 남들과의 관계에서 문제가 생길밖에요. 친구들뿐만 아니라 동료나 상사들조차도 그에게 치인다는 느낌을 갖게 되었기 때문이지요. 그러던 어느 날, 그가 제출한 계획서가 부결되는 일이 있었습니다. 그는 오랫동안 그 사실을 도무지 받아들이질 못했습니다. 자신이 거부되고 있다고, 존중받지 못하고 있다고 느꼈고, 남들이 어떻게 자기 것을 빼앗아갈 수 있느냐며 분을 참지 못했습니다. 그는 마음에 큰 상처를 받았습니다. 그리고 저항했습니다. 자기만의 장소로 물러나서 중독된 것처럼 음악을 연주하기 시작했습니다. 아니면 책을 읽었지요. 그럴 때면 누구도, 심지어 가족조차도 그에게 말을 걸 수가 없었습니다.

특히 사태가 심각해진 것은, 그가 어마어마한 양의 술을 마시기 시작하면서부터였습니다. 그 역시 자기가 중독자가 될 만큼 위험한 상태라는 걸 알고 있었습니다. 사실이었습니다. 그에게는 마지막 선이라는 게 없었습니다. 외부에서 주어진 한계도, 자신이 설정한 한계도 없었습니다. 그는 언제나 한계를 깨부수는 데에만 열심이었으니까요. "내겐 자유가 필요해. 나를 구속할 순 없어" 하면서 말입니다. 하지만 자유라는 말이 가리키는 것은 결국 중독과 탐욕으로 이루어진 감옥이었습니다. 그는 이미 중독된 상태였고, 다만 본인이 그걸 의식하지 못할 뿐이었던 겁니다.

그가 추구한 것은 삶의 '특별 주문분'[18]이었고, 그가 거부한 것은 주어진 규칙을 지키는 일이었습니다. 그의 오만함이 일반적인 규칙 따위를 지키는 걸 허락하지 않았던 것이지요. 그러나 그렇게 삶의 특별한 몫과 자기의 오만함을 주장하는 한, 그는 계속 중독된 채로 살 수밖에 없습니다. 그를 낫게 하는 계기랄까 전환점은 그가 '보통 사람으로 하강'할 자세를 갖춘 다음에나 도래할 수 있는 것입니다. 중독에서 벗어나 자유롭고 충만한 삶을 누리는 것은 삶의 절망과 마음 상함을 모두 직접 겪어본 뒤에야, 그리고 무엇이든 거저 받으려고만 할 게 아니라 스스로 노력해서 얻고 나서야 가능할 것입니다. '나 잘났다' 하는 식의 태도를 최소한 부분적으로라도 포기한 다음에야 말입니다.

그런데 마음을 깊이 상하여 삶에서 등을 돌리는 모습을 보여주는 태도에 속하는 것이 중독만은 아닙니다. 자기만이 옳다는 태도, 남들을 다 눈 아래 깔고 보는 것 같은 과도한 자부심 그리고 남을 착취하려는 태도 역시 이런 마음 상태의 표현입니다. 이 모두가 마음의 상처를 더는 받지 않으려는 자기 방어적 소망을 뒤에 감추고 있습니다. 또다시 상처를 받느니 차라리 내가 먼저 등을 돌리자는 원칙에 따른 반응이지요.

하지만 그 대신 다른 것이 끼여들 여지와 위험 또한 큽니다. 외로움, 종속감, 병, 불행감, 불신, 지속적인 모욕감, 나아가 자살까지가 그 대가일 수 있습니다. 그럼에도 삶의 기쁨 대신 이 길을 택하는 사람들이 많습니다. 문제는 그 이유입니다.

'자기애'에 관한 장에서, 생명 공급처에 대해 얘기한 적이 있습니다. 자기애적인 성향을 가진 사람들에게는 이 공급처가 막혀 있다고 말입니다. 정서적 충격이나 트라우마로 인해 아주 어린 시절에 이미 이 생명 공급처에서 등을 돌리는 경우가 자주 있습니다. 이것이 없어지면 그 대신 인생의 특별 주문분을 요구하게 마련인데, 이는 온갖 위험을 내포하고 있습니다. 이러한 삶의 태도를 극복하기 위해서는 우선 그것이 얼마나 위험한 것인지를 깨달아야 하고, 어쨌든 현 상태에서 주어진 조건을 받아들이겠다는 결심을 해야 합니다. 다음으로는 트라우마를 치료해야 합니다. 그럼으로써 새롭게, 긍정적으로 삶을 향해 고개를 돌릴 수 있는 토대를 마련해야 합니다.

삶에 의해 마음을 다치고 실망했다는 느낌을 갖는 것은 정서상의 낙원에서 추방된 사람, 또는 추방되었다고 주관적으로 느끼는 사람들의 경우에도 해당됩니다. 어린아이 때에 온갖 귀여움을 다 받으며 '하늘 나라에 올라간 것처럼' 살았던 사람들, 엄마와 아빠의 공주님이자 황태자로서, 부모의 모든 것으로서 살았던 사람들이 어느 날 갑자기 완전히 달라진 세계를 경험하는 것이지요. 어린 동생이 태어나 그동안 부모 곁에서 자기가 누려왔던 특권을 빼앗아갈 때, 이제 막

어른이 된 딸을 아빠가 갑자기 냉정하게 대할 때, 기숙사나 조부모에게 보내진 아이들이 버려진 짐짝 취급을 받는다고 느낄 때 등의 예를 들 수 있습니다. 이런 경험에서 받는 '권좌에서 쫓겨난' 느낌은 자기의 가치가 손상되었다는 깊은 아픔과 결부될 때가 많습니다. 얼마 전까지만 해도 그렇게 중요하고 멋진 존재였던 내가 이젠 그렇지 않다는 생각에서 오는 아픔이지요. 심한 고통과 더불어 속았다는 느낌이 듭니다. 전에 가졌던 황홀한 자부심은 이제 한낱 추억일 뿐, 아무리 노력해도 다시는 되찾을 수 없는 것이 되어버립니다. 그리고 이런 체험의 결과로 남는 것은 자신과 세상에 대한 끊임없는 불만뿐이지요.

· 스스로 자기 마음에 상처를 냄 ·

폴커 횐은 바로 이런 '권좌에서 쫓겨난' 아이 중 하나였습니다. 나에게 상담을 받으러 왔을 당시, 그는 불만족감에 시달리고 있었고 대인 관계에도 문제가 많았습니다. 자기가 설정한 목표를 충분히 달성하지 못했기 때문에, 자기 인생이 완전히 실패라는 두려움에 차 있기도 했고요. 무척 열심히 노력을 했지만 자기에게 맞는, 함께 가정을 꾸리고 싶은 신부감도 발견하지 못한 상태였습니다. 그래서 더욱 더 일에 몰두했습니다. 그러나 거기서도 항상 좀더 나은 것을 향해 나아가기만 할 뿐, 만족이란 아예 없었습니다. 더 많이 성취해야 한다는 압박감에만 시달릴 뿐이었지요. 어쩌다 잠시 휴식이라도 취할라치면 바로 양심의 가책을 받아, 무언가 '의미 있는' 일을 하려고 다시 노력해야만 했습니다.

상담 과정에서, 그가 몹시 쉽게 마음상한다는 사실이 드러났습니다. 한 가지만 자기 생각대로 되지 않아도, 주변 사람들이 자기가 상상한 대로 행동하지 않아도 금세 언짢아하곤 했습니다. 마음이 상하면 당장에 분개하고, 그러면서 자신이 거부당했다고 느끼는 것이었습니다. 모든 일을 자기와 관련된 것으로 받아들이고, 남들이 자기를 대하는 방법에 대해서도 화를 냈습니다.

"마치 끊임없이 자신에게 상처를 내면서 살고 있다는 느낌이 드네요"라고 내가 그에게 받은 인상을 이야기했습니다.

"맞아요. 나도 그렇게 느끼고 있어요. 나 자신을 계속 끌어내리고 있지요. 계획했던 대로 된 일이 하나도 없으니까요. 원래 생각대로라면 지금쯤 결혼해서 적어도 아이가 둘은 있어야 하고, 수입도 지금보다는 훨씬 많아야 하지요. 한데 아무것도 이루지 못했으니 난 실패자입니다. 자신에게 부과한 목표를 하나도 달성하지 못했어요. 그래서 항상 빚진 심정으로 살지요. 내 소망을 좇아서 계속 뛰어다니면서 말입니다."

"지금까지 살아오면서 만족스러웠던 시절이 있었나요?"

잠시 침묵하던 그가 얼굴을 환히 빛내며 말했습니다.

"있지요, 어린아이 때요. 그땐 참 좋았어요. 내가 세상에서 제일 착한 아이라는 느낌으로 살았어요. 내가 하는 일은 무엇이든 오케이였고 말입니다. 아주 멋진 기분, 그야말로 최상의 기분이었어요. 나를 눈에 넣어도 아프지 않다고, 부모님은 입버릇처럼 말하곤 했지요. 얼마나 멋지고 호기심 많고 똑똑하며 발랄하고 머리가 좋은 사내아이였는지 모릅니다. 모두들 나를 좋아하고 대견스러워했지요. 나 자신과 세상이 다 만족스러웠어요."

자신의 어린 시절을 얘기하면서, 그의 얼굴이 환해졌습니다.

"한데 어쩌다가 그런 느낌을 잃게 되었죠?"

그의 표정이 다시 굳어졌습니다.

"부모님이 이혼할 때 일이었죠. 나는 여덟 살이었어요. 어느 날 갑자기 나를 할머니에게 보내더군요. 그때 나의 세계는 부숴지고 말았어요. 부모로서 어떻게 그럴 수 있는지, 이해가 되지 않았어요. 자기한테 내가 그렇게 중요하다고 했잖아요. 그런데 갑자기 그런 게 다 시시해졌단 말인가요. 마치 그런 일은 없었다는 식이었다고요."

이 얘기를 하면서 그는 울음을 터뜨렸습니다. 그의 표현을 빌리면 그때 부모한테서 '내쳐진' 경험 때문에, 지금까지도 그가 얼마나 괴로워하고 있는지가 확연히 느껴졌습니다.

"옛날에 가졌던 이 최고로 황홀한 느낌을 무슨 수를 써서라도 다시 한 번 회복하려고 살고 있는 것 같아요. 하지만 아무리 애를 써도 되지가 않는군요. 그러다 보면," 그의 눈에 눈물이 어렸습니다. "이런 생각이 들어요. 난 삶에서 보상받을 게 있어. 그가 나를 속인 데다가, 아주 중요한 것을 내게서 빼앗아가 놓고는 그 값으로 아무것도 갚아주지 않고 있잖아, 하는 생각요. 그러면 분해서 어쩔 줄 모르게 되지요."

걸핏하면 순식간에 깊은 상처를 받는 그의 증상은 바로 여기에 뿌리를 두고 있었던 겁니다. 그는 속았다고 느끼고 있었고, 그래서 모든 것을 원상 복구하려는 생각을 하게 되었던 것이지요. 그러나 자기에게 필요한 걸 얻을 수는 없었습니다. 어린 시절의 행복으로 돌아갈 길이 없었기 때문이지요. 삶이 그에게 선사하는 것들로는 충분하지가 않았습니다. 옛날에 상실했던 것들을 보상받기에는 턱없이 부족했으니까요.

"당신이 옛날의 그 행복했던 감정을 다시 느낄 수 없는 건, 이제는 그 감정이 당신의 내면에 없기 때문일 거예요. 마치 환상이었던 것처럼, 마음으로 그것이 느껴지지 않는 거죠."

"그래요. 그런 일이 전혀 없었던 것처럼 비현실적인 게 되어버렸어요. 사실이었다면 나를 어떻게 그렇게 보내버릴 수 있겠어요?"

"아이 때 당신이 어땠는지 좀더 이야기를 해보세요. 그렇게 만족스럽고 행복했을 때 말이에요."

그의 얼굴이 다시 빛나기 시작했습니다.

"내가 어떤 아이였는지 잘 기억하고 있어요. 잘생긴 얼굴에 머리카락은 새까만 사내아이, 항상 명랑한 아이였죠. 웃기도 잘하고 익살스러운 데다 개구쟁이였어요. 모두들 나를 귀엽게 보고 있다는 걸 난 느끼고 있었죠. 희한하게도 사람들을 다 맘대로 움직일 수 있었어요."

어린 시절의 자기 모습에 대해 이야기하면서 그는 점점 더 예의 그 행복감에 접하게 되었습니다. 생기를 더하면서 점점 더 기쁨에 겨

위했지요. 뱃속이 간질간질해오면서, 풍성한 의욕과 용솟음치는 힘이 느껴진다고 했습니다. 바로 그 순간, 그는 자신과 세계 모두에 만족하고 있었습니다. 이러한 행복감을 자신의 현재 삶 속으로 끌어와 자리잡게 할 수만 있다면, 그리하여 기쁨과 생기와 힘을 얻어낼 수만 있다면, 그것이야말로 '스스로 자기 마음에 상처를 내는' 그의 증상을 치료할 좋은 기회가 될 겁니다. 왜냐하면 최고의 행복감이란 만족감과 결부된 것인데, 도달할 수 없는 목표를 향해 끝없이 노력하는 것만으로는 이 만족감이 얻어지지 않기 때문입니다. 만족감은 사람의 내면에서 솟아납니다. 그러려면 우선, 자신과 세상에 대해 만족해야 합니다. 그러면 자신과 삶을 업신여길 이유가 저절로 없어집니다. 먼 미래에, 먼 목표점에 도달할 필요 없이, 지금 여기서 이미 그 성취감을 맛보았으니까요. 지금 내적인 충만감을 맛보는 것이야말로, 마음상함을 치료하는 가장 좋은 방법입니다.

제4부

◉

마음상하는 상황에 대처하는 방법

이 성전 안에 복수라는 건 없네.
넘어진 사람을 다정하게 안내할 의무뿐.
그러면 친구 손에 이끌려 그는
기쁘고 흐뭇하게 더 좋은 나라로 떠나네.
이 신성한 성벽 안, 사람이 사람을 사랑하는 이곳에선
적이란 적은 모두 용서해버리니 배신자가 숨어들 틈 없네.
이런 가르침에 기뻐하지 않는 자 사람이라 할 수 없으리.
- 볼프강 아마데우스 모차르트의 <마술피리> 중에서[1]

· 마음상함의 단계 ·

페터 베마이어Peter Wehmeier와 그 동료들은 연구[2]를 통해, 마음상함을 느끼는 세 가지 단계를 밝혔습니다.

첫째 단계 : 심하게 마음을 다침
둘째 단계 : 마음상한 상태
셋째 단계 : 마음상함을 추스림

사건이 일어난 후 처음 한 시간 동안 진행되는, '심하게 마음을 다치는' 단계에서는 분노와 무력감이 생기고 사고 기능이 저하됩니다. 혼자말로 자기 자신과 대화를 하는가 하면, 배 · 심장 · 머리 쪽에 신체 이상 현상이 일어나기도 합니다. 심리적인 에너지도 감소하지요. 이것은 충격의 제1단계로, 뚜렷한 목적을 가진 태도는 아직 형성되지 않은 상태입니다. 무기력감이 몸과 마음을 마비시키고, 분노는 어디로 향해야 할지 아직 방향을 모릅니다.

제2단계는 마음이 상한 상태로, 이때 마음상한 사람이 주로 의식하는 것은 분노, 화, 절망과 실망입니다. 버림받거나 퇴짜맞을까봐 겁내는 마음이 이러한 반응들의 원인입니다. 집중력이 떨어지고 잠도 제대로 자지 못합니다. 이 단계는 보통 24시간에서 일주일까지 걸리는데, 더 오래 걸릴 때도 가끔 있습니다. 마음을 다친 사람은 대개 이 상태에서 꼼짝못하고 주저앉아 있습니다. 마음상함에서 빠져 나오는 한 걸음을 내딛는 일, 이를테면 자기를 괴롭힌 사람에게 가서 따진다거나 아니면 차라리 양보해버리는 일, 또는 자기의 완고한 생각을 버리는 일 등은 생각하는 것만으로도 다시 한 번 상처를 받게 되므로 처음부터 아예 제외시켜버립니다. 이들의 사고는 '항상' '모든 것' '절대 다시는 안⋯⋯' 그리고 '몽땅'이라는 말이 보여주듯, 극단성을 띱니다.

이 단계에 계속 머물러 있을 위험성은 꽤 높습니다. 마음을 다친 사람에게 이 현상은 달리 표현하면, 접촉을 피해 숨어 있음, 증오심에 참, 남을 경멸하고 경우에 따라서는 자신까지도 경멸함 등을 의미합니다. 반면에 상처를 입힌 사람은—자기가 남의 마음을 상하게 했다는 사실을 알고 있을 경우에—이 상태가 오래갈 경우 끊임없이 자책과 자기 단죄를 하지 않을 수 없습니다. 수치심·자책감·열패감에 시달리면서, 어쩌다 내가 그랬을까, 절대 그래서는 안 되는 건데라고, 자신의 죄를 묻는 것이지요. 또 어쩌면 다른 사람들을 미모사처럼 예민하다고 업신여기면서, 그들과는 앞으로 절대 사귀지 않겠다고 공언할 수도 있을 겁니다. 결과는 두 사람 사이의 관계가 끊어지고 상대를 생각할 때마다 서로 불쾌해지는 것이 되겠지요.

마음상함을 추스르는 셋째 단계가 어느 정도의 시간을 필요로 하는지는 경우에 따라 다릅니다. 대개는 마음상한 일이 생기고 나서 얼마 지나지 않아 이 단계가 시작됩니다. 다만 이 일을 소화하는 방식은 아주 다양합니다. 어떤 사람들은 일이나 여가 활동을 함으로써 균형을 되찾으려고 노력합니다.

내 세미나에 참석했던 사람들 중 특히 남자들은, 이럴 때 혼자 있고 싶은 욕구가 생긴다고 많이들 이야기하더군요. 그 일과 거리를 두어야만, 이를테면 산책을 한다든가, 자전거를 타거나 해야 자기 자신을 되찾을 수 있다는 것이었습니다. 반대로, 여자들은 알리고 싶은 욕구가 생긴다고 했습니다. 그 일에 대해 누군가와 이야기하거나, 그냥 울어버리거나, 아니면 욕이라도 하고 싶다는 것이었습니다. 분노가 치솟을 땐 유리창을 닦거나 다른 육체적 일을 하는 것이 상처를 씻는 데 도움이 된다는 사람도 있었습니다. 이런 차이에도 불구하고 질문을 받은 사람들 모두가 이구동성으로 하는 말은, 자기 자신과 다시 만나기 위해서는 마음상한 장면을 일단 떠나는 것이 가장 중요하다는 것이었습니다(이것에 대해서는 '관계를 끊는 대신 거리두기'라는 장에서 더 자세히 설명하겠습니다). 마음상함이란 것이 한번 일어나면 상처를 받은 사람뿐만 아니라 상처를 준 사람까지도 모든 것이 엉망진창이 되는 경험을 하기 때문입니다. 그러므로 '사태를 수습하는 첫걸음'은 도대체 지금 무슨 일이 일어난 것인지, 자기 자신에게는 또 무슨 일이 일어난 것인지 이해하는 데에 있습니다.

· 마음상했음을 고백하기 ·

남의 마음을 상하게 하는 것이나 자기 마음이 상하는 것을 막론하고, 마음상함이 그와 관련된 두 사람에게 끼치는 영향은 매우 큽니다. 두 사람 다 어안이벙벙해지고 깜짝 놀랍니다. 이해할 수 없다는 것이지요. "지금 무슨 일이 일어난 거지?" 상처를 준 사람은 상대—상처받은 사람—가 왜 그렇게 벌컥 화를 내는지 이해하지 못한 채, 오히려 자기가 이해받지 못하고 공격당하고 있다고 느낍니다. 턱없이 죄를 뒤집어썼다거나 정당한 이유 없이 박대받는다고 생각하는 것이지요. 그런가 하면 상처받은 사람은 순간적으로 너무나 크게 마음을 다쳐서, 모욕당하고 박대당하고 거부당한 느낌에서 헤어나질 못합니다.

지금까지 자세히 살펴본 대로, 사람들은 마음을 다쳤다는 사실과 그 아픔을 처음에는 시인하려 들지 않습니다. 아프게 한 사람이나 아픈 사람 모두 서로를 비방하고 원한과 거부감에 차서 대합니다. 그때까지 두 사람 사이에 감돌았던 일치감은 흔적조차 없어지지요. 자신들의 관계가 순식간에 너무나도 변해버려서, 상대가 지금까지와는 전혀 다른 친구 · 동료 · 배우자가 되어버린 것 같아서 그들은 어쩔 줄 몰라합니다. 둘의 관계가 흔들리면서, 그들의 내적 균형 역시 깨져버린 것입니다. 그러한 충격 상태에서 그들은 자신들의 관계를 내면적으로 그리고/또는 외형적으로 끊어버립니다.

실케와 그녀의 친구 리타의 경우에서 우리는 그들의 관계가 겉으로는 그대로 유지되는 것 같지만 내면적으로는 이미 다 끝났다는 것을 똑똑히 보았습니다. 이 예는 또한, 마음상했다는 사실을 스스로 인정하고 털어놓기가 얼마나 마음상하는 일인지도 보여주고 있습니다. 실케는 자기의 모든 감정을 옆으로 밀어놓음으로써 자신의 욕구를 무시해버렸습니다. 그녀가 정말로 바랐던 것은 자기가 받은 마음의 상처와 상대에게 바라는 바를 자신에게, 그리고 리타에게 솔직하게 말하는 것이었음에도 말입니다. 그 욕구를 의식하기는 했지만, 우습게 보일지도 모른다는 생각이 들어 다시 눌러버렸던 것이지요. 그 대가로 결국, 관계를 희생해가면서 마음의 '이민'을 떠나게 되었습니다. 이렇게 마음을 닫고 있으면 자기가 마음을 다친 데서 오는, 리타와 다시 가까워지고 싶은 마음에서 오는 수치심을 느끼지 않아도 되니까요. 다시 마음의 균형이 흔들리지 않도록 말입니다.

하지만 이 방법의 해독은 만만치 않습니다. 이런 식으로 임시 안정을 꾀할 때 우리는 상대는 물론 자기 자신과도 더 이상 관계를 맺을 수가 없기 때문입니다. 자신의 감정과 욕구를 부정하면, 그와 동시에 자신의 일부를 잃게 됩니다. 그럼에도 관계 자체를 희생시키면서라도 자신의 감정이나 욕구를 모른 체하는 것이 부족하고 상처받은 자기 모습을 내보이는 것보다 쉽게 생각될 때가 자주 있습니다. 그뿐인가요, 자기의 마음상함을 고백했다가는 그로 인해 또다시 상처를 받을 위험도 있습니다. 실케는 바로 이것을 피해 도망친 것이지요. 첫 번째 마음상함만도 힘에 벅차니까요.

그래서 상처받은 마음에 가까이 다가가기는 무척 어렵습니다. 그런데 이것을 뒤집어보면, 바로 그렇기 때문에 마음상한 사람들이 주위의 도움을 필요로 한다는 얘기도 됩니다. 다친 마음을 자기와 남 앞에서 털어놓을 수 있으려면 말입니다.

우선, 그렇게 마음을 다치는 것이나 또는 상처에 대해 얘기하고 싶은 마음이 생기는 것이 절대로 나약한 모습이 아니라는 확신을 가져야 합니다. 그것을 털어놓을 수 있다는 것은 오히려 강하다는 것을 뜻합니다. 무엇 때문에 그렇게 마음이 상했는지, 또 그로 인해 어떤 욕구가 채워지지 못한 채 방치되었는지를 깨닫고 표현할 수 있다면, 이것은 오히려 그 사람의 자율성과 독립성을 보여주는 것이 됩니다. 그렇게 함으로써 자기 일을 책임지는 사람이 되는 동시에, 남들이 그를 이해하기도 쉬워집니다. 솔직하고 분명하게 자기 표현을 하기 때문에, 다른 사람들이 그의 반응을 예상할 수 있게 되지요. 심리 게임을 하지 않는 정직한 사람이어야, 상대도 그를 배우자로서 진지하게 대하게 됩니다.

자신의 욕구와 상처를 알린다는 것은 상대에 대한 어느 정도의 신뢰를 전제로 합니다. 상대가 자기를 조롱하거나 비꼬지 않고 진지하게 대해줄 거라는 보장이 있어야 하는 것이지요. 이것이 확실하지 않을 것 같으면 자기 마음을 많이 열어 보이지 않는 편이 오히려 낫습니다. 말을 함으로써 얻는 것보다는 잃는 것이 더 많을 테니까요.

상담 치료는 바로 내담자에게 이러한 확신을 만들어내고 상호 신뢰를 건설할 수 있는 기회를 줍니다. 자아에 대한 신뢰, 있는 그대로의 현재의 자기 모습에 대한 신뢰를 내담자가 일구어 나가는 것으로 상담은 시작됩니다. 아무도 자기 감정을 경시하거나 비웃지 않는다는 것을 믿을 수 있어야 내담자는 비로소 자신의 마음을 열어 보일 수 있고, 자기의 그러한 행동이 이해받는다는 체험을 하게 됩니다. 그리고 이러한 신뢰 체험은 내담자로 하여금 자신의 마음상함을 분명히 의식하게 하는 바탕이 됩니다. 마음상함에서 느꼈던 고통을 그대로 표현해도 절대로 공격받을 위험이 없다고 안심할 수 있어야 한다는 말이지요. 또한 상담자가 자신의 이야기를 진지하게 듣고 있으며 또 이해심 있는 사람이라는 느낌을 내담자가 가질 때, 안도감도 더해집니다.

이것이 상담 치료를 할 때 가장 기본이 되는 전제 조건입니다.

이해하고 설명하는 방법을 적절히 섞어가면서 문제 해결의 실마리를 찾는 경우도 있습니다. 문제의 그 상황에서 무엇이 그토록 자기 마음을 건드렸는지를 내담자가 이해할 수 있다면 말입니다. 그것을 계기로 예전 어린 시절의 어떤 상처와 느낌이 갑자기 살아났는지, 그리고 지금 원하는 무엇이 그 때문에 채워지지 않고 있는지를 가려낼 수 있다면, 내담자는 상황을 새롭게 보면서 그 상황에 처한 자신을 지금까지와는 다르게 정의해낼 힘을 이미 갖고 있는 것이나 다름없습니다. 사람은 외부 세계가 자기를 이해해준다고 느낄 때, 그 체험을 통해 자신의 이해심도 스스로 키워 나갈 수 있기 때문입니다. 이 과정에서 자기 비하는 조금씩 줄어들고, 마음을 다친 것에만 골몰하던 데에서 문제를 어떻게 풀 것인가 하는 쪽으로 생각이 차츰 나아가게 됩니다. 그러다 보면 상대의 모습도 달리 보이기 시작하지요. 이제 상대는 더 이상, 지금까지 내 눈에 영락없이 타고난 악당으로 비쳤던 그 사람이 아닙니다. 내가 무슨 수를 써서라도 피하고 싶었던, 처벌받아야 마땅한 단 한 사람의 죄인도 아닙니다. 자기가 감정적으로 그렇게 격하게 반응했던 이유가 상대가 가한 상해 때문만이 아니라 자신의 예민한 기질도 그에 한몫했다는 사실을 깨닫게 되면서, 해결책을 스스로에게서 찾아볼 기회를 내담자가 갖게 되는 것이지요. 지금 당한 일을 자신의 개인사를 포함한 더 큰 맥락에 비추어 재구성해보면, 마음상한 체험이 새로운 모습으로 드러납니다. 그렇게 해야 현재의 사건을 제대로 설명할 수 있을 뿐만 아니라, 그 일로 인해 느끼는 불쾌감을 종식시킬 방법을 효과적으로 찾아볼 수 있게 됩니다.

내담자가 겪은 개인적인 마음상함을 정확히 인식하고 표현할 수 있도록 돕는 또 다른 방법으로 상담자의 역할 모델이란 것이 있습니다. 상담자가 자신이 겪었던 마음상함을 고백하는 방법이지요. 내담자가 한 말에 마음이 상했던 것을 직접 내담자에게 얘기하는 것도 한 예가 될 수 있지요. 그렇게 함으로써 두 사람 다, 마음상한 체험을 터놓고 얘기할 수 있다는 것을 배우는 것이지요.

상담자가 자신의 마음상한 체험을 털어놓는 것은 내담자로 하여금 상담자를 인간적으로 가깝게 느끼게 합니다. 여기서 인간적이라함은 상담자도 감정이 있고 따라서 감정을 다쳐서 언짢아할 수 있다는 의미입니다. 내담자는 상담자를 이상화하는 경향이 있는 데다가, 결핍 현상이 매우 두드러진 아동적 성향을 가진 내담자나 상담 초기에 특히 그런 일이 잦기 때문에, 위와 같이 상담자의 인간적인 면을 경험하는 일이 내담자들에게는 무척 드뭅니다. 그래서 상담자는 절대 상처받지 않는 존재로 인식되곤 합니다. 본인 자신은 아무것도 필요하지 않지만 모든 걸 줄 수 있고, '한없이 참을 수 있는 존재'라고 말입니다.

자기도 상대에게 무언가 영향을 줄 수 있음을 내담자가 인식할 수 있을 정도가 되면, 그때 비로소 감정 이입이 무엇을 의미하는지 알아차립니다. 그리고 쉽게 상처받는 성격을 극복하는 데에는 이것이 아주 중요한 한 걸음이 됩니다. 상담자와 내담자가 자기들의 마음상함 체험들을 이야기하다 보면, 마음이 상했다고 해서 반드시 헤어져야만 하는 것은 아니라는 것을 양쪽 다 깨닫게 됩니다. 서로 자기의 체험을 솔직히 이야기함으로써 오히려 가까워진다는 것도 알게 되지요. 마음상하는 사건 자체가 아니라 그것을 처리하는 방법이야말로 바로 사람을 헤어지게 하는 원인이기 때문입니다.

비단 치료 관계에서뿐만 아니라 친구나 배우자, 동료들 사이의 관계에서도, 마음상함을 터놓고 이야기하는 것은 그 극복을 위한 좋은 방법이 됩니다. 다만 후자의 경우에는 서로간에 마음을 다치게 할 위험성이 좀 크다는 차이가 있습니다. 인간 관계에서는 마음상한 일 자체를 밝혀내서 해결하는 것을 목적으로 하는 상담 치료와는 다르게 상호 관계가 정립되어 있기 때문이지요. 오늘날 우리 사회의 의사 소통 구조가 비교적 열린 구조라고는 하지만, 대부분의 사람들은 여전히 자신의 감정을 남에게 솔직히 표현하고 갈등을 그 당사자와 직접 얘기하는 것을 어렵게 느낍니다. 그러다가 자칫하면 자기가 속한 집단에서 소외될 위험이 예나 지금이나 꽤 높기도 하고 말입니다. 마음상함이나 그 극복 방법을 논하다 보면 어쩔 수 없이, 솔직한 의사 소통을 가로막는 사회 구조에 대해 깊이 생각해보게 됩니다.

· 관계를 끊는 대신 거리두기 ·

어떤 만남으로부터 심적으로나 외형적으로 물러나버릴 때, 다시 만나고 싶은 소망이나 계획 없이 잠정적으로, 또는 완전히 그 관계를 떠나버릴 때, 그런 경우를 일컬어 '관계를 끊는다'고 합니다. 다시는 상처받지 않도록 자신을 보호하기 위해서지요. 안전선 뒤로 물러나서 복수할 방법을 궁리하는 것, 그리하여 자기에게 상처를 준 사람과 그 상황에 대한 통제력을 되찾는 것이 그 목적입니다. 그러나 관계를 끊어버리면 오히려 현재 겪는 마음상함을 극복할 수 없게 됩니다. 마음상한 상태에 머물러 있음으로써, 상처를 준 사람에 대한 나쁜 감정에 계속 매여 있게 되는 까닭이지요.

어떤 경우에도 완전히 털어버릴 수 없는 관계, 이를테면 직장에서나 결혼 관계에서 특히 이러한 단점이 두드러집니다. 물론 며칠간, 또는 몇 주 동안 화를 내고 잠시 물러나 있을 수는 있습니다. 그러나 완전히 관계를 끊겠다면 결국 사표를 내든가 집을 나가거나 이혼을 해야겠지요. 하지만 사태가 그쯤 될 때는 대개, 마음상한 일이 여러 번 일어나고 관계를 그만둘 만한 또 다른 체험들이 많이 쌓인 다음입니다. 그때까지는 아무리 마음이 상했어도 상대와 계속 접촉하면서 살 수밖에 없는 형편입니다.

도저히 용서할 수 없을 만큼 크게 상처를 받은 사람이라면, 상대에게 그 보복을 하려 할 겁니다. 그 사람 앞에서 떫은 감 씹은 표정을 한다거나 비난이 가득 담긴 몸짓을 할 수도 있고, 비웃음 섞인 말로 우월감을 표시할 수도 있습니다. 그를 다른 동료나 사장(이 사람이 마음 상함의 원인 제공자가 아닐 경우) 앞에서 모략할 수도 있겠지요. 아주 쌀쌀한 표정으로 상처 준 그 사람을 무시할지도 모릅니다. 사람이란 어떤 형태로든 의사 소통을 하지 않고는 살 수 없는 존재이기 때문에,[3] 마음을 다친 사람이 상대를 무시하는 이 태도 역시 의사 소통의 특수한 형태라고 볼 수 있습니다. 다만 그 결과는 매우 부정적이지요. 하지만 이 의사소통 형태가 바뀔 가망은 없습니다. 그러려면 두 사람 사이에 접촉이 있어야 하는데, 지금은 바로 그 접촉이 불가능하기 때문이지요. 마음을 다친 사람에게 그의 태도가 너무 거부감에 차 있다고 직접 이야기한다고 합시다. 그는 틀림없이 그렇지 않다고 하면서, 무슨 말인지 이해 못하는 척할 겁니다. 말을 한 사람이 오히려 실수한 것처럼 여기도록 말입니다. "넌 아무것도 몰라. 네가 본 것은 틀려. 나는 다 옳고 너는 틀리단 말이야"라는 것이, 그러한 태도의 밑바탕에 깔려 있습니다. 그것으로 복수가 된 셈이지요. 이번에는 자기가 상대의 마음을 다치게 했으니까요.

그러므로 마음상한 사람과는 건설적으로 이야기를 나누며 문제를 풀어갈 수가 없습니다. 탱크 속으로 들어가 완전히 몸을 숨긴 채 사격 구멍을 통해 총을 쏘아대니까요. 전쟁, 불화, 싸움이 선포됩니다. 공공연히든 암암리에든, 어쨌든 겉으로는 친절히 대하는 척하면서 말입니다.

직장에서 함께 일하는 동료가 던진 비판이 전적으로 옳을 수도 있습니다. 하지만 그것을 들은 사람이 비판의 내용을 가지고 논의하는 대신 자기가 모욕당했다고 마음상해할 때, 상황은 매우 어려워집니다. 자기가 하고 있는 일을 그 비판에 의거해 필요한 방향으로 수정하는 따위는 그의 머릿속에 결코 떠오르지 않을 겁니다. 비판의 원래 목표는 그것이었지만 말입니다. 이런 관점에서 볼 때, 마음상함은 단순히 인간 관계에서 일어나는 문제를 넘어, 회사에서의 협동과 생산성을 방해하는 요인이라고 할 수 있습니다. 예민한 피고용자를 대하는 일로 옥신각신하다 보면 건설적인 비판마저 자제하는 경향이 생겨, 회사 전체에 해가 되는 경우가 적지 않습니다. 하지만 꼭 필요한 비판이나 토론을 피하지 않는 용기, 아무리 불편해도 꼭 필요한 일에 대해서는 직접 말을 하는 용기를 내는 것이 강력한 통솔력이겠지요. 쉬쉬하는 것이 처음에는 조화를 추구하는 일로 보일 수도 있지만, 궁극적으로는 회사의 분위기를 좋지 못하게 합니다. 비판이 완전히 사라지는 것이 아니라 오히려 보이지 않는 데서 계속 자라나게 되니까요.

이 예에서도 볼 수 있듯, 마음상함을 극복하는 길을 찾는 것은 매우 중요합니다. 마음상함은 단순히 우리 자신에게만 관계되는 것이 아니라 우리를 둘러싼 구조 전반에 영향을 미치기 때문입니다. 엄밀히 말해, 우리가 마음을 다친 것 때문에 다른 사람을 힘들게 하지 않는 것은 우리가 져야 할 사회적 책임입니다. 그러나 마음상한 상태에 빠져 있으면 자꾸 그 잘못을 저지를 수밖에 없지요.

마음의 상처에서 벗어나는 길은 한마디로 관계를 끊는 대신 일정한 거리를 두는 것입니다. 거리를 둔다는 것은 교제를 완전히 끊지 않은 상태에서 마음상한 상황으로부터 내면적 또는 외면적으로 물러나는 것을 뜻합니다. 지금은 자기를 너무나 힘들게 하는 사건을 떠나 있지만 언젠가는 다시 돌아올 것이 전제된 경우를 가리키지요. 이것은 내담자의 상처를 객관적으로 감지하면서도 몸소 느껴 행동할 필요는 없는 전문 상담자의 태도에 비길 수 있습니다. 즉, 우리가 느꼈던 당혹감, 상처 입은 아픔, 분노를 모두 깨닫기는 하지만, 그것 때문에 생각이 막히거나 행동에 영향을 받지는 않는 상태입니다. 거리를 둘 수 있다면 관계를 단절할 필요가 없습니다. 상대를 폄하할 필요도, 상처 입은 분노와 복수심에서 우리를 진정시킬 필요도 없습니다. 분노는 건설적으로 다독여 남들과의 선을 긋는 힘으로 이용하면 그뿐, 막강한 감정에 이리저리 끌려 다닐 필요가 없습니다.

거리를 둔다는 것은 이러한 맥락에서 볼 때 물러남, 상황을 다른 각도에서 관찰함, 방금 일어난 일을 이해하려고 노력함, 감정을 적당한 수준으로 축소시킴을 의미합니다. 하지만 그렇게 거리를 취하면서도 화내고 곰곰이 생각하고 욕을 하는 일이 가능합니다. 이러한 대응법의 장점은 무엇보다도 일어난 일을 처음부터 끝까지 두려움 없이 다시 체험해볼 수 있다는 것이지요. 감정을 모두 지각은 하지만 거기에 지배받지 않을 수만 있다면, 우리는 마음상함을 이겨내는 쪽으로 이미 크게 한 발을 내딛은 셈입니다.

물론 그렇게 되기까지는 한 가지 중요한 조건이 갖추어져야 합니다. 내면의 자부심을 극복해내겠다는 결심이 그것입니다. 여기서 자부심이란 칭찬을 받거나 훌륭한 업적을 이루었을 때 일반적으로 느끼는 자랑스러움을 가리키는 게 아닙니다. 자기를 대단한 사람으로 생각한다는 점에서, 자만에 가까운 우월감입니다. 이런 우월감을 극복한다는 것은 자신을 남 위에 세우는 대신 남과 똑같은 위치에 자리 잡게 한다는 것을 뜻합니다. 멸시하는 마음으로 남을 내려다보지 않고 상대와 눈높이를 맞춘다는 뜻이지요. 남의 눈을 들여다보는 것입니다. 남과의 접촉을 중단하는 대신 남에게 한 걸음 더 가까이 다가가는 것이, 잘못된 우월감을 극복하는 길입니다. 그리고 이 말은 결국, 평화 협정을 맺고 서로 화해하는 것, 마음을 다친 고립 상태에서 벗어나 남과 접촉하는 활발한 삶 쪽으로 방향을 잡는 것을 뜻합니다.

· 자기 고유의 심리적 주제 인식하기 ·

앞의 장들에서 분명히 밝혀진 대로, 마음상함이라는 현재의 사건 뒤에는 그 이전의 원초적인 마음상함, 다시 말해 어릴 때 경험한 퇴짜, 거부, 무서운 충격 같은 기억이 자리잡고 있습니다. 마음상함이 계기가 되어 그와 결부되어 있던 내사와 불안, 채워지지 않은 욕구 등이 모두 되살아나는 것이지요. 특별히 자기에게만 해당하는 특수한 주제—마음상함 거리—를 잘 알아두는 것이, 현재의 마음상함은 물론 과거의 근원적 상처까지도 치유할 수 있는 바탕을 마련해줍니다. 이것은 또한 마음에 상처를 쉽게 받는 예민함을 둔화시키는 데도 도움이 됩니다.

각자 자신만의 마음상함 거리를 확실히 짚어낼 때까지는, 우리는 똑같은 유형의 상황과 처지에서 끊임없이 거듭하여 상처를 받게 됩니다. 마치 언젠가는 상처에서 자유로워지기 위해 예전의 그 상처받던 상황을 반복하여 상연하는 격이지요. 이러한 마음상함에서 벗어나려면 내사를 변화시켜야 합니다. 소화할 수 없는 지침, 자기를 옭죄는 금지 사항 같은 것을 해체하겠다는 목표를 갖고서 말입니다. 유리관이 땅에 떨어져 몸이 흔들리는 바람에 목에 걸렸던 사과 조각이 튀어 나와 백설공주가 다시 살아났던 것과 마찬가지입니다. 공주의 목에 걸려서 공기를 차단하고 있었던 이 사과 조각처럼 우리에게 속하지 않으면서 우리의 삶을 어렵게 하거나 아예 살아갈 수 없게 하는 원인을 마음에서 떨구어버릴 때, 우리 마음속에는 새 공간이 열리면서 마음상함에 대처하는 새로운 가능성이 모습을 드러내게 됩니다.

내사는 찾아내기 쉽지 않을 때가 많습니다. 우리가 그것을 확실히 의식하는 경우가 거의 없기 때문이지요. 왜 충만한 삶을 누릴 수 없는 건지, 나 자신과 남에 대해 긍정적으로 생각하기가 왜 그렇게 어려운지, 왜 모든 사람에게 공격을 받는다고 느끼는지, 우리는 도무지 알 수가 없습니다. 그러나 주변의 저항과 나의 마음상함을 거듭해서 경험할 때, 우리는 그것을 토대로 우리가 안고 있는 마음상함의 개인적 주제를 추적해볼 수 있습니다.

지금까지 소개한 예화들에서 나는, 그때마다 내담자들의 개인적 상처를 찾아내기 위해 노력했습니다. 새로 사권 남자 친구와 휴가를 함께 보냈던 실비아 그로스의 경우, 마음상함 뒤에 자리하고 있던 그녀만의 주제는 엄마에게 받은 거부와 박대였습니다. 그녀의 상처가 제공한 내사는 '너를 원하지 않는다'였지요. 남이 자기를 원하지 않는다고 느낄 때, 사람들은 자기가 사랑받을 자격도 없다고 느끼게 됩니다. 실비아의 삶은 연인 관계에서 거부당한 체험들로 점철되어 있었습니다. 남자와의 관계는 계속 망가졌습니다. 남자가 떠나거나 그녀가 관계를 끊어버리거나, 둘 중 하나였지요. 사실 남자가 진심으로 사랑해서 배우자로 선택한다고 해도, 그녀가 견디지 못했을 겁니다. 자기가 믿는 바에 따라 실비아는 무의식 중에, 사랑이 깨지거나 아예 생겨나지 않도록 항상 상황을 만들어 나갔습니다. 그렇게 해서 결국, 남들이 자기를 원하지 않는다는 걸 증명해 보인 셈이었지요. 상담을 하는 가운데 비로소 이런 맥락이 분명해졌습니다. 이렇게 일단 원인을 알고 나면, 치료를 할 수 있습니다.

내사 치료는 개인사의 초창기까지 거슬러 올라가게 됩니다. 내사는 대개 일찍 형성되는 편인데다, 어린 시절의 경험과 직결되기 때문입니다. 내용이 확인되고 나면, 그것이 누구의 영향이었는지가 문제가 됩니다. "너를 원하지 않았다고 누가 말해주었니?"라는 물음을 따라가다 보니 실비아의 기억은 자기 부모에게까지 이르고, 어린 시절 홀대받았던 장면들을 기억해내게 되었습니다. 그때의 버림받은 느낌을 잘 갈무리해가는 한편, 그 느낌에서 비롯된 고통과 분노를 의식하고 표현해 내는 과정에서 내사가 변화할 수 있습니다. 실비아의 경우 그녀는 자신도 당연히 사랑스러운 사람이고 남들에게 받아들여지고 환영받을 권리가 있음을 깨닫게 되었습니다. 그러자 지금까지 지녀왔던 내사를 자신에게 적합한 형태로 바꿀 수 있었지요.

그녀가 자신을 위해 창안해낸 문장은 "나도 남들이 반기는 인물이며, 세상에는 내가 좋아하고 그 역시 나를 좋아하는 남자들이 있다"였습니다. 이러한 자세는 그녀에게 잘 어울리는 것이었으므로, 실비아는 그것을 자신에게 속하는 한 부분으로 받아들일 수 있었습니다. 하지만 단시일에 그렇게 된 것은 아니었습니다. 새롭게 고쳐진 내용을 깊이 체험하여 자기 것으로 하는 동시에, 그것이 자신의 행동 목록에 확실히 자리잡도록 해야 했습니다. 그리고 실비아가 다시 그것과 비슷한 일에 맞닥뜨려서 지금까지와는 다른 견해와 태도를 견지할 때에야, 비로소 이것이 이루어졌다고 할 수 있겠지요.

한데 과거의 내사에 따라 행동하느냐, 아니면 그것을 넘어서느냐 하는 선택권은 항상 우리 손 안에 있습니다. 내사라는 것은 행위, 즉 '정신의 태도'이지 '대상'이 아니기 때문입니다. "각 개인은 자기가 마음먹은 대로 내사를 보유하고 수행해 나갑니다."[4] 이 말은, 사람들은 내사에 속수무책으로 맡겨져 있는 것이 아니며, 그것이 어떻게 전개

되어 나갈지는 우리 마음에 따라 결정된다는 뜻입니다. 바로 여기에, 내사를 변화시키고 극복할 수 있는 기회가 자리합니다.

내사는 불안을 먹고 자라며 또 불안을 만들어냅니다. 그러므로 내사가 변화하면 내사자가 불안을 느끼는 정도도 따라서 영향을 받습니다. 실비아가 태도를 바꾼 후에 어떤 남자를 사귀게 되었다고 가정해봅시다. 그녀는 자신과 그 남자 모두에게 기회를 주는 셈이므로, 남자가 또 자기를 떠날까 봐 전처럼 그렇게 서둘러 겁낼 필요가 없습니다. 당연히 그러한 상황은 남자를 대하는 실비아의 태도에 영향을 주어, 이 만남을 진지하게 대할 수 있게 합니다. 이번 관계가 정말 충만함을 느낄 수 있는 관계가 될 거라는 보장이야 없지요. 하지만 실비아는 이 관계가 일단 성립되는 데까지는 공헌을 한 겁니다.

내사를 바꿀 수 있는 또 하나의 중요한 방법은 자기 자신에 대한 동정심을 발전시키는 것입니다. 우리는 거부당하고 상처받은 우리 안의 어린아이, 다시 말해 예전에 받아들여지지 못하고 사랑받지 못했던 부분을 오늘날에도 받아들이지 못합니다. 당시에 남들이 그랬던 것과 비슷하게 우리도 이 아이를 함부로 대하고 거부합니다. 게다가 이 아이는 고치 속에 꽁꽁 숨은 채 우리 내부에 존재하기 때문에 정서적인 접근이 불가능합니다. 실비아도 예외는 아니었습니다. 엄마를 기다리며 울고 있는 이 어린아이를 보면서도 아무런 느낌이 없었습니다. 치료를 받는 과정에서 마음속의 그 아이를 찾아내고 차츰 친해질 때까지는 말입니다. 아이가 얼마나 외롭고 겁을 먹고 공포에 질려 있는지를 느끼게 되었을 때, 그리고 이 불쌍한 아이가 바로 자기 자신임을 알았을 때, 그녀의 마음에 동정심이 싹텄습니다. 그리고 마침내 그 아이를 위해 그 아이와 함께 울고 슬퍼하게 되었습니다. 바로 그 순간에 실비아는, 운다고 아이를 질책하고 그 때문에 이번에는 아이를 사랑해주지 않는 행위를 중지했습니다. 대신에 그 아이를 애정으로 대할 수 있게 되었지요.

실비아가 이 아이를 받아들이자, 남이 자신을 원하지 않는다는 내사가 터무니없는 것으로 여겨졌습니다. 이 아이를 자기 자신의 일부로 받아들이길 원할 때, 인격체로서의 자기 자신 또한 같은 경험을 하게 되기 때문입니다. 내사는 목적을 갖고 어떤 행위를 하는 데 필요한 에너지를 우리가 모을 수 없도록 방해합니다. 말하자면 게슈탈트 주기를 도중에 끊어버림으로써 우리로 하여금 행위나 접촉을 하지 못하도록 하는 것이지요. 만족감을 얻기는 틀려버린 셈입니다.

실비아는 내사에 눌려 자신이나 배우자 모두에게 사랑의 관계를 이루어 나갈 기회를 주지 않음으로써, 게슈탈트 주기를 진행 도중에 중단시킨 셈이었습니다. 다시 버림받으면 어쩌나 하는 불안 때문에 에너지를 한 곳으로 모을 수가 없었지요. 그리하여, 한번도 제대로 관계를 맺고 접촉해보지 못한 채 그녀가 남자를 떠나든가 아니면 혼자 남는 사태가 연출되었던 것입니다. 배우자와의 관계가 잘되고 안 되고가 전적으로 실비아만의 책임이라는 오해는 불러일으키고 싶지 않습니다. 관계에는 항상 양쪽 모두가 책임이 있으니까요. 하지만 개별적으로 상담을 할 때에는 실비아의 문제가 전면으로 떠오르기 때문에, 상대 남자의 문제는 빼고 실비아의 문제만 다루었을 뿐입니다.

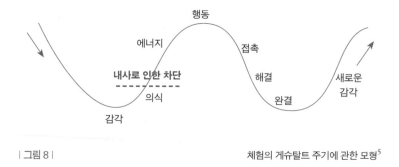

| 그림 8 | 체험의 게슈탈트 주기에 관한 모형[5]

그 남자의 문제는 그 스스로가 해결해야 합니다.

배고픈 사람 얘기로 다시 한 번 돌아가보면, 내사와 에너지 억제 사이의 상호 관계는 다음과 같이 설명됩니다. 음식을 가져오지 못하도록 그의 에너지를 억제하는 내사는 아마 이런 내용일 겁니다. "욕구가 생기는 대로 다 따라 해서는 안 되지. 주책없는 일이야." 그러면 그 배고픈 사람은 그냥 눌러앉아 있든가, 아니면 부엌까지 가지만 먹을 것을 꺼내오지는 못합니다. 배는 계속 고프고, 독서에 전념할 수가 없습니다. 생각이 끊임없이 '먹느냐 먹으면 안 되느냐' 쪽으로 빠져 나가기 때문이지요. 욕구가 충족되지 않은 상태이므로 그는 먹는 일과 읽는 일, 그 어느것도 즐기지 못하지만, 어쨌든 자신의 내사 쪽에서 보면 올바르게 행동했다고 할 수 있습니다. 그러나 접촉 주기를 온전하고 만족스럽게 매듭짓기 위해서는 내사를 바꾸는 것이 급선무입니다.

자기 자신을 감정적으로 받아들이면서 내사를 바꾸게 되면 그와 더불어 자아가 발전하면서, '나-한계'가 넓어집니다. 이것은 무슨 뜻일까요? 내사를 버리거나 바꾸고 나면 우리는 지금까지 익숙했던 행동 양식에서 벗어나, 그 결과 다른 새로운 경험들을 받아들일 준비를 갖춘 상태가 된다는 말입니다. 더 많은 경험, 새로운 경험을 할 용기를 내고, 커다란 위험도 감수할 태세를 갖추며, 지금까지는 감히 엄두도 못 냈던 일을 하고, 새로운 상황에 맞닥뜨려서도 훨씬 유연하게 대처하게 됩니다.

실비아는 자기 자신에 대한 태도와 함께 남자들에 대한 태도도 바꾸었습니다. 헤어질 위험이 있음에도 불구하고 두려움 없이 관계를 맺음으로써, 자신의 영역을 넓혀가기로 한 것이지요. 사랑받을 기회를 더욱 많이 자신에게 허락하는 한편, 누군가가 자신을 정말로 좋아할 때 뒷걸음치지 않기로 다짐했습니다. 처음에는 그 모든 것이 두려울 겁니다. 어쩌면 그러다가 또 다른 내사나 미해결 과제의 경험과 맞닥뜨리게 될 수도 있습니다. 하지만 그와는 반대로 새롭고 긍정적인 경험을 할 수도 있고, 그러다 보면 관계와 결속을 원하는 그녀의 동경과 소망이 이루어질 수도 있습니다. 남자들과의 관계에서 계속 마음을 다치게 했던 근본 원인인 자신의 개인적인 주제를 발견해내고 그 주제와 결부되었던 내사를 바꿈으로써, 그녀는 자아를 향상시키고 자신의 상처를 치료할 수 있었습니다.

· '게임'에서 손떼기 ·

소냐 헬트는 중요한 결정을 내려야 할 때면 언제나 남편과 다투곤 했습니다. 남편이 자기 의견에 반대할 경우 그녀는 금세 확신을 잃어버렸습니다. 그러고는 마음이 상해서 고집을 피웠지요. 남편이 자기를 진지하게 대해주지 않는다는 기분이 들었기 때문입니다. 소냐가 그렇게 마음상함에 시달리게 된 출발점이 어디였는지 알아내기 위해, 우리는 소냐가 최근에 겪은 상황을 재연해보았습니다. 그렇게 하여 밝혀진 것은, 이 언쟁에 관한 한 그녀가 세 부분으로 나누어져 있다는 사실이었습니다. 자기가 원하는 것을 그대로 말하는 부분, 상대방의 이의 제기와 비판에 확신이 흔들리는 부분, 그리고 이에 반항하여 투쟁하고 다투되 그 자신은 이미 상처난 부분이 각각 따로 자리잡고 있었습니다.

상황을 좀더 알아보기 쉽게 제시하기 위하여, 그녀가 방석 네 개를 골라왔습니다. 언쟁에 참여했던 사람과 내면의 상태에 따라 각각 하나씩 부여할 생각이었던 것이지요. 초록색 방석을 남자 친구인 클라우스의 몫으로 놓더군요. 바로 그 정반대편에는 하얀색 방석이 놓였는데, 클라우스가 바라는 것을 미리 알아서 말하는 자신의 한 부분이라고 했습니다. 자기 내면의 다른 두 부분 중 하나로는 노란색 방석을 골라, 마음을 잡지 못하고 흔들리는 소냐라고 했습니다. 반항하는 나머지 한 부분은 까만색 방석으로 표시했습니다. 이 까만색 방석은 언쟁 초기에는 모습을 나타내지 않은 채로 하얀색 방석 뒤에 숨어 있

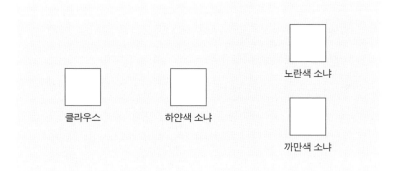

노란색 소냐

까만색 소냐

클라우스

하얀색 소냐

었습니다.

　클라우스와 (하얀색) 소냐가, 소냐가 직장을 그만두어야 하는가하는 문제를 놓고 이야기하고 있었습니다.

　(하얀색) 소냐 : "일이 영 힘들어. 좀더 재미있고 스트레스를 덜 받는 일, 될 수 있으면 근무 시간도 좀 적은 일을 찾아볼 생각이야."

　클라우스 : "내가 당신 입장이라면 다시 한 번 꼼꼼히 따져서 생각해보겠어. 요즘 같은 때 직장을 포기한다는 건 아주 위험한 일이야. 새 일자리를 얻을 수 있다는 보장도 없잖아? 그리고 무엇보다도 중요한 건 말야, 설사 근무 시간이 적은 일을 찾는다 해도, 그럼 수입이 확 줄텐데, 도대체 어떻게 살려고 그래?"

　이야기가 바로 여기에 이르렀을 때, 소냐는 양심의 가책을 느꼈습니다. 클라우스가 좋아하지 않는 일을 자기가 계획하고 있다는 생각 때문이었습니다. 자신의 결정이 옳았다는 확신이 사라지면서, 마치 아빠와 살던 어린 시절로 돌아간 듯한 기분이 들었습니다. 불안과 죄책감에 휩싸여, 소냐는 확신이 서지 않는 아이를 나타내는 노란색 방석을 하얀색 방석 앞쪽으로 쓰윽 밀어놓았습니다. 소냐는 이윽고, 아빠하고 살 때에 배웠던 이 부분이 되어 반응했습니다. 그녀는 무엇이든 아빠 위주로 하려 했고, 아빠의 마음에 들지 않는 것을 자기가 원할 때는 죄책감에 빠지곤 했습니다. 자기 안에 들어 있는 이 노란색 부분이 말하기 시작했습니다.

(노란색) 소냐 : "그래, 당신 말이 옳아. 이건 확실히 잘못되고 경솔한 판단이야. 당신이 동의하지 않으면 난 기분이 좋지 않고 죄지은 느낌이 들어. 그 돈 얘기도 맞아. 내가 어떻게 하면 좋을지 말해줘."

바로 이 순간, 까만색 방석이 나타났습니다.

"바보 같은 소리, 클라우스의 말은 틀려. 괜히 기죽지 말고 네 식대로 좀 보여주라구. 네가 하고 싶은 대로 해야지. 네 권리를 찾기 위해 싸우란 말이야."

일이 이쯤 되면 현실에서는 클라우스와 다투게 되기 마련이었지요. 소냐가 어른(하얀색 방석) 노릇은 않고 고집쟁이 아이처럼 어떻게 해서든 자기가 하고 싶은 대로 하기 위해 싸우니까요. 반항심에 찬 그녀는 자기가 마치 클라우스의 감독을 받아 움직이는 것처럼 느껴져서, 그가 자기를 이해하지 못하는 데다가 이기적으로 행동한다고 비난합니다. 그리고 클라우스는 클라우스대로, 이 고집쟁이가 자기를 부당하게 공격한다고 도리어 모욕감을 느낍니다. 두 사람이 다 기분이 상해서 서로 다투든가 아니면 피해버려, 결국 아무 해결책도 찾지 못하고 말았던 겁니다.

이 기제가 분명하게 밝혀지자, 해결책은 쉽게 찾아졌습니다. 무엇보다도 소냐가 하얀색 자기 자신, 즉 성숙하고 안정된 자기 마음과 접촉하는 것이 중요했습니다. 아이 때의 감정들 쪽으로 다시 미끄러지면 안 되는 것이지요. 숨이 턱턱 막히고 가슴이 뻣뻣하게 당기는 것을 통해, 소냐는 자기가 아이 때의 감정으로 되돌아갔음을 몸으로 느낄 수 있었습니다. 갑자기 몹시 놀랐을 때 나타나는 것과 흡사한, 몸의 반응이었습니다. 이 신호는, 앞으로 또다시 예전 식으로 반응할 위험에 처할 때 그녀가 그 사실을 의식할 수 있도록 경고 역할을 해줄 것입니다.

그러나 엄밀히 관찰해볼 때 이러한 기제는 그보다 훨씬 이전, 말하자면 클라우스가 그녀의 생각에 대해 보인 반응 양식에서 이미 시작되고 있었습니다. 그의 말을 들었을 때 소냐는 마치 견책받는 듯한 기분이 들었던 겁니다. 마치 그 옛날, 아빠가 도덕을 내세워 그녀를 압박했을 때처럼 말입니다.

소냐가 이때 곧장 자기의 불만을 토로했다면 참 좋았을 겁니다. 이를테면 클라우스에게, 자기는 그런 식의 말을 들으면 갑자기 갈등을 느끼거나 죄책감을 갖게 되니까 되도록 즉시 비판하는 일은 좀 삼가 달라고 부탁했다면 말입니다. 또 다른 가능성으로는, 대화가 말다툼으로 번질 것 같으면 잠시 이야기를 중단하는 것이 있습니다. 분위기가 어느 정도 풀린 뒤에 다시 대화를 하는 것이 도움이 될 때도 가끔 있습니다. 평소 다투던 경우들을 돌아보면서, 그때 자기가 느꼈던 어려운 점들을 상대방에게 알려주는 것이지요. 그런데 이 방법이 목적으로 삼고 있는 관계 변화는 차치하고라도, 자기 안에서 어떤 일이 일어나고 있는가를 깨달은 것이 소냐에게는 소중한 체험이었습니다. 다음번에는 클라우스가 이의를 제기해도 지금까지와는 전혀 다른 인식의 바탕 위에서 이에 반응할 것이므로, 이 체험은 변화를 향한 커다란 한 걸음이 되는 것이지요.

치료가 더 진행되는 동안 소냐는 그 밖에도 자신에 대한 아빠의 기대에서 벗어나는 법을 배웠습니다. 양심의 가책 없이 자신의 소망에 따라 결정할 수 있게 된 것이지요. 달리 표현하면, 자신의 인생을 스스로 책임지기로 했다는 말입니다. 아빠나 남편에게 책임을 미루지 않고 말입니다. 그렇게 하여 자존감이 강화되면, 저항적·투쟁적 태도로 남을 공격하다가 혼자 마음상해서 등을 돌려버리지 않고도 자기 주장을 할 수 있게 되는 것이지요. 사람은 누구나, 남의 반대를 무릅쓰고라도 자기 일을 자기 뜻대로 결정할 권리가 있다고 스스로 느낄 때에만 당당할 수 있기 때문입니다. 그러면 자기가 원하는 것을 남이 거부하거나 비판해도 그것 때문에 마음을 다치지 않을 수 있고, 따라서 늘 똑같은 다툼을 일삼시 않게 됩니다.

소냐 헬트의 예는, 지금 일어나고 있는 마음상함을 풀 수 있는 방법, 그리고 앞으로 일어날 수 있는 마음상함을 새로운 경험을 통해 방지하거나 적어도 약화시킬 수 있는 방법을 보여줍니다. 이렇듯, 오래된 함정에 다시 빠지지 않고 정말 새로운 것을 현실에서 만들어내려면, 폭 넓은 경험이 필요할 때가 종종 있습니다.

· 자존감 확립하기 ·

자존감과 마음상함 사이에는 긴밀한 관계가 있다고, 지금까지 기회가 있을 때마다 말해왔습니다. 자의식이 강한 사람일수록 자신의 말과 행동, 그리고 자기 자신에 대해 굳은 확신을 갖고 있습니다. 따라서 마음을 다치는 일도 상대적으로 적지요. 하지만 이 말은 정말 자의식이 있는 사람에게만 해당될 뿐, 그런 척하는 사람들과는 관계가 없습니다. 후자에 속하는 사람들은 대개 아주 쉽게 마음을 다칩니다. 근본적으로는 자신의 가치를 인정하지 않으면서 다만 의식적으로만 그런 태도를 취하여 이를 덮어버리려 하기 때문입니다. 이들은 자기애적 자존감이라는 문제를 안고 있는 까닭에, 실재와 가상을 혼동합니다. 자신의 위대함, 즉 '멋짐'으로 열등감을 감춰보려고 하지만, 그렇다고 해서 정말로 자신을 가치 있다고 생각하는 건 아닙니다. 오히려 이들은 마음상함을 몹시도 잘 당하는 부류입니다.

물론 자의식이 안정된 사람은 마음 상하는 일이 전혀 없느냐 하면 그렇지는 않습니다. 마음상함이란 사람이면 누구나 겪는 일이기 때문입니다. 하지만 얼마나 자주, 어느 정도로 심하게 겪는가에는 차이가 많습니다. 자신을 보잘것없는 존재로 생각하는 정도가 클수록, 남이 자기를 비판하거나 거절할 때 상처를 많이 받습니다. 그리고 그를 괴롭히는 마음상함의 계기도 그만큼 더 다양합니다. 그 역도 물론 성립하겠지요. 그러므로 어쨌든 마음상함에 좀더 잘 대처하거나 좀 덜 상처받는 방법은 자존감의 확립이라 할 수 있습니다.

다음에서는 내가 마음상함에 관해 본질적으로 중요하다고 여기는 몇 가지 점에 대해, 이 책이 다루는 주제의 범위 내에서 집중적으로 얘기해보려 합니다.[6]

자존감이 불안정한 이유는 무엇보다도 내면적으로 다음 세 가지 체험 영역, 즉 우월함, 열등함 그리고—간단히 하기 위해 이렇게 부릅니다—실제가 서로 조화되지 못하기 때문입니다.

만약 이 세 영역 모두를 자신의 내면에서 느낄 수 있는 사람이 있다면, 그는 매우 완전한 인간입니다. 그런 사람이라면 자기 능력 밖의 일, 싫어서 되도록 숨기고 싶은 자기 모습(열등함)도 꿰뚫어 볼 수 있겠지요. 그러나 이와 동시에, 남보다 낮거나 최소한 남과 비슷한 면도 자신에게 있음을 알고 이 점 역시 높이 평가할 것입니다. 노력하면 이룰 수 있을 만한 이상도 정해놓고 그것을 위해 노력도 하겠지요(우월함). 또한 자기가 있는 곳은 이 세상이라는 사실을 인정할 뿐

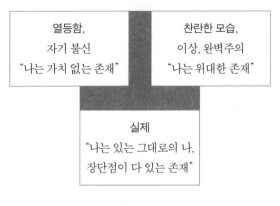

'가짜 나'(겉모습)

| 열등함,
자기 불신
"나는 가치 없는 존재" | 찬란한 모습,
이상, 완벽주의
"나는 위대한 존재" |

실제
"나는 있는 그대로의 나,
장단점이 다 있는 존재"

'진짜 나'

| 그림 9 | 자기애적 인성 모형

만 아니라 자신이 어떤 사람인지도 알기 때문에, 정체성을 갖게 됩니다. 자기의 감정과 욕구와 더불어 정체성을 느낌으로써, 자신을 사실적으로 느끼게 되는 것이지요(실제).

그런데 이 세 영역 사이의 간격이 벌어질수록 각각의 영역은 서로 관계가 없는 것으로 여겨지게 되고, 그러다 보면 통합된 하나의 자아라는 느낌은 점점 희미해집니다. 무슨 말인가 하면, 이렇게 보잘것없는 존재로 자처하는 동안에는 이상화된 자기의 멋진 모습이나 실제 모습을 거의 느낄 수 없게 됩니다. 오로지 세상과 자기를 업신여기는 마음, 그리고 자기 불신으로 가득 차 있을 뿐이지요. 그런가 하

면 일단 자신을 위대하다고 여기게 되면 이번에는 스스로를 지나치
게 강하고 정력적인 존재로 느끼는 바람에, 열등함 따위는 기억조차
못하게 됩니다. 이 두 상태 사이에 있어야 할 실제 자기 모습으로 이
어주는 통로, 감정과 욕구를 향해 난 통로가 이 사람에게는 폐쇄되어
있기 때문이지요. 그는 자기가 무얼 필요로 하는지, 자기에게 도움이
되는 게 무언지, 자기에게 필요한 것이 무엇인지 도무지 알 수 없게
됩니다. 자신의 장단점을 느끼지 못하고, 그 대신 자기 내부의 극단
적인 면만을 감지합니다. 자신을 전혀 현실적으로 파악할 수 없습니
다. 정확히 말해서, 자기가 정말 누구인지를 모르는 겁니다.

열등함과 우월함, 이 두 영역이 서로 접촉할 기회가 적어질수록 마
음상하는 정도는 그만큼 심해집니다. 마음상함이란 원래 우월함에
그 뿌리를 두고 있으니까요. 퇴짜맞고 비판받고 무시당할 때, 사람들
은 자신의 이상적인 모습이 존중되지 못한다고 느끼면서 그로 인해
열등감을 갖게 됩니다. 그가 생각하는 멋진 자신의 모습을 남들이 인
정해주지 않는 정도가 크면 클수록, 그는 자신을 부정적으로 평가하
는 나락으로 더 깊이 굴러 떨어지게 됩니다. 스스로 훌륭한 사람이라
고 느끼기 위해 자기가 채워야 할 이상이 높고 도달하는 것이 불가능
할수록, 자기 자신과 세상에 대한 그의 기대치는 높아집니다. 그리고
그만큼 더 빨리 실망하게 되지요. 그러다 보면 대개는 자기 멸시의
나락으로 떨어지기 십상입니다. 자책과 질책도 곁들여지지요. 자기
가 가치 없는 존재라는 느낌을 갖다 보면, 급기야는 내가 살 자격이
있는가 하는 의문까지도 품게 됩니다.

그렇다면 마음상함에 대처하기 위해서는 무엇이 필요할까요? 우선 자신과 남, 그리고 세상에 대해 너무 높은 기대와 이상을 가졌다면 그것부터 재고해보아야 합니다. 예를 들어, 모든 것을 항상 이백 퍼센트 잘하고 제대로 해내야 성에 차는 사람이 있다면, 그가 마음상함을 겪을 가능성은 당연히 다른 사람보다 훨씬 높을 것입니다. 실수할 여지를 자신에게 하나도 남겨놓지 않기 때문이지요. 남의 사소한 비판 하나도 곧 자기 실존의 가치를 깎아내리는 것이 될 수 있습니다. 이런 사람에게는 자신이 실수해도 된다는 사실, 그 실수 때문에 자신의 능력이나 가치가 깎이는 게 아니라는 사실을 분명히 인식하는 것이 꽤 큰 해방감을 줍니다. 그리고 그가 좀더 너그럽게 자신을 대하는 법을 배운다면 이것을 다른 사람과의 관계에까지 확대 적용할 수도 있을 것입니다. 자기와 남에게 운신의 폭을 더 많이 허용할 때, 자신이 상처받을 여지도 훨씬 줄어들겠지요. 이러한 방향 조절이 머리로만 해서는 이루어지지 않아 감정상으로도 이 모든 과정을 되밟아야 하는 경우가 종종 있습니다. 혼자서 하기 힘들 때에는 전문가의 도움을 받는 것도 좋습니다.

　두 번째로는 열등감이라는 경험 자체에 변화를 시도해볼 수 있습니다. 자기가 전혀 무가치한, 또는 가치가 거의 없는 인간이라고 여기는 사람이 있다면, 자신의 좋은 점을 찾아보고 또 발견해보라고 권하고 싶습니다. 열등한 **감정**을 갖고 있다고 해서 그 열등감의 주인이 반드시 열등하다는 뜻은 아니니까 말입니다. 다만 그가 스스로를 그렇게 평가한다는 말일 뿐입니다. 열등감을 갖게 된 계기가 되었을 법한 배경을 찾아내어 검토하는 것이 바로 열등감을 변화시키는 길입니다. 아니면 자신의 가치 있고 발랄한 면, 창조적이고 유쾌하며 똑똑한 면에 관심을 집중적으로 기울이는 것도 역시 한 방법입니다. 비록 본인이 깨닫지 못하고 있어서 믿기 어려울지라도, 그러한 장점을 지닌 것은 틀림없으니까요.

이렇게 지금까지 꼭 닫혀 있던 영역으로 가까이 가서 그것을 경험하는 방법에, '창조적 표현'이란 것이 있습니다. 이 방법은 오직 자기 자신을 위해서일 뿐 그 밖의 어떤 목표도 설정하지 않기 때문에, 가치 평가나 업적 평가의 압력을 받지 않는다는 장점이 있습니다. 몸짓이나 색깔, 음악, 소리, 그림 또는 말로 자신을 표현할 수 있음을 경험하는 일은 자아를 강화시켜줍니다. 그렇지만 유감스럽게도, 가치 평가에서 벗어나 자유롭게 우리 자신의 창조성으로 다가갈 수 있는 길이 막혀 있음을 종종 보게 됩니다. 감정이나 그 밖의 것을 그림이나 색깔로 표현해보라고 하면 "난 그림 못 그리는데요" 하며 불평하는 사람들이 많습니다. 이들에게는 자신을 표현하는 행위 하나하나가 다 '잘했다'거나 '못했다'는 평가와 결부되어 있습니다. 바로 이 점이, 자신을 표현하여 새롭고 긍정적인 체험을 하려고 하는 용기를 사람들에게서 앗아가는 요인입니다. 하지만 일단 이 장애물을 넘기만 하면, 대개의 사람들은 자신을 나름대로 독특한 방식으로 표현하는 데 재미를 느낍니다.

그러면 여러분은 어떻게 자신의 마음상한 감정과 열등감을 창조적으로 표현해낼 수 있을까요? 어떤 색깔을 쓰고, 어떤 모양을 택하겠습니까? 마음의 상처를 음악으로 바꿔보라면 당신은 어떤 악기를 갖고 소리를 내고 싶을까요? 또, 몸으로 표현하라면 당신에게는 어떤 동작이 이 주제에 맞추어 떠오를까요?

나는 이 연습이 여러분에게 대단히 재미있을 거라고 확신합니다. 당신에게 어울리고 당신 마음에 꼭 드는 표현, 당신의 소질과 장점을 가장 잘 살릴 수 있는 표현 방법을 찾아내어 자신을 새롭게 체험하게 될 것입니다. 그리하여 삶의 기쁨을 새롭게 발견하게 될 겁니다. 그리고 이 모든 것은 분명, 당신의 자존감에 긍정적인 영향을 끼칠 겁니다.

이 연습을 통해 당신은 당신의 그것-기능, 즉 내게 필요한 것, 내가 원하는 것은 무엇인가 하는 문제와도 만나게 될 것입니다. 그리고 이 물음은 당신을 당신의 실제, 당신 자신, 당신의 욕구와 감정 상태로 곧바로 데려갈 것입니다. 만약 자신이 누구인지, 무엇인지, 어떤 장단점이 있는지, 무엇을 느끼며 무엇을 필요로 하는지 알게 된다면, 당신은 자기 자신, 당신의 이른바 '참 자아'와 만난 것입니다. 이 참된 자아 안에서는 자신이나 남에게 아무것도 일부러 꾸며 보일 필요가 없습니다. 그저 있는 그대로, 생긴 그대로, 한마디로 사실 그대로 있으면 됩니다.

· 변화의 열쇠는 접촉 ·

실제 자기 모습을 인지하고 나면, 열등함이나 우월함 같은 가짜-나의 상태를 벗어나서 자유롭게 사물을 보고 사건을 해석할 수 있게 됩니다. 물론 이것은 마음상하는 일도 그만큼 적어짐을 의미하지요. 우리 자신이나 남, 그리고 세상에 대해 우리가 적당한 정도로만 기대한다면, 다시 말해 잠재적으로 실현 가능한 만큼만 이상화한다면, 이 기대는 우리에게 만족감과 긍정적인 자존감을 주는 한편, 불필요하게 마음상하지 않도록 우리를 보호해주기도 할 겁니다. 처음부터 불가능했던 것을 달성하지 못했다고(스스로 자기 마음에 상처 내기) 해서 자기를 비하할 필요도 없고, 남들이나 세상에 대해 너무 많이 기대했다가 그대로 받지 못했다고 해서 박대당한 것처럼 느낄 필요도 없습니다.

자신과의 사실적인 접촉은 우리가 비판이나 퇴짜, 거부 등을 다른 방식으로 처리할 수 있게 도와줍니다. 바깥에서 오는 모든 일을 우리와 개인적으로 관계된 것으로 간주할 필요가 없는 것은 물론, 그것이 곧 우리 책임이라거나 실패라고 해석할 필요는 더 더욱 없습니다. 예를 들어, 우리를 비판하는 말이 부분적으로 우리와 관계된 것일 수도 있지만, 또 한편으로는 비판하는 그 사람의 문제일 수도 있는 겁니다. 따라서 우리 쪽에서 남의 비판을 아무 이의 없이 다 받아들일 필요는 없습니다. 다만 경우에 따라 더 좋은 결과를 얻기 위해 비판자와 그 문제를 논의할 수는 있겠지요. 하지만 이것도 실은 양편이 모두 자기 입장을 변호할 권리가 있다고 느낄 때, 그리고 열등감이나 자기 비하로 숨어들지 않을 수 있을 때에라야 효과가 있습니다. 이것은 쉬울 것같이 들리지만, 막상 실행하려 하면 무척 힘들 때가 많습니다.

이것을 실현할 수 있게 하는 열쇠는 **접촉**입니다. 다른 사람들과 접촉하고 있는 한, 우리에겐 자기 연민에 빠질 기회가 없습니다. 자기 연민이란 우리가 모욕감을 느껴서 접촉을 끊고 물러날 때에만 일어나는 현상입니다. 따라서 우리가 남과 대화하는 중에 있다면, 그를 미주하고 이야기를 나누면서 그와 나를 이어주는 마음의 끈을 끊어버리지 않은 채로 있다면, 우리는 자신을 신뢰하면서 새로운 힘을 얻게 될 것이며, 또한 그래야만 합니다. 그러자면 책임감 있게 행동하지 않을 수 없습니다. 다시 말해, 자기 나름의 마음상함 속으로 뒷걸음질치지 않고 상대와 함께 문제를 풀기 위해 노력하게 된다는 말이지요. 그때에야 비로소 우리는, 마음상한 반응을 보이는 대신 우리 자신의 솔직한 감정, 즉 상처와 그로 인한 슬픔, 분노, 그리고 두려움과 욕구까지도 생생하게 느끼게 되는 것입니다.

이런 감정들과 접촉하게 되면, 우리의 마음상함은 부분적으로는 이미 극복된 셈입니다. 대화를 통해 무엇이 그렇게 아팠다든가 상대에게 정말 받고 싶은 것, 내가 필요한 것은 무엇이었다는 말을 털어놓고 나눔으로써, 우리는 상처에서 헤어나올 수 있는 길을 자신에게 열어놓게 됩니다. 비판 끄트머리에라도 나를 인정해주는 말 한마디쯤은 해주길 기대했다든가, 퇴짜를 놓은 다음에는 다시 애정을 갖고 대해주었으면 좋았을 거라는 식으로 말하는 것을 예로 들 수 있겠지요. 계속 불만을 곱씹으면서 상한 마음을 붙잡고 있는 대신에 좀더 건설적인 접촉, 경우에 따라서는 관계에 자양분이 되기까지 하는 접촉을 시도해보겠다고 결심할 수도 있는 겁니다. 자신의 감정과 욕구에 대한 책임을 스스로 떠맡음으로써, 관계에 대한 책임도 함께 지는 것이지요. 그렇게 해야 두 사람 모두 동등한 권리를 가진 동반자가 됩니다. 마음이 상한 채로 자기 식의 힘없는 희생자 역할을 자처하는 대신 말입니다.

달리 말하면 이것은 또한, 상대와는 다른 자신만의 욕구와 생각을 가지며 그 생각대로 살 권리가 있는 독립적 인간이라고 자기를 인지하는 것이기도 합니다. 건설적인 접촉이란 하나로 뭉뚱그려진 것을 한올 한올 풀어냄을 뜻합니다. 사람들 사이의 차이를 부정하고 사람들이 모두 꼭 같기를 바라는 마음을 일러 '융합'이라고 합니다. 이런 경향이 있는 사람들은 배우자가 자기와 다른 점을 절대 받아들이지 않습니다. 상대가 자기와 한치도 어김없이 똑같기를 바라는 것이지요. 똑같이 느끼고 똑같은 것을 바라야 한다고 믿습니다. 그리고 둘 사이에 다른 점이 있으면 이것은 곧장 마음상함으로 이어집니다. 배우자가 자기와 다른 의견을 갖는다는 것 자체를 자기에 대한 비방으로 받아들이기 때문입니다.

"글쎄, 이럴 수가 있어요? 어쩌면 늘 그렇게 어질러놓고 사는지 모르겠어요. 내가 어수선한 걸 절대 참지 못하는 성미인 줄 잘 알면서 말이에요. 그가 하고 있는 꼴을 상상만 해도 분이 끓어올라, 정말 경멸하지 않을 수 없게 된다구요"라고, 한 여성 내담자가 나에게 자기 남자 친구 불평을 해댔습니다. 실은 그 불평에서 정말 문제가 된 것은 그 남자의 무질서함이 아니었습니다. 그보다 더 깊은 뿌리가 있었지요. 그녀는 두 사람의 문제를 이렇게 그려냈습니다. "당신이 하고 싶은 대로 하고 살아. 하지만 나는 빼줘. 나와 함께 살고 싶다면 당신은 내가 원하는 당신으로 있어줘야 해"라고 말입니다. 남자 친구가 자신의 방식을 지켜주지 않으면 그녀는 마음이 상하곤 했습니다. 이 마음상함을 이겨낼 방법은 그녀가 배우자와의 융합을 풀어버리는 것뿐이었습니다. 다시 말해, 배우자와 자기가 다름을 인정하는 한편, 그가 자기와 다른 것을 문제로 여기지 않아야 한다는 것이지요. 독립성을 유지하는 게 급선무였습니다. 그래야만, 자신의 편안함을 상대가 책임져주어야 한다는 생각을 버릴 수 있을 테니까요. 남자 친구의 무질서함을 좋아할 필요까지야 없지만, 그렇다고 해서 그녀가 그 일로 인해 그를 거부할 만큼 상처받고 분노하는 것도 정당한 일은 아니었지요. 자기가 원하는 꼭 그대로 그가 있어주어야 마음이 편한 그녀였으니, 결국 그녀는 그에게 매여 사는 셈이었습니다. 그리고 그렇게 종속적이 되면 될수록 그녀가 마음상함에 시달릴 가능성은 상대적으로 커지는 것이지요.

마음상한 상태에 머물러 있지 않고 건설적인 관계로 나아가겠다는 결심을 우리 대신 해줄 사람은 아무도 없습니다. 그 결정은 우리 스스로 내려야 합니다. 그러지 않으면 아마 누군가는 잔뜩 화가 나서 우리에게 등을 돌리고, 그 결과 우리는 혼자 남게 될 것입니다.

이제 이 책의 맨 앞에서 들었던 예화로 다시 돌아가겠습니다. 엘케 만은 상담 치료를 도중에 그만두려 했습니다. 상담소에서 우연히 자기보다 멋지게 생긴 여자와 마주치자, 내가 자기보다 그녀를 더 좋아할 거라는 생각이 들었기 때문이었습니다. 자신의 가치에, 그리고 자신이 내게 특별히 중요한 사람이고 싶었던 소망에 상처를 입은 것이었지요. 그때 그녀에겐 두 가지 선택의 가능성이 있었습니다. 더 이상 상담 치료를 받으러 오지 않는 것이 그 하나인데, 이 선택은 접촉을 끊은 채 나와 자기 자신에 대해 쓰디쓴 기분을 맛보면서, 결국엔 자기가 전혀 중요한 사람이 못 된다는 사실을 스스로에게 증명하는 것으로 끝이 날 겁니다. 이것은 그녀가 자기 문제에 대해 전혀 책임을 지지 않는 경우입니다. 모든 잘못은 나와 그 어떤 내담자에게로 '미루어졌지요'. 나 역시 그녀가 상담을 받으러 더 이상 오지 않는 것에 몹시 실망하고 화를 냈을 겁니다. 그녀가 아무 말 없이 상담을 빼먹으면, 내가 연락을 취할 수밖에 없게 됩니다. 그러면 얘기가 어떻게 진행되는가에 따라서 상담을 완전히 끝내버리거나 말거나, 아무튼 결말이 나겠지요. 하지만 만약 나도 움직이지 않고 그녀도 내게 전화하지 않았다면, 이 일은 아주 불쾌한 느낌을 주는 미해결 과제로 계속 남아 있게 되었을 겁니다.

그러나 엘케 만은 다른 가능성을 선택했습니다. 나와 접촉하기로 했던 것입니다. 내게 전화를 해서, 상담 치료를 그만두겠다고 알려왔습니다. 그녀가 자발적으로 연락을 취했다는 것이 매우 중요한 점이었습니다. 이런 식의 태도가 자신에게도 전혀 새로운 것임을 그녀는 질 알고 있었습니다. 상담을 전혀 받지 않은 상태였더라면, 자존심 때문에라도 그런 일은 결코 시도하지 않았겠지요. 하지만 엘게 만은 자신의 마음상함을 똑바로 보고 인정하는 데에 성공했습니다. 내게 전화를 건 행동은 그녀가 자신의 불쾌함을 부정하지 않고 오히려 존중한 증거입니다. 그럼으로써 자기 자신은 물론 내게도 기회를 한번 준 것이었습니다. 서로 대화를 해야만, 접촉을 해야만 방향을 다시 잡을 수 있는 일이었습니다. 이어서 그녀가 다시 한 번 나와 대화를 하러 오겠다고 한 것은, 그녀의 접촉 기능이 아주 유연하게 작용했음을 보여줍니다. 그때 만나 대화하는 가운데 그녀가 내게서 바랐던 일들이 분명하게 드러났을 뿐만 아니라, 그녀의 마음을 기쁘게 할 수 있는 길도 찾아졌습니다. 내가 그녀를 받아들이고 존중하는 게 바로 그것이었지요.

이런 경험을 한 뒤에 그녀는 자신과 나를 새로운 눈으로 보게 되었고, 그녀의 인성 기능은 확대되어갔습니다. 그녀가 예전의 부정적인 자아상을 계속 붙들고 덧칠하는 대신, 자유로이 느끼고 행동할 여지를 자신에게 활짝 열어준 덕분이었지요. 우선 내가 자기를 별로 좋아하지 않을 거라는 염려는 나에 대한 그녀의 내사였을 뿐, 그녀에 대한 나의 실제 태도와는 아무런 관련이 없다는 것을 그녀가 알게 되었습니다. 그녀에게 호감이 많았던 나는 함께 상담하는 걸 매우 즐거워했으니까요. 그 다음으로 그녀가 깨달은 것은, 관계를 완전히 끊어버리는 건 자기 손해일 뿐이라는 사실이었습니다. 불만스런 상태로나마 그냥 놔두는 것이 오히려 도움이 된다는 것이지요. 그녀는 계속해서 상담 치료를 받을 수 있었고, 그 결과 자신의 덧난 곳, 자기 쪽에서 먼저 자꾸 관계를 깨게 되었던 근본 원인을 찾아냈습니다. 그 체험 이후, 같은 문제를 다르게 해결할 수 있었던 건 물론입니다. 그녀의 세 번째 성공은 희생자를 자처하는 태도를 던져버리고 자기에게 필요한 것을 손수 구해오기 시작했다는 것입니다.

이러한 몇 가지 경험은, 자아 발전이라는 관점에서 엘케 만에게 매우 중요한 것이었습니다. 그렇지만 그녀의 상처 부위가 이 한 번의 경험으로 완전히 나을 수는 없습니다. 다음에도 비슷한 상황에 처하면 아마도 십중팔구는 여전히 마음상함을 겪게 되겠지요. 덧난 상처의 아픔은 사라지지 않아, 마치 지금까지 아무 변화도 없었던 것처럼 느껴질 겁니다. 새로운 대처 방법을 배우고 예전의 태도를 극복할 때까지는 몇 번이고 이러한 체험을 반복해야 할 수도 있습니다. 하지만 경험을 한 번씩 할 때마다 우리가 조금씩 변하는 것도 사실입니다. 예전의 그 두려움과 나란히 새로운 싹이 우리 내면에서 자라납니다. 아직도 예전의 그 고통이 느껴지지만 뭔가 새로운 것이 이미 자라고 있는 것입니다. 시간이 감에 따라 우리에게는 어느덧 이 새것이 친숙하게 느껴지고 당연하게 여겨집니다. 그러다가 어느 날 문득, 문제의 그 상황에서 전혀 마음상함을 겪지 않는 자신의 모습을 봅니다. 전에는 그럴 때 늘 속이 상했는데 말입니다. 그럴 때 우리는 우리의 자아 기능과 나-경계가 확장되었음을 깨닫습니다.

다음의 우화는 이러한 정황을 매우 인상적으로 그려냅니다.

: 다섯 마당 자서전[7] :

1 · 길을 걷는다.

　　보도에 깊은 구멍 하나.

　　구멍에 빠진다.

　　끝장이다, 희망이라곤 없다.

　　내 탓은 아니야.

　　구멍에서 다시 나올 때까지, 시간이 한없이 걸린다.

2 · 같은 길을 걷는다.

　　보도에 깊은 구멍 하나.

　　구멍을 못 본 체한다.

　　또 구멍에 빠진다.

　　믿기지가 않는다, 같은 데 또 빠지다니.

　　하지만 내 탓은 아니다.

　　다시 나올 때까지 여전히 한참 걸린다.

3 · 같은 길을 걷는다.

　　보도에 깊은 구멍 하나.

　　구멍을 본다.

　　여전히 구멍에 빠진다…… 습관적으로.

　　두 눈을 크게 뜨고 본다.

나는 안다, 내가 어디에 있는지.

전적으로 내 잘못이다.

당장 구멍에서 나온다.

4 · 같은 길을 걷는다.

보도에 깊은 구멍 하나.

구멍을 피해 돌아간다.

5 · 다른 길로 간다.

· 사물을 다르게 보기 ·

자아가 발달함에 따라 우리는 같은 사물과 사건에 대해서도 의미를 달리 부여하게 됩니다. 게슈탈트심리학에서 말하는 '의미(Bedeutung)'는 형상과 토대의 관계에서 파생됩니다. 이를테면 우리가 듣는 비판이 형상에 해당한다면, 이 비판과 결부된 특수한 경험을 포함하는 우리의 과거 경험의 총체는 토대가 됩니다. 우리가 이전에 체험한 마음상함이나 상처, 내사 같은 것들도 모두 이 토대 또는 배경에 속합니다.

우리는 지금 맞닥뜨리고 있는 형상, 즉 체험을 자신의 배경에 따라 각각 다르게 해석합니다. 마음에 상처를 많이 입어 자존감이 희박한 사람과 어릴 때부터 긍정적인 체험을 많이 해서 자존감이 확실한 사람은 같은 비판을 받아도 저마다 다른 의미로 받아들이게 마련입니다. 앞의 사람의 경우, 자존감과 관련해 볼 때 상당히 부정적인 체험들이 그의 배경을 형성하고 있습니다. 그렇기 때문에 비판을 받으면 자신의 업적과 인격이 거부된다고 느낍니다. 반면 뒤의 사람은 비판을 오히려 자기를 풍부하게 해주는 격려로 받아들여, 자아를 더욱 발전시켜 나갑니다.

마음상함이라는 현상 역시, 특정한 사건에 경시나 모욕이란 의미를 결부시킴으로써 생겨납니다. 그러므로 거절이라는 것이 어떤 사람에게는 몹시 마음상하는 일이 되기도 하지만, 거절당한 체험을 그저 유감스런 일 정도로 넘기는 사람도 있습니다. 또 같은 사람에게라도 그 사건이 갖는 비중이 변함에 따라 사건의 의미도 변할 수 있습니다. 그렇기 때문에, 처음에는 마음에 몹시 상처를 주었던 거절이 다음 번에는 그저 아쉬움만 일으키고, 세 번째 겪을 때에는 거의 무관심하게 되는 일도 있을 수 있는 겁니다.

어떤 사람이 마음을 쉽게 상한다는 것은, 이런 관점에서 보면 어떤 일을 무시나 모욕이란 의미로 해석하는 경향이 그에게 매우 짙다는 뜻이 될 수 있습니다. 따라서 마음상할 가능성을 줄이는 것은 이러한 의미 부여 행위를 변화시키는 것과 불가분의 관계에 있습니다. 이것은 그 배경을 다루어보아야, 즉 이전에 트라우마가 형성된 과정과 내사를 인식한 후 이것을 극복할 방법을 모색함으로써 가능해집니다.

한편 의미 부여 행위를 줄일 수 있는 또 하나의 길이 있습니다. 형상을 보는 새로운 시각을 갖추는 것입니다. 어떤 사건을 우리의 배경을 통해 일그러진 형상으로 보는 대신, 같은 사건을 지금까지와는 다른 각도에서 관찰하는 것, 이른바 관점을 변경하는 것입니다. 예를 들어보지요. 마음상하게 하는 거절을 당할 때 우리는 그것을 우리 자신의 인격에 대한 거부로 받아들일 수도 있고, 시간이 없다거나 그럴 수밖에 없는 사정이 있다는 상대의 말을 그대로 믿을 수도 있습니다. 그런데 후자처럼 생각할 경우, 이 거절의 의미는 사뭇 달라집니다. 우리에 대한 비난이 아니라, 단순히 상대의 사정이 여의치 않은 결과가 되는 것이지요.

하지만 이러한 관점 변경은 우리가 이 관점을 끌어들여 내면화하려고 적극적으로 노력할 경우에만 가능합니다. 이런 연습을 한번 권하고 싶군요. 소파를 바꿔 앉은 후, 이 달라진 각도에서 당신 마음을 아프게 한 사건을 관찰해보라는 것입니다. 다른 자리를 잡기 위한 적극적인 결심과 행동이 당신에게 도움이 될 겁니다. 그리하여 적극적이 된 당신은 어쩌면 꼭 같은 사건에 전혀 새로운 의미를 부여하게 될지도 모르지요.

· 몸을 움직이기 ·

신체의 움직임이 얼마나 중요한지 이 자리를 빌려 강조하고 싶습니다. 마음상함을 딛고 일어서는 일, 마음상하기 쉬운 성향을 변화시키는 일은 언제나 몸의 움직임과 관계가 있습니다. 이를테면 마음상함을 겪게 하는 상황에서 멀리 떨어진다든가, 고립 상태에서 접촉으로 옮겨 온다든가 하는 식으로 말입니다. 앞에서 이야기한 바와 같이, 몸을 움직여서 감정을 표현하거나 정리하는 것 같은 행위는 마음상함을 극복하는 데 큰 도움이 됩니다. 몸을 움직임으로써 자신과 자신의 몸을 다시 느끼기 시작하기 때문입니다. 또한 주변 환경을 새롭게 지각하게 되는 것도 이때이지요.

이것은 사람들이 자신을 열고서 마음상한 감정이 아닌 다른 감정들을 내면으로 받아들이기 시작했다는 표시입니다. 눈으로 보는 것, 몸이 느끼는 여러 가지 인상들도, 마음상함을 극복하는 데 도움이 됩니다.

몸의 움직임은 마음도 함께 움직이게 하면서, 상처 난 부분을 계속 치료해갑니다. 상심, 모욕, 고집, 희생을 자처하는 태도는 모두 마음이 굳어져 있는 상태입니다. 이런 상태에 놓인 사람은 돌처럼 굳어 있어서, 긍정적인 만남과 멀리 떨어져 있을 뿐만 아니라, 자신을 새롭게 해줄 힘과도 전혀 연결되어 있지 않습니다. 힘이 있어서 움직이는 게 아니라, 움직이겠다는 의지로 움직이는 것이지요. 육체적으로뿐만 아니라 정신적으로도 마찬가지입니다.

치료 상담 과정에서 한 여성 내담자와 상상력 연습을 해본 적이 있습니다. 그녀는 상상 속에서 자신을 괴롭히는 마음상함 장면을 다시 한 번 체험했습니다. 그때 남자 친구는 마음이 변하여 그녀를 떠나려 하고 있었습니다. 하필이면 그녀가 의지할 곳 없이 슬픈 감정에서 헤어나지 못하고 있던 때 말입니다. 희생자의 처지로 전락하는 비참한 느낌, 그가 돌아설 때의 모욕감, 자기를 그토록 수치스럽게 곤경에 빠뜨린 그 남자 친구를 향한 분노, 그 모든 마음상함을 그녀는 생생하게 다시 느꼈습니다. 그와는 더 이상 아무 관계도 갖고 싶지 않았기 때문에 고통 속에서 아무 말 않고 있었습니다. 그가 듣지 못할만큼 소리 죽여 울면서, 이 일을 운명으로 받아들였지요. 사실은 그와 계속 사귀기를 바랐지만, 자존심 때문에 그 얘기를 할 수가 없었습니다. 그러나 상상 속에서는 이미 그 오래된 마음상함의 태도를 벗어나, 자존심을 꺾고서 몸을 일으키고 있었습니다. 그렇게 일어선 자세로, 그녀는 떠나려는 사람에게 말을 걸면서 잠시만 더 있어 달라고 부탁했습니다.

자존심을 꺾고 자리에서 일어나려는 결심, 상대에게 욕하기를 포기하는 것은 물론, 그에게 곁에 있어 달라고 부탁하는 창피까지 무릅쓴 용기, 그 모든 과정을 그녀는 상상 속에서 다 완수했던 것입니다. 비록 이 과정은 '오직' 상상으로만 이루어졌지만, 그것이 실제로 끼친 영향은 적지 않았습니다. 몸을 일으켜서 그에게 말을 거는 자신의 모습이 객관화되어 보였던 이 장면은 그녀의 내면에 중요한 상으로 자리잡아, 이후 그녀가 마음상함을 겪을 때마다 좀더 쉽게 그 상태에서 빠져 나올 수 있도록 항상 도움을 주었으니 말입니다. 그리고 이 과정에서 가장 중요한 것은 뭐니뭐니해도, 상대를 향해 걸어갔던 본인의 움직임이었습니다.

앞에서 이미 언급했던 관점의 변경은, 당사자가 한 위치에서 다른 위치로 옮아갈 때에 가능합니다. 이것은 있던 자리를 바꿀 때처럼 몸의 움직임을 통해 일어날 수도 있지만, 한 사건을 보는 태도를 바꾸는 것과 같은 내면의 움직임을 통해서도 이루어질 수 있습니다. 우리는 움직임을 통해서, 마음상함을 이겨낼 수 있도록 자신을 돕는 것이지요.

· 마음상함의 치료 ·

마음상한 일 때문이라고 이유를 분명히 밝히고 심리 상담소를 찾는 사람은 거의 없습니다. 마음상함은 대개 다른 문제 영역과 하나로 묶여 있게 마련입니다. 심인성 장애나 우울증, 불안증, 섭식 장애나 다른 중독 증상 등이 그 예가 될 수 있습니다. 불행하기 때문에 도움을 받으려는 사람들이 있는가 하면, 확실히 믿을 수 있는 인간 관계가 없어서, 또는 배우자가 자기를 버릴까 봐 불안해서 조언을 구하는 이들도 있습니다. 또 어떤 사람들은 배우자가 자기를 업신여긴다고 불평합니다. 자기를 도무지 이해하지 못하는 데다, 인정도 존중도 해주지 않는다는 것이지요. 또 다른 사람들은 아이들 때문에 고민입니다. 거식증에 걸려 있거나 마약 중독인 아이들, 또는 범죄를 저지르는 자녀들이 있는 경우지요. 한데 상담치료를 한참 하다 보면 밝혀지는 사실이지만, 이런 일들 뒤에는 대개 마음상함을 심하게 겪었던 기억이 숨어 있습니다.

이런 예가 있습니다. 자기 딸이 먹는 것마다 곧장 토하는 구토증에 시달리자, 그 어머니는 엄마로서의 자기 위상에 크게 상처를 받았습니다. 모든 일을 똑떨어지게 해내고 싶었던 이 어머니는 딸의 병과 맞닥뜨리자 그것이 모두 자신의 죄라고 생각했습니다. 대견스럽고 성공적인 딸을 보며 자랑스러워하고 자신도 좋은 엄마라고 자부하고 싶었지만 현실은 그것을 허락하지 않았지요. 그녀는 실패자로 자처했습니다. 자기 비하감에 휩싸였지요. 동시에 딸을 향한 원망도 생겼습니다. 따라서 치료에서는 일단 어머니와 딸을 분리하는 데 중점을 두었습니다. 어머니가 끊임없이 이른바 딸의 눈을 통해 자신을 보지 않도록 돕기 위해서였지요. 왜냐하면 딸의 시각이란 것은 그 어머니의 억측일 뿐, 사실 그녀 자신이 품고 있는 자책감과 자신에 대한 거부감이었기 때문입니다. 만약 딸을 자신과 분리된 존재로 체험할 수 있다면, 그녀는 딸의 병을 결부시키지 않은 상태에서 자신을 독립적으로 정의할 수 있게 될 것이고, 마침내는 자기 나름의 삶을 충만하게 꾸려 갈 수 있을 것입니다.

마음의 상처를 치료할 때에는 대개 다음 세 가지 점에 중점을 둡니다.[8]

첫째는 신뢰에 찬 인간 관계를 구축하는 일입니다. 내담자가 자신의 마음상한 감정들을 마음놓고 얘기할 수 있어야 합니다. 이 점은 앞의 장에서 이미 상세히 설명했습니다.

둘째는 내담자가 지금까지 살아온 배경을 잘 검토해보아야 합니다. 자신의 상태가 마음상함이라는 것을 내담자가 전혀 모를 때가 있는데, 오히려 이것이야말로 그 상처가 무의식 속으로 깊이 뿌리내렸음을 분명히 보여주는 신호일 때가 종종 있습니다. 상처 난 부위에 대해 모르면 모를수록, 어떤 사건이 왜 그렇게 깊이 상처를 내는지 이해하기는 그만큼 어려워집니다. 내사, 내사와 결부된 두려움, 그 밖에 충족되지 않은 욕구를 찾아내는 작업의 목적은, 바로 여러 쪽으로 갈라져 나간 감정들과 인성의 조각들을 내담자가 다시 의식하여 하나로 통합할 수 있게 돕는 것입니다. 마음을 다친 과거 기억 속의 어린아이와 감정적으로 가까워지는 일도 그 일부이지요. 그리고 이것은 결국 자기 자신을 더 많이 받아들이는 것과 결부됩니다. 과거에 받은 상처를 좀더 잘 이해하고, 그것이 지금 나를 또 쉽게 마음상하게 한다는 것을 의식하고 있으면, 마음상함을 훨씬 쉽게 해결할 수 있습니다.

셋째로 중요한 것은 현재 벌어지고 있는 마음상함의 상황을 해결할 수 있도록 곁에서 도와주는 일입니다. 심리 치료는 내담자가 자기 마음에 상처를 준 사람(들)과 관계를 끊는 것이 아니라 유지할 수 있도록 돕습니다. 상대와 직접 접촉이 불가능하거나, 마음을 다친 사람이 그럴 용기를 내지 못하여 접촉이 이루어지지 않는 경우에는, 내담자로 하여금 상담 중에 그것을 시연해보도록 합니다. 마음을 다치게 한 사람이 바로 앞에 있다고 상상하며 가능한 한 사실과 같게 그려내게 하는 것이지요. 내담자는 마치 그 사람이 정말로 자기 앞에 앉아 있는 것처럼 행동합니다. 이런 가상의 상황은 보호받고 있다는 느낌과 안전하다는 느낌을 주기 때문에, 내담자는 실제 상황에서보다 겁을 덜 먹습니다. 그러나 근본적으로는 현실과 똑같은 감정을 불러일으키는 효과가 있습니다. 내담자는 자신의 내면에 일어나는 감정을 전부 표현합니다. 화나고 창피하고 슬프고 한 감정들을 말입니다. 마치 자리에 없는 상대에게 직접 대고 말하듯 합니다. 이 연습의 장점은, 내담자가 마음상함으로 인해 환기된 자신의 여러 가지 감정을 체험할 수 있다는 데 있습니다. 느끼는 동시에 그 사실을 말하기 때문에 체험의 강도가 높습니다. 연습을 계속하다 보면 이번에는 자신의 내부에 자리한 두려움을 의식하게 되고, 상처 준 상대에게 자기가 바랐던 게 무엇인지도 깨닫게 됩니다. 자신이 느끼는 것을 그대로 말하는 게 얼마나 사람을 자유롭게 하는지, 상대와 접촉하는 가운데 자기의 감정과 소망을 표현하는 것이 사람에게 얼마나 큰 힘을 주는지 경험하는 것이지요. 이 연습을 끝내고 나면, 마음상함을 해결하기 위해 상대를 직접 만나는 것조차 불필요해질 때가 종종 있습니다. 치유에 필요한 것을 이미 내담자가 경험했으니까요. 첫째는 자신을 다치게 한 사람에게 다시 가까이 가는 것으로, 이것은 상상 속에서 이미 이루어졌습니다. 둘째로 내담자가 경험한 것은 상처를 소화해가는 과정인데, 이것은 앞으로 내담자 자신의 몫으로 남게 됩니다.

마음의 상처를 치료하는 작업은 무엇보다도 내담자가 자기 책임을 떠맡도록 돕습니다. 상대에게 책임을 전가하거나 자기를 무조건 단죄하는 대신, 마음상함을 새로운 방법으로 해결해 나가겠다고 내담자가 능동적으로 결심할 수도 있으니까요. 그러나 이 결심은 상처받은 본인만이 할 수 있습니다. 상담 치료를 하는 목적은 마음상함을 영원히 배제해버리는 데 있지 않습니다. 오히려 그 상황에 유연히 대처할 수 있는 능력을 키우고 좀더 자유롭게 결성할 수 있도록 돕자는 것이지요.

이 말이 뜻하는 바를, 예를 하나 들어 분명하게 설명해보겠습니다.[9] 한 부인이 그림 전시회에 친구들을 초대합니다. 전시된 그림들 중에는 그녀 자신의 것도 있습니다. 한데 공교롭게도, 친구들이 막 관람을 시작하려는 찰라, 사건이 하나 일어납니다. 그 때문에 왁자지껄 토론이 벌어져, 그림에는 아무도 관심을 기울이지 않습니다. 자기 그림을 전시한다는 사실을 무척이나 자랑스럽게 여기고 있던 참이니, 이 일로 그 여성 화가가 심하게 마음상할 만도 합니다. 그림을 그리느라 애도 많이 썼을 뿐만 아니라, 자신이 보기에도 매우 좋은 작품들이니까요. 친구들에게 좋은 평을 받는 것이 그녀에겐 아주 중요합니다. 상황이 그쯤 되면, 그냥 흥 하며 돌아설 수도, 기분이 상한 김에 누군가와 말다툼을 벌일 수도 있을 겁니다. 아니면 마치 아무렇지도 않은 듯이 있다가 나중에 가서야 앙갚음을 할지도 모릅니다.

반면에 전혀 다른 태도를 취할 수도 있습니다. 말하자면, 그림을 통해 인정받고 싶은 소망이 이루어지도록 다시 한 번 노력해볼 수도 있다는 말입니다. 이를테면 "여러분, 너무나 열심히 토론하시느라 그림은 깜박 잊으신 모양이네요. 그중엔 제 그림도 있는데요. 자, 이제 그만 이쪽으로 와서 그림 감상 좀 하시죠"라고 직접 말해볼 수도 있지 않을까요? 아니면 아예 직접 토론에 참여한 후, 어느 정도 시간이 흐른 뒤에 자기 쪽으로 주의를 집중시킬 수도 있겠지요. 또 마음이 상한 이유를 현실에서 찾아 검토해본 후에, "말 좀 해봐요, 내 그림이 영 신통치 않아요?" 하고 물어볼 수도 있습니다.

어쨌든 취할 수 있는 태도는 여러 가지가 있고, 그녀는 그 중에서 하나를 택하면 되는 것이지요. 이러한 유연성을 가지고 있으면 마음 상한 감정에서 벗어나 마침내 자기가 바라던 것을 얻기가 쉬워집니다. 이 경우에 그것은 친구들의 관심과 그림에 대한 칭찬이겠지요. 이러한 유연성은 자기를 스스로 책임지는 태도를 전제로 합니다. 다시 말해, 모욕감을 느낀 나머지 마음상함 상태로 굴러 떨어지는 사태를 어떻게든 피하겠다고 결심해야 합니다. 상처받은 어린아이의 감정으로 반응하지 않고 성숙한 인간으로 행동하겠다는, 그리고 건설적으로 상대와의 교제를 계속하겠다는 자발적인 결심이 필요합니다. 그러기 위해서는 정서적으로 어느 정도 성숙해 있어야 하는데, 이것은 부족할 경우 치료를 통해 학습될 수 있습니다.

치료 과정에서 이뤄내야 할 또 한 가지 중요한 점은 마음상함 때문에 채워지지 않은 채로 있는 내담자의 욕구와 바람을 분명히 알아내는 일입니다. 상대에게 내가 필요로 하는 게 무언지, 상대가 어떠하기를 내가 바라는지를 확실히 알아야만 마음상함을 극복할 수 있고, 원하는 것을 얻는 데 힘을 집중할 수 있습니다. 동경하는 것, 원하는 것을 억압하는 것만큼 마음을 아프게 하는 것은 없습니다. 그러나 일단 그 동경과 욕구를 의식하면 빠져 나갈 길이 보입니다. 위에서 예로 든 그 여성 화가의 소망은 친구들의 인정과 칭찬을 받는 것이었습니다. 그녀 자신이 그 소망을 부정하는 한, 그녀는 계속 마음상함의 상태에 머물러 있게 될 겁니다. 그러나 자신의 욕구를 확실하게 깨닫는다면, 그것을 충족시키기 위해 노력할 수 있습니다. 다시 밀해, 자신을 만족시켜야 할 사람은 남들이 아니라 바로 자기 자신임을 깨닫고 그 책임을 스스로 질 때, 자신의 독립성을 확보하게 되고, 그로 인해 마음상함에 훨씬 의연하게 대처할 수 있는 것입니다.

· 공감과 화해 ·

마음상함을 극복하는 열쇠가 되는 단어는 자기를 아프게 한 사람의 마음을 역지사지易地思之로 느껴보는 일, 즉 공감입니다. 여러분에게는 이 말뜻이 잘 이해되지 않을 수도 있습니다. 내게 상처를 준 그 사람을 생각만 해도 치가 떨리는데, 어떻게 그 사람과 공감할 수 있단 말인가, 해서 말입니다. 이해를 구하고 또 이해를 받을 수 있는 사람은 당신이지요. 왜냐하면 당신은 고통을 당하고 있으니까요. 마음상함을 당한 처지에 공감하는 연습을 하다니, 사물을 '거꾸로' 보는 것 같습니다.

이 '거꾸로'라는 말을 '잘못된'이라고 하지 말고 '다르게, 입장을 바꿔서'로 해석해봅시다. 그러고 보면 이 '거꾸로' 된 시각이야말로 사실은 마음상함을 극복하는 길이 됩니다. 그렇게 볼 때에야 우리는 비판을 받고 즉석에서 자기를 합리화하거나 마음을 다친 값으로 한 방 되받는 대신, 그리고 자기를 비판한 사람과 절연하는 대신, 그의 말을 조용히 들어볼 수 있으니 말입니다. 그리고 그제서야 상대는 자기가 상황을 어떻게 보는지, 왜 하필 그렇게 행동해야만 했는지를 우리에게 설명해줄 수 있습니다. 그가 비판하는 말을 잘 들어볼 만큼 우리가 열린 마음을 갖고 있다면, 이런 방식으로 공감과 이해를 계속 키워갈 수 있습니다. 그러는 가운데 분은 점점 사그라지고, 상대와 절연하는 일은 점차 드물어집니다.

이해심과 공감을 갖는다는 것은 우리가 상처받고서도 화를 내지 않고 저항도 하지 않는다는 뜻이 아닙니다. 아픔에도 불구하고 상대에게 여전히 마음을 열어놓는다는 뜻일 뿐입니다. 공감을 갖게 되면 우선 성급하게 반응하지 않게 되고, 상대를 계속 존중할 수가 있습니다. 우리가 마음상한 상태에서 하는 것과는 정반대되는 태도지요.

이해심을 자꾸 방해하는 것은 비난입니다. 베른하르트 슐링크 Bernhard Schlink의 『책 읽어주는 남자Der Vorleser』[10]에 나오는 주인공의 대사가 이것을 잘 보여줍니다. "나는 한나가 저지른 범죄를 이해하면서 동시에 또 단죄하려고 했어. 이해하려고 노력하다 보면 내가 죄를 철저히 따져 묻고 있지 않구나 하는 느낌이 들었지. 그런데 철저히 단죄하다 보면, 이번에는 또 이해할 여지가 전혀 남지 않았어. 이해와 단죄, 양쪽 모두를 잘 해보려고 했어. 하지만 불가능했지."

남에게 공감하고 남을 이해한다는 것은 또한 우리 자신의 주제넘음을 극복해야 함을 의미합니다. 마음상함 속에는 사실 우리가 대단히 중요한 존재이며, 따라서 우리와 우리의 감정은 반드시 존중되어야 한다는 주장이 들어 있습니다. 그런데 우리는 남들에게도 과연 이와 꼭 같은 중요성과 의미를 부여하는가요? 그렇지 않은 게 분명합니다. 우리는 오로지 자신에게만 관심을 집중하니까요. 공감과 이해를 통해 우리는 우리의 좁은 시야를 넓혀서 다른 사람들에게까지 이르도록 할 수 있습니다.

이해심과 공감은 화해의 전제 조건입니다. 남을 험담하기를 그치고 둘 사이에 감정적 교류가 일어나는 바로 거기에서 화해는 시작됩니다. 상대와의 관계를 더 이상 지속하고 싶지 않은 경우라 해도, 서로 존중하는 가운데 헤어질 수는 있습니다. 그럴 경우, 언제든 다시 만나면 서로 눈을 들여다보며 편안히 얘기할 수 있겠지요. 곤혹스러워하며 서로 슬금슬금 피하지 않고 말입니다.

그런데 화해에는 나를 다치게 한 사람과의 화해 외에 자기 자신과의 화해도 있습니다. 이것은 우리가 우리 자신에게 '도착'했다는 뜻으로, 지금 있는 그대로의 자기를 받아들이고 존중함을 의미합니다. 현재 나의 모습이 아닌 것, 안간힘을 써서 도달해야 할 목표가 아닌, 지금 이미 여기 존재하는 나의 모습만이 여기서 말하는 '자기 자신'입니다. "행복은 미래에만 있을 수 있어"[11] 하고 믿는 사람들이 많은데, 그들은 지금 이 순간의 충만함을 지나쳐버리고 있는 셈입니다. "우리가 행복할 수 있는 조건은 이미 넘치도록 마련되어 있습니다. 이제 현재에 떠억 발을 딛고 서겠다는 결심만 하면 되는 것이지요……."[12]

미래에 무언가를 기대하고 있을 때에만 사람은 마음을 상하게 됩니다. 현재를 충만하게 느끼며 사는 동안에는 마음상함이란 있을 수 없지요 "우리가 행복할 이유는 많고 많습니다."[13] 굳이 마음상함을 겪으면서 불행해질 이유가 있을까요?

· 희망, 그리고 느긋함 ·

희망이나 느긋함이 마음상함과 무슨 관계가 있담, 하고 여러분은 고개를 갸웃거리실 겁니다. 대답부터 하자면, 이 두 가지는 넓은 의미에서 마음상함의 극복과 관계가 있습니다.[14] 이를테면 희망은 기대에 대립되는 말이고, 느긋함은 통제나 권력과 정반대 개념이지요. 그리고 대립되는 각각의 두 개념은 서로 긴밀히 연관되어 있습니다.

기대는 이루어져야 한다는 요구까지를 포함하는 것으로, 이루어질 때까지 조금도 참지 못할 만큼 조급한 경우가 허다합니다. 기대했던 것이 이루어지지 않으면 실망이 옵니다. 반면에 희망은 훨씬 참을성이 있습니다. 기다릴 여지를 많이 갖고 있고, 반드시 지금 이루어져야 한다고 졸라대지도 않습니다. 꼭 만족되어야 한다는 요구가 아니라 필요한 것을 우리가 얻게 될 거라는 믿음, 얻고 싶다는 바람입니다. 희망은 미래를 향하고 있으므로 여기와 지금이라는 조건에 얽매이지 않습니다. 희망함으로써 우리는 기대와 결별하고, 기대치가 반드시 이루어져야 한다는 생각도 버리게 됩니다. 희망이 산산이 부서지면, 그 결과로 슬픔이 옵니다. 이제 얻을 수 없게 된 것에 대해 우리는 슬퍼합니다. 하지만 그렇다고 해서 상처를 받지는 않습니다.

마음상함은 기대가 어그러졌을 때 나타나는 반응입니다. 마음을 잘 다치는 사람은 시간을 갖고 기다릴 능력이 없습니다. 무엇에 내해 선가 인정을 받고 싶을 때, 그것을 당장 받아야지 나중까지 기다릴 수가 없습니다. 마치 나중에 받는 칭찬은 지금 당장 받는 칭찬보다 가치가 떨어지기라도 한다는 듯이 말입니다. 기대하는 대신 희망을 품는다면, 시간을 넉넉히 잡고 끈기 있게 기다릴 수 있다면, 마음상함은 피할 수 있습니다. 바로 이러한 태도를 나는 느긋함이라고 부릅니다. 느긋할 때 우리는 자기 감시를 그치고 자신을 신뢰합니다. 우리 힘으로 어떻게 할 수 없는 건 그냥 흘러가게 놔둘 뿐, 우리 영향권 바깥에 있는 일을 좌지우지하겠다고 힘을 낭비하지 않지요. 예를 들어 권력이나 통제를 통해 남의 사랑이나 애정을 강제로 얻을 수는 없지 않습니까? 내가 사랑하듯 상대도 나를 사랑하기를, 내게 사랑을 선사해주기를 그저 희망할 수 있을 뿐이지요. 내 편에서 상대에게 마음을 열어놓고 있는 것 외에, 우리가 할 수 있는 것은 아무것도 없습니다. 일방적으로 요구하고, 안 되면 모든 것을 없애버릴 수도 있는 마음상함은 여기엔 발 딛을 여지가 없습니다. 희망은 억지로 받으려고 하는 대신 저절로 선사 받도록 합니다.

기대에서 희망으로 가는 이 변화를 이루어내기 매우 어려운 경우가 많습니다. 왜냐하면 이 변화를 시도하려면 통제하려는 욕구를 버려야 하는데, 그 결과가 두렵기 때문입니다. 그러다 보면 기대를 마치 희망인 것처럼 가장하는 일이 일어날 수도 있습니다. 특히 배우자들 사이에 이런 일이 잦습니다. 한 사람이 다른 사람에게 행동으로 자기 뜻을 은근히 표시하든가, 아니면 직접 말을 하는 겁니다. "당신의 지금 모습은 물론 내가 좋아하는 그대로는 아니야. 하지만 당신은 변할 수 있을 거야"[15]라고요. 이때 두 사람은 모두, 상대가 이 말을 들어주리라고 믿습니다. 그러다가 일이 그렇게 되지 않으면 실망하거나 헤어지지요. 상대를 변화시키려고 시도한 적이 있는 사람이라면 누구나 실패를 경험해보았을 겁니다. 그랬으면서도 우리는 거듭거듭, 같은 시도를 계속합니다.

그런데 상대가 변화할 거라는 기대 뒤에는 불안이 자리잡고 있습니다. 즉 상대에게 자기가 싫어하는 면이 있는데, 거기에 대응할 방도를 모르기 때문에 어떻게든 간섭해서 바꾸고 싶은 겁니다. 자기의 힘이 전혀 미치지 않는 일과 마주칠 때 사람들은 불안해하고, 어디선가 그 일을 조종할 수 있는 장치를 찾아내고 싶어하기 때문이지요. 하지만 이때 조종간 역할을 할 수 있는 것은 통제나 간섭이 아니라 신뢰와 경험입니다. 그런데 신뢰는 제조해낼 수 있는 게 아닙니다. 다만 선사할 수 있을 뿐이지요. 그러므로 우리는 자발적으로 행동할 결심을 해야 합니다. 무언가를 남에게 줄 자세가 내면적으로 갖추어져 있을 때에야 바로 그것을 남들에게 받을 수 있습니다. 여러분들 역시, 지금까지 우리가 함께 나눠온 경험을 바탕으로 이 사실을 잘 알고 있으리라 믿습니다. 강제로라도 반드시 '갖겠다'고 마음먹는 것들은 대개 우리에게 주어지지 않습니다. 희망을 품고 느긋해질 때, 마음상함이라는 함정을 피해 가기가 한결 수월해집니다.

하느님, 세계

제가 바꿀 수 없는 일은 받아들일

느긋함을 주소서.

변화시킬 수 있는 일은 변화시킬

용기를 주소서.

그리고

두 가지를 서로 구별할 수 있는

지혜를 주소서.[16]

들어가는 말

1 · 리어리Leary, 1998

1부 일상 현상으로서의 마음상함

1 · 뮐러-탈하임 1996년 59쪽
2 · 남독신문*Suddeutsche Zeitung* 1996년 7월 30일자.
3 · 하노버 범죄 연구소 소장, 1999년 7월 30일자.
4 · 자살자가 남을 한 명 또는 여러 명 '동반하여 죽을 때' 이를 '확대된 자살'이라고
한다.
5 · 네덜란드 라이덴에 있는 청소년복지이동사무소장. 1999년 7월 31일과 8월 1일
남독신문에 난 기사.
6 · 레기나 라데츠키Regina Radetzky, 1996, 259~261쪽
7 · 그륀슈타트 법원의 1994년 판결.
8 · 융게블로트Jungeblodt, 1987, 65~79쪽
9 · 뵈닝Böning, 하젤베크의 책, 1996, 42쪽
10 · 위의 책
11 · 크라이커Kraiker의 책(1996)에 있는, 인류의 마음상함에 대한 비판적 토론을
볼 것.
12 · 융게블로트, 1987, 73쪽
13 · 새비지Savage, 1997, 115쪽
14 · 사이밍턴Symington, 1997, 114쪽
15 · 위의 책

16 · 바르데츠키Wardetzki, 1991, 153쪽

17 · 볼프Wolf, 1989

18 · 사이밍턴, 1997, 70쪽

19 · 크로셸Kroschel, 1996, 132쪽

20 · 리어리, 1998

21 · 크로셸, 1996, 132쪽

22 · 바르데츠키, 1991

23 · 찬너Zander, 1983, 15쪽

24 · 새비지, 1997, 28쪽

25 · 크로셸, 1996

26 · 바르데츠키, 1995, 75쪽

27 · 푸어Fuhr, 1995, 231쪽

28 · 포섬Fossum / 메이슨Mason, 1992

29 · 위의 책 117, 118쪽에서 인용

30 · 푸어, 1995, 238쪽

31 · 포섬 / 메이슨, 1992, 44쪽

32 · 크로셸, 1996, 참조

33 · 푸어, 1995 참조

34 · 욘테프Yontef, 1999, 359쪽

35 · 위의 책

36 · 위의 책

37 · 욘테프, 1999, 366쪽에서 인용

38 · 아미카Amica 9/98

39 · 우베 훈트Uwe Hundt가 쓴 베를린의 범죄율에 대한 기사, 1999년 5월 28일자.

40 · 멘시크 벤델레Menschik-Bendele / 오토마이어Ottomeyer, 1998.

41 · 멘시크 벤델레 / 오토마이어, 1998, 296쪽

42 · 새비지, 1997

43 · 아스퍼Asper

44 · 그림 형제의 동화『백설공주』참조

45 · 사이밍턴, 1997

46 · 독일게슈탈트심리학회(DVG)의 세미나 보고서, 1998

47 · 크로셀, 1996을 보라

48 · 보울비Bowlby, 1976

49 · 아스퍼, 1993, 160쪽

50 · 보울비, 1976

51 · 보몽Beaumont, 1987, 39쪽

52 · 베마이어Wehmerer, 하젤베크의 책

2부 마음상함의 개인별 주제

1 · 펄스Perls, 1997

2 · 베른하르트 슐링크Bernhard Schlink, 『책 읽어주는 사람』, 1995, 206쪽

3 · 베르네Berne, 찬더, 1983, 17쪽

4 · '치아의'란 말은 '이에 관계되는'이라는 뜻임

5 · 엡슈타인Epstein, 그라우에의 책(1998)과 작세의 책(1997)에서 인용

6 · 딜링Dilling 외 세계보건기구 편. 심인성 장애의 국제 분류 ICD-10, 157쪽

7 · 레데만 / 작세, PTT3/97, 113쪽; 볼프, 게슈탈트심리치료 98/1, 70쪽

8 · 부톨로Butollo, 게슈탈트심리치료 1/98, 54쪽

9 · 슈베Schubbe, 게슈탈트심리치료 1/98, 88쪽

10 · 슈베, 위의 잡지

11 · 위의 잡지, 113/114쪽

12 · 부톨로, 1996

13 · 부톨로, 1998, 61쪽

14 · 사이밍턴, 1997, 103쪽

15 · 찬더, 1983, 19쪽

16 · 신체적 착취란 구타, 상해, 충돌, 교란, 방화 또는 이와 유사한 형태의 신체적 폭
력을 의미함

17 · 핑켈호어Finkelhore, 비르츠의 책 1989에서 인용

18 · 상호 의존 관계에서는 상대방을 돕고 구제하는 일에 삶의 의미를 두며, 경우에
따라서는 이것이 의무화되기까지 한다. 도움을 받는 사람은 (남녀 상관 없이) 배
우자, 자녀, 가족 구성원, 친구, 때로는 모르는 사람일 수도 있다. 상호 의존 관계
에서 도움을 주는 편은 상대방이 도움을 필요로 한다는 점에 구속된다. 스스로

부과한, 도와야 한다는 책임에 매이다 보면 심인성 통증, 우울증이나 그 밖의 심한 병에 걸리기 쉽고, 심지어 자살하는 경우조차 있다.

19 · 리히터Richter, 히르슈의 책(1987)에서 인용

20 · 히르슈Hirsch, 1987

21 · 슈만 조르게Schumann-Sorge, 구두 보고

22 · 푸어, 1995, 96쪽에서 인용

23 · 칭커Zinker, 1993, 97쪽

24 · 플레밍 크로커Fleming-Crocker, 1989, 5쪽

25 · 뮐러Müller, 1988, 46쪽

26 · 접촉 기능은 원래는 나-기능에 속하지만, 이해를 돕기 위해 플레밍 크로커를 인용하여 설명해보았다.

27 · 플레밍 크로커, 1989, 8쪽

28 · 위의 책, 77쪽

29 · 보몽, 1987, 44쪽

30 · 폴 굿맨Paul Goodman, 필스(외)의 책 1951/1993

31 · 푸어, 1995, 774쪽

32 · 슈만 조르게, 구두 보고

33 · 얀센Janssen, 1999, 1쪽

34 · 마르틴 슈미트Martin Schmit, 정신건강연구센터, 만하임, 1999년 8월 3일자 SZ에서 인용

35 · 슈팽글러Spangler, 1996, 5쪽

36 · 슈테파노프스키 Steffanowsky, 1999, 콜린스와 리드, 1990

37 · 슈트라우스 Strauss, 슈테파노프스키의 책 1999

38 · 슈테파노프스키(1999)의 결론. 유명한 설문지(RSQ스칼라 : realationship questionaire scale)에서 이 네 가지 유형을 추출해냈음

39 · 슈팽글러, 1996, 5쪽

40 · 찬더, 1983, 18쪽

41 · 콜모르겐Kollmorgen, 하젤베크의 책 1996, 290쪽

42 · 뤼켈Lückel, 1983, 22쪽

43 · 징거 Singer, 1988/1997에서 인용. 145쪽

44 · 위의 책, 104쪽에서 인용

45 · 카스트Kast의 책(1982)에서 나온 모형에 의거함

3부 관계에서 일어나는 마음상함이란 사건

1 · 부버Buber, 1962/1994, 15쪽

2 · 같은 책, 32쪽

3 · 슈테믈러Staemmler, 1993, 24쪽

4 · 다니엘 슈테른Daniel Stern, 1996

5 · 로골Rogoll, 1982

6 · 리어리, 1998을 볼 것.

7 · 뮐러 뤼크만Müller-Luckmann, 1985/1998의 책

8 · 전문 용어로는 이것을 '역전逆轉'이라고 함.

9 · 이 개념은 연원이 프로이트에게 있음.

10 · 라우터바흐Lauterbach, 1996

11 · 그림 형제의 『백설공주』

12 · 아이헨바움Eichenbaum/오르바흐Orbach, 1987

13 · 위의 책, 121쪽

14 · 빌레펠트의 사제위원회 팀, 『사람들에게 다가가는 길Wege zum Menschen』, 6쪽

15 · 슈미트Schmitt, 1999, 5쪽

16 · 같은 곳

17 · 아이헨바움/오르바흐, 1987, 115쪽

18 · 한 내담자가 이 개념을 매우 인상적으로 표현했기에 여기 인용함

4부 마음상하는 상황에 대처하는 방법

1 · 음게볼트, 1987에서 인용. 77쪽

2 · 베마이어, 키프 Kipp, 웅거 Unger, 1996

3 · 바츨라비크 외, 1974

4 · 욘테프, 1999, 121쪽

5 · 푸어, 1995의 책에서 인용, 96쪽

6 · 나의 책 1991과 예퍼스Jeffers 1998의 책도 참조할 것

7 · 포르티아 넬슨Portia Nelson, 소기얄 린포셰Sogyal Rinpoche 1996의 50쪽에서 인용.

8 · 찬더의 책 1983도 볼 것, 23쪽 이하

9 · 위의 책, 16쪽

10 · 슐링크 1995, 151쪽

11 · 틱 낫 한Thich Nath Hanh, 1992, 48쪽

12 · 위의 책, 48쪽

13 · 위의 책, 56쪽

14 · 여기서 다루고 있는 여러 생각들은 DVG 세미나의 결과임.

15 · 세미나에 참석했던 사람이 제시한 사례.

16 · 1702년에서 1782년까지 생존했던 신교 목사 프리드리히 크리스토프 외팅거 Friedrich Christoph Ötinger의 금언으로, 중독 환자 익명 자활 단체의 모임은 항상이 말로 모임을 끝맺는다. 이런 단체 중 가장 널리 알려진 것은 AA(익명 음주 환자) 단체인데, 그 밖에도 다른 중독증이나 심리 문제에 시달리는 사람들의 익명 단체가 많이 있다.

참고문헌

.

· Asper, Kathrin : *Verlassenheit und Selbstentfremdung. Neue Zugänge zum therapeutischen Verständnis*, Deutscher Taschenbuch Verlag, München, 1993

· Battegay, Raymond : *Narzissmus und Objektbeziehungen*, Huber, Bern, 1979

· Beaumont, Hunter : *Prozesse des Selbst inder Paartherapie*. In : *Gestalttherapie 1*, 38~51, EHP, Köln, 1987

· Böning, Jobst : *Hirnforschung und 'intelligente Systeme' als zentrale Kränkungen der Einzigartigkeit des Menschen—Kreative Chance oder angstbesetztes Chaos am Bispiel des 'Gehirn-Geist'-Problems*. In : Haselbedk, Helmut u. a. : *Kränkung, Angst unt Kreativität*, Innsbruck, 1996

· Bowlby, John : *Trennung. Psychische Schäden als Folge der Trennung von Mutter und Kind*, München, 1976

· Buber, Martin : *Das dialogische Prinzip*. Schneider, Gerlingen, 1962/1994

· Butollo, Willi : *Psychologische Behandlung von Kriegstraumatisierten. Projekt in Bosnien*. In : Mandl, H.(Hrsg.) : *Bericht des 40. Kongresses der Deutschen Gesellschaft für Psychologie*, 187~194, Hogrefe, Göttingen, 1996

· Butollo, Willi : *Trauma und Selbst-Antwort*. In : *Gestalttherapie 1*, 54~69, EHP, Köln, 1998

· De Roeck, Bruno-Paul : Gras unter meinen Füßen. *Eine ungewöhnliche Einführung in die Gestalttherapie*, Rowohlt, Reinbek, 1991

· Dilling, H. / Mombour, W. / Schmidt, M. H.(Hrsg.) : *Internationale Klassifikation psychischer Störungen ICD-10*, Huber, Bern, 1992

· Dinslage, Axel : *Gestalttherapie. Was sie kann, wie sie wirkt und wem sie hilft*, Pal, Mannheim, 1990

· Eichenbaum, Luise / Orbach, Susie : *Bitter und s . Frauenfeindschaft-Frauen-freundschaft*,

Econ, Düsseldorf, 1987

· Elgeti, Ricarda / Winkler, Klaus : *Die Angst vor Kränkung*, In : Rüger, Ulrich (Hrsg.) : *Neurotische und reale Angst*, Vandenhoeck & Ruprecht, Gönttingen, 1984

· Fleming-Crocker, Sylvia : *Ein Gestalt-Modell des Selbst. Die sechs psychischen Funktionen des Menschen*, PBZ Publikationen, H. 9, Würzburg, 1989

· Fossum ; Merle / Mason, Marylin : *Aber keiner darf's erfahren. Scham und Selbstwertgefühl in Familien*, Kösel, München, 1992

· Fuhr, Reinhard / Gremmler-Fuhr, Martina : *Gestalt-Ansatz. Grundkonzepte und Modelle aus neuer Perspektive*, EHP, Köln, 1995

· Geshe, Kelsang Gyatso : *Freudvoller Weg. Das vollständige Handbuch für den buddhistischen Pfad zur Erleuchtung*, Tharpa Verlag, Zürich, 1998

· Grawe, Klaus : *Psychologische Therapie*, Hogrefe, Göttingen, 1998

· Haselbeck, Helmut / Heuser, Manfred / Hinterhuber, Hartmann / Pöldinger, Walter : *Kränkung, Angst und Kreativität*, Integrative Psychiatrie, Innsbruck, 1996

· Henseler, Heinz : *Narzißtische Krisen. Zur Psychodynamik des Selbstmords*, Westdeutscher Verlag, Opladen, 1990

· Hirsch, Mathias : *Realer Inzest. Psychodynamik des sexuellen Mißbrauchs in der Familie*, Springer, Berlin, 1987

· Janssen, Norbert : *Therapie von Borderline-Störungen*. In : Fuhr, Reinhard / Srekovic, Milan / Gremmler-Fuhr, Martina (Hrsg.) : *Handbuch der Gestalttherapie*, Hogrefe, Göttingen, 1999

· Jeffers, Susan : *Selbstvertrauen gewinnen. Die Angst vor der Angst verlieren*, Kösel, München, 1998

· Jungeblodt, Ursula : Psychotherapie — Ein Grenzgeschehen zwischen Kränkung und Strukturgewinn. In : Scheiblich, Wolfgang (Hrsg.) : *Rausch, Ekstase, Kreativität. Dimensionen der Sucht*, Lambertus, Freiburg, 1987

· Kast, Verena : *Trauer. Phasen und Chancen des psychischen Prozesses*, Kreuz, Stuttgart, 1982

· Köster, Rudolf : *Was kränkt, macht krank. Seelische Verletzungen erkennen und vermeiden*, Herder, Freiburg, 1991

· Kraiker, Christoph : *Die Fabel von den drei Kränkungen*. In : *Hypnose und Kognition*,

Band 11, H. 1 und 2, 1994

· Kroschel, Evelyn : *Die Weisheit des Erfolgs. Von der Kunst, mit natürlicher Autorität zu führen*, Kösel, München, 1996

· Lauterbach, Ute : *Ganz & Anders*, Lüchow, Freiburg, 1996

· Leary, Mark et al. : *The Causes, Phenomenology, and Consequences of Hurt Feelings*. In : *Journal of Personality and Social Psychology*, Vol. 74, No. 5, 1225~1237, 1998

· Lichtenberg, J. D. : *Psychoanalyse und Säuglingsforschung*, Springer, Berlin, 1991

· Lückel, Kurt : *Kränkung hat Geschichte*. In : *Wege zum Menschen*, Jahrgang 35, H. 1, 20~27, Vandenhoeck & Ruprecht, Göttingen, 1983

· Menschik-Bendele, Jutta / Ottomeyer, Klaus : *Sozialpsychologie des Rechtsextremismus. Entstehung und Veränderung eines Syndroms*, Leske & Budrich, Opladen, 1998

· Müller, Bertram : *Zur Theorie der Diagnostik narzißtischer Erlebnis- und Verhaltensstrukturen*. In : *Gestalttherapie 2*, 43~58, EHP, Könln, 1988

· Müller-Luckmann, Elisabeth : *Die große Kränkung. Wenn Liebe ins Leere fällt*, Piper, München, 1985/1998

· Perls, Frederick S. : *Das Ich, der Hunger und die Aggression*, Klett Cotta, Stuttgart, 1987

· Perls, Frederick / Hefferline, Ralph / Goodman, Paul : *Gestalttherapie. Grundlagen*, DTB, München, 1951/1997

· Polster, Erving / Polster, Miriam : *Gestalttherapie. Theorie und Praxis der integrativen Gestalttherapie*, Kindler, München, 1977

· Radetzky, Regina : *Zum Merkmal der Kränkung im Zivilrecht*. In : Haselbeck, Helmut / Heuser, Manfred / Hinterhuber, Hartmann / Pöldinger, Walter : *Kränkung, Angst und Kreativität*, Integrative Psychiatrie, Innsbruck, 1996

· Ranke-Graves, Robert, von : *Griechische Mythologie. Quellen und Deutung*, Rowohlt, Hamburg, 1990

· Real, Terrence : *Mir geht's doch gut. Männliche Depressionen*, Scherz, München, 1999

· Reddemann, Luise / Sachsse, Ulrich : *Stabilisierung*. In : *Persönlich-keitsstönrungen. Theorie und Praxis*, Schattauer, Stuttgart, 1997. 3

· Rogoll, Rüdiger : *Nimm dich, wie du bist. Eine Einführung in die Trans-aktionsanalyse*, Herder, Freiburg, 1982

· Rohner, Ronald : *The Warmth Dimension : Foundations of Parental Acceptance-Rejection Theory*, Sage Publications, Beverly Hills, CA 1986

· Rosenblatt, Daniel : *Gestalttherapie für Einsteiger*, Peter Hammer Verlag, Wuppertal, 1996

· Roth, Eugen : *Ein Mensch···*, Duncker, Weimar, 1940

· Savage, Elayne : *Don't take it personally! The Art of Dealing wlth Rejection*, New Harbinger Publications, Inc., Oakland, CA., 1997

· Schmitt, Annette : *Forschung aktuell : Eifersucht—ein Kind der Liebe*, 1999 http://admin3.uni-oldenburg.de/presse/f-aktuell/9720ebsc.htm

· Schubbe, Oliver : *Spezifische Elemente der Traumatherapie*. In : *Gestalttherapie 1*, 88~103, EHP, Köln, 1987

· Singer, Kurt : *Kränkung und Kranksein. Psychosomatik als Weg zur Selbst-wahrnehmung*, Piper, München, 1988/1997

· Sogyal(Rinpoche) : *Das tibetische Buch vom Leben und Sterben. Befreit leben im Bewusstsein der eigenen Vergänglichkeit*, O. W. Barth Verlag, München, 1993

· Spangler, Gottfried : *Bindungstheorie : Stand der Forschung, neuere Entwicklungen und künftige Perspektiven*, Kongre bericht DGPs, 1996 http://www.hogrefe.de/ buch/online/kongress_40/62 .htm

· Staemmler, Frank : *Therapeutische Beziehung und Diagnose. Gestalttherapeutische Antworten*, Pfeiffer, München, 1993

· Stepper, Sabine : *Der Einfluß der Körperhaltung auf die Emotion 'Stolz'*, Dissertation, Mannheim, 1992

· Stern, Daniel : *Tagebuch eines Babys. Was ein Kind sieht, Spürt, fühlt und denkt*, Piper, München, 1996

· Symington, Neville : *Narzißmus*, Steidl, Gönttingen, 1997

· Team des Seelsorgeinstituts an der Kirchlichen Hochschule BethelBielefeld : *Wo Beziehung ist, ist Kränkung*. In : Wege zum Menschen, 35. Jahrgang, H. 1, 2~14, Vandenhoeck & Ruprecht, Göttingen, 1983

· Thich Nhat Hanh : *Ein Lotus erblüht im Herzen. Die Kunst des achtsamen Lebens*, Goldmann, München, 1992

· Wardetzki, Bärbel : *Weiblicher Narzißmus und Bulimie*, Dissertation, München,

1990

· Wardetzki, Bärbel : *Weiblicher Narzißmus. Der Hunger nach Anerkennung,* Kösel, München, 1991

· Wardetzki, Bärbel : *'Iß doch endlich mal normal'. Hilfen für Angehörige von eßgestörten Mädchen und Frauen,* Kösel, München, 1996

· Watzlawick, Paul / Beavin, Janet / Jackson, Don D. : *Menschliche Kommunikation,* Huber, Bern, 1974

· Wehmeier, Peter M. et al. : *Kränkung und Depression.* In : Haselbeck, Helmut / Heuser, Manfred / Hinterhuber, Hartmann / Pöldinger, Walter : *Kränkung, Angst und Kreativität,* Integrative Psychiatrie, Innsbruck, 1996

· Wirtz, Ursula : *Seelenmord. Inzest und Therapie,* Kreuz, Zürich, 1989

· Wolf, Hans Ulrich : *Gestalttherapeutische Arbeit mit traumatisch geschädigten Patienten, Praxisbericht aus dem Gestalt-Klinikum Bad Zwesten.* In : *Gestalttherapie 1,* 69~80, EHP, Köln, 1998

· Yalom, Irvin D. : *Und Nietzsche weinte,* Roman. btb, Ernst Kabel, Hamburg, 1996

· Yontef, Gary : *Awareness, Dialog, Prozess. Wege zu einer relationalen Gestalt-therapie,* EHP, Köln, 1999

· Zander, Wolfgang : *Überlegungen eines Psychoanalytikers zum Problem der Kränkung.* In : *Wege zum Menschen.* 35. Jahrgang, H. 1, 14~20, Vandenhoeck & Ruprecht, Göttingen, 1983

· Zinker, Joseph : *Gestalttherapie als kreativer Prozeß,* Junfermann, Paderborn, 1993

옮긴이의 말

·

마음상함의 극복기
— 눈의 여왕 궁전에서 빠져 나오기

'아아, 속상해'는 우리에게 아주 익숙한 말이다. 이를 입 밖에 내놓고 말하든 속으로만 되뇌든, 아무튼 우리는 자주 속이 상한다. 여드름 송송한 청년이라면 이럴 때 좀더 사변적인 톤을 넣어 "아, '존심' 상해" 하고 투덜대겠지. 그러나 어느쪽이든 목적은 마찬가지다. 불쾌함, 무안함을 어떻게든 떨어내버림으로써 되도록 빨리 평정을 되찾는 것. 우리가 흔히, 또 무심코 행하는 이러한 언어 습관을 이 책의 저자가 알았다면, 틀림없이 그 통찰에 감탄했으리라. 왜냐하면 앞의 말은 저자가 이 책의 주제로 삼고 있는 어떤 현상을, 뒤의 말은 바로 그 현상의 원인을 정확히 포착하고 있기 때문이다. '일상에서도 자기의 내면 상태를 이렇게 객관화할 수 있다니!'

2001년 여름을 독일 괴팅겐에서 보냈다. 매일 오후 다섯 시쯤 대학 도서관에서 집으로 돌아가는 길, 저녁 찬거리를 사기 전에 꼭 들르는 곳이 있었다. 프린첸 가와 베엔더 가가 만나는 사거리에 위치한 '도이어리히' 책방이었다. 그 무렵 독일에는 바야흐로 심리 관련 서적의 붐이 시작된 듯한 느낌이었다. 대학에서 심리학을 전공한 후 상담사, 또는 심리치료사로서 성공한 전문가들이 쓴 책들이었다. 오랜 상담 경험을 통해 현대 독일인이 일반적으로 겪는 마음의 고통을 잘 알게 된 그들은, 저마다 자기의 전공 이론에 입각하여 문제를 진단, 독자들에게 설명하고자 하였다. 남녀간 성격의 근본적인 차이, 사회적 억압, 자연으로부터의 소외 등등 다양한 관점에서 사태를 분석하여, 일반인이 쉽게 이해할 수 있게 조언하는 식이었다. 그렇게 심리 전문가들은 성큼 독자에게 다가가고 있었다(독일 서점가에서는 이런 책들을 '상담 서적Ratgeber-Bücher'으로 분류한다).

판을 거듭하며 수요가 날로 늘어가고 있는 책들이 서로 뽐내며 수북히 쌓여 있는 진열대에서 내가 아무 망설임 없이 이 책을 선뜻 집어 들었던 것은 아무래도 표지 덕택이었던 것 같다. 음영이 있는 회록색 벽을 바탕으로 한 여인이 의자에 앉아 있는 그림이었다. 손으로 턱을 괸 자세여서, 의자 팔걸이에 팔을 얹었지만 몸은 전체적으로 앞으로 좀 기울어진 모습이었다. 입은 손에 가려 보이지 않는 상태에서, 그의 얼굴 표정이 나를 사로잡았다. 온 세상을 자기 내면으로 끌어들인 듯, 그리하여 이마 저 안쪽에서 오로지 그 세계하고만 대화를 하고 있는 듯한 눈길. 슬프다고도, 그렇다고 딱히 화가 났다고도 할 수 없는 초점 애매한 그 시선이 내 마음을 천둥처럼 치며 다가왔던 것이다. 책 제목을 보니 대강 '마음(영혼)을 치는 따귀'라고 할 수 있었는데, 표지 그림과 결부시켜 생각할 때 내용을 보지 않아도 저자의 뜻을 알 수 있을 것 같았다. 부제로 붙은 '크랭쿵kränkung'◆이라는 단어가 시사하는 바도 컸다. 결국 주머니를 톡톡 털어 책을 사 들고 곧장 집으로 향했다.

짐작은 틀리지 않았다. 단숨에 책을 읽어 내려갔다. 그리고 며칠 후, 궁리출판사와 이메일 편으로 이 책의 번역 출판이 논의되었다.

저자 바르데츠키는 게슈탈트심리학의 토대 위에서 '마음상함'이라는 현상을 다루고 있다. '주변 환경과의 접촉을 통해 자신을 성장시켜가는 유기체'로서 인간을 이해하는 이 이론에 따르면, 마음이 두려움 없이 열려 있어서 새로운 외부의 자극에 탄력 있게 대처할 수 있을 때 사람은 가장 건강하다. 그러기 위해서는 내면에 자존감이 확실히 자리잡고 있어야 한다.

자존감이 탄탄히 자리잡고 있는 자아는 그때그때의 환경 변화를 자기 나름대로 의미화하여(게슈탈트심리학에서는 이 과정을 "자신에게

◆ 독일어 단어 kränkung을 한국어로 무어라 번역해야 할지 무척 고심했다. 한국의 심리학계에서 이 용어가 아직 독립 개념으로서 정착되어 있지 않은 까닭도 있지만, 무엇보다도 저자 자신이 이 말을 어떤 데에서는 '남의 마음을 상하게 하는 행위나 요인'이란 의미로, 또 다른 데에서는 '자존감을 다칠 때 마음에 일어나는 반응'이라는 뜻으로 두루 사용하고 있기 때문이다. 결국 내용상으로는 이 책 전체를 통해 좀더 설득력이 있다고 생각되는 자동사(후자) 쪽을, 단어의 형식상으로는 결과보다는 과정에 비중을 두어 명사('상처')가 아닌 동명사('마음상함')를 택하는 것으로 절충을 했다. 또 일반인을 위한 책이라고는 하지만 저자가 자신의 이론적 토대를 꽤 자세히 소개하고 있는 편이어서, 번역 과정에서 게슈탈트심리학 분야의 전공 서적을 자주 참고하지 않을 수 없었다. 그런데 동일한 개념이 책에 따라 조금씩 다른 단어로 번역되어 잠시 혼란스러웠던 적이 있다. 『게슈탈트 심리 치료』(김정규, 학지사, 1998)에 준하여 어느 정도 용어의 통일을 시도했으나, 저자가 독자적으로 사용한 용어의 경우에는 내용을 고려하여 의역을 하기도 했다.

의미 있는 것을 '형태/게슈탈트Gestalt'로 인지한다"고 한다) 과제로 인식하며, 이 과제를 성취하기 위해 온 에너지를 모아 노력한다. 이 노력이 결실을 보아 문제가 해결이 되면 그 성취감이 마음에 안정을 주게 된다("단위 접촉 주기가 매듭지어짐"). 안정감 속에 외부 접촉의 체험을 쌓아가면서 인간은 인격적으로 성장하게 되고, 새로운 자극에 대해서도 열린 태도를 견지할 수 있다. 그런데 이런저런 영향으로 인해—투사, 내사, 그 밖에도 여러 요인들이 이 책에 예시되어 있다—이 과정이 완결되지 못하고 도중에 멈춰버릴 때, 해결되지 않은 문제는 마치 씹지 않고 삼켜버린 사과 조각처럼 우리의 마음에 남아 있게 된다.

해결에 실패하면서 자존감이 망가진 곳의 멍은 건드릴 때마다 아프다. 비슷한 체험을 할 때마다 우리는 이 아픔 때문에 거듭 고꾸라진다. 그러다가 마침내는 새로운 자극에 반응할 에너지마저 상실하고 만다. 별일 없었다면 잘 소화 흡수되어 우리에게 영양분이 되어주었을 체험이 실패를 통해 오히려 상처로 굳어지면서, 틈만 있으면 아픔을 주는 요인, 심지어 새로운 딴 음식의 섭취마저도 막는 방해 요인으로 변모하는 것이다. 그리고 이 상처가 오래 지속될 경우, 영혼은 마침내 고갈 상태에 빠지게 된다. 이 '고꾸라짐'의 고통 끝에, 또는 '고갈'의 위험에 직면해서 전문가를 찾아와 상담을 받은 사람들의 이야기가 바로 이 책의 내용이다.

안데르센의 동화 〈눈의 여왕〉이 생각난다. 아름다운 것을 모두 시시하고 이상하게 보게 만들어버리는 마술 거울의 파편이 눈에 들어간 순간, 소년 카이의 심장은 얼음처럼 굳어버린다. 눈의 여왕을 따라 추운 눈의 나라로 들어간 카이는 과거의 기억을 모두 잃는다. 따스한 봄날 정원에서 함께 놀던 소꿉동무 게르다가 멀고 먼 길을 걸어서 천신만고 끝에 찾아왔건만 알아보지 못하는 것이다. 하지만 게르다의 뜨거운 눈물이 카이의 눈으로 흘러 들어간 순간, 유리 조각은 빠지고 심장에 들어 있던 얼음 덩어리는 씻겨 나간다. 그러자 카이의 마음에는 이전의 생활, 따뜻한 나라에 대한 그리움이 다시 싹튼다.

나음성힘을 경험할 때, 우리는 바로 이 카이처럼 변한다. 아픔에 사로잡혀 마비 상태가 되는 것이다. 아무리 좋은 것과 마주쳐도 그 좋음을 받아들일 수가 없다. 자신과 주변 모두에게 만족하여 아무 경계심 없이 열려 있던 부드러운 마음이 순식간에 얼어붙자, 갑자기 카이는 암산 능력이나 통계 지식 같은 것으로 자기를 과시하는 데 몰두한다. 손바닥만한 상자에서 자라나던 꽃을 보며 느끼던 감탄은 이제 우습기 짝이 없다. 눈의 여왕의 궁전에 부족한 것이라곤 하나도 없다. 그런데 가슴에 얼음 덩어리가 박힌 카이의 몸과 마음은 북극의 추위마저도 느끼지 못할 만큼 차가운 것이다.

차갑게 굳은 마음은 냉기를 전염시킨다. 상처받은 마음은 다른 마음을 살필 여유를 갖지 못하여, 자기도 모르게 남에게 상처를 준다. 도미노 같은 이 순환에서 어떻게 빠져 나올 수 있을까? 저자 바르데츠키는, 우선 몸이 차가워지기 시작했던 그 시(지)점까지 되밟아 가보라고 권한다. 다시 그 자리에 서서, 유리 조각이 눈에 박히던 순간의 기억을 되살리라는 것이다. 그리하여 현재의 이 차가움은 본래 자기 것이 아님을, 어느날 문득 통증과 함께 눈에 박힌 유리 조각 때문에 생긴 것임을 분명히 깨달을 수 있어야 한다고 힘주어 말한다. 이 물질과 자기를 분리함으로써 우리는 진정한 자기를 만난다. 가치가 분명해지고, 행복을 위하여 무엇을 해야 할지를 알게 되는 것이다.

힘은 더 이상 분산되지 않고, 한 곳으로 모아진 에너지는 문제 해결에 실패하지 않는다. 차단되었던 바로 그 장소에서 접촉 주기는 다시 이어지고, 이 과정이 완전히 끝날 때 우리의 마음은 마침내 만족감에 싸인다. 동시에, 앞으로 있을 새로운 자극에도 두려움 없이 느긋하게 대처하게 된다. 삶이 다시 생명으로 넘치게 되는 것이다. 눈에서 유리 조각이 씻겨 나간 후 몸의 온기를 되찾은 카이가 그제야 비로소 게르다를 다시 알아보며 기뻐하듯이 말이다. 손바닥만한 상자 안에서 자라는 꽃이 이제 다시 눈부시게 아름답다. 우리가 우리 자신을 소외시키지 않고 반길 때, 세상은 금세 축제 마당으로 변한다.

이제 마지막으로 물음 하나가 남는다. 내게 다가와 뜨거운 눈물을 흘려줄 게르다를, 나는 어디에서 찾을까? 저자의 대답은 아마도 '게르다는 없다'일 것이다. 이유는 간단하다. 우리는 〈눈의 여왕〉 이야기에 나오는 카이만이 아니기 때문이다. 깊이 상처받아 얼음처럼 굳어버린 카이도 나요, 카이를 되찾기 위해 멀고 험란한 길을 마다 않고 걸어온 게르다 또한 나다. 나를 가장 불쌍히 여기고 따뜻하게 받아줘야 할 사람은, 다른 어느 누구도 아닌 바로 나 자신인 것이다. 현실의 게르다는 그러나 처음부터 길잡이의 도움을 받으며 길을 갈 수도 있다. 길잡이의 이름은 '심리 상담가'. '게슈탈트 가街'에 있는 이 마음 과科 전문의醫의 상담실에는 '상처난 부위를 들여다볼 수 있도록 도와줌. 그러나 이물질 제거 수술은 각자에게 맡김'이란 안내문이 걸려 있다고 한다.

우리는 모두 상처 없는 삶을 원한다. 내가 상처받지 않을 뿐 아니라 남에게도 상처 주지 않는 사람이 되고 싶다. 그렇다면 이제부터, 우선 내 안을 돌이보아야 하지 않을까? 내 안의 마음상한 체험들, 계속 덧나는 그 염증 부위를 치료하여 나를 해방시켜야 하지 않을까? 나의 망가진 자존감 때문에 본의 아니게 또 다른 사람의 자존감을 부수는 악순환의 고리를 끊기 위해서라도.

장현숙

따귀 맞은 영혼

1판 1쇄 펴냄 2002년 6월 29일
1판 33쇄 펴냄 2018년 2월 1일
2판 1쇄 펴냄 2020년 9월 25일
2판 3쇄 펴냄 2024년 6월 25일

지은이 배르벨 바르데츠키
옮긴이 장현숙

주간 김현숙 | **편집** 김주희, 이나연
디자인 이현정, 전미혜
마케팅 백국현(제작), 문윤기 | **관리** 오유나

펴낸곳 궁리출판 | **펴낸이** 이갑수

등록 1999년 3월 29일 제300-2004-162호
주소 10881 경기도 파주시 회동길 325-12
전화 031-955-9818 | **팩스** 031-955-9848
홈페이지 www.kungree.com | **전자우편** kungree@kungree.com
페이스북 /kungreepress | **트위터** @kungreepress
인스타그램 /kungree_press

ⓒ 궁리출판, 2020.

ISBN 978-89-5820-621-7 03180